JN436811

수필 같은

미국헌법강의

수필 같은

미국헌법강의

배상조 · 서정목 공저

교육과학사

저자 서문

배상조

본인은 미국법을 공부하며 영어로 된 모든 법이 생소하고 어려웠지만, 그중에서도 특히 헌법이 가장 이해하기 힘들었다. 돌이켜보니, 당시에는 헌법 조항의 표면적 의미만을 이해하려 했을 뿐 헌법이 만들어진 역사적 배경과 당시 미국인들의 고민을 이해하지 못하다 보니 헌법이 어렵게만 느껴졌었던 것 같다.

하지만 다행히도 공동저자인 서정목 교수님을 만나 미국 헌법에 관한 본질적 질문과 논의를 수도 없이 나누며, 미국 헌법을 기존과는 다른 관점으로 접근할 수 있는 행운을 누렸다. 지난 해 서정목 교수님의 제안으로 지금까지 나눈 이야기를 조금 더 쉽고 체계적으로 풀어 많은 사람들에게 미국 헌법을 안내해보자는 뜻에 함께하며 이 책을 함께 집필하게 되었다. 부디 독자 여러분들이 이 책을 통해 미국과 미국 헌법을 한층 더 깊이 있고 쉽게 이해하는 계기가 되기를 기원한다.

2022년 6월 9일

배상조

저자 서문

서정목

본인은 미국변호사 시험을 준비하면서 공동저자인 배상조 미국변호사님을 멘토와 멘티로서 만났다. MBE와 MEE 여러 과목 중에서도 특히 한국의 사법개혁과 이에 관한 컬럼도 몇 개 쓰면서 미국의 헌법에 관심이 많았던 본인은 특히 미국 헌법 과목에 대하여 배상조 미국변호사님에게 수많은 질문을 던졌다.

배상조 미국변호사님은 모든 질문마다 해박한 미국법률 지식으로 조목조목 분명하고 명료하게 답변하면서 합리적인 의심을 불식하는 수준으로 미국 헌법의 문제해결 알고리즘을 제시하였다. 배상조 미국변호사님과 본인이 미국 헌법에 관한 기본데이터를 바탕으로 수정헌법 1조에서 15조에 이르기까지 문제해결을 위한 스토리로 풀어헤친 것이 바로 본 서이다.

본 서는 본인과 같이 미국 헌법의 방향성을 잃고서, 특히 미국 헌법, 형사소송법, 민사소송법, 증거법이 서로 씨줄, 날줄처럼 얽힌 실타래를 풀어나가고자 하는 이들에게 알고리즘을 제공하는 좋은 수단이 되기를 바란다.

2022년 6월 9일

서정목

차례

프롤로그

미국의 연방헌법에는 27개의 수정조항(Amendment)이 있다. 그중 1조부터 10조까지를 미국의 권리장전(Bills of Rights)이라고 부른다. 이 권리장전을 만든 이후 남북전쟁과 1차, 2차 세계대전 등을 거치며 수정조항이 계속 생겨나면서, 현재까지 27개의 조항이 존재하게 되었다. 하지만 미국의 헌법을 이야기할 때 가장 핵심적이고 가장 실질적인 조항을 꼽으라면, 수정헌법 1조부터 15조까지를 거론한다. 핵심적이고 실질적이라고 판단하는 기준은 바로 연방대법원의 판결이다. 연방대법원이라는 미국 최고의 법원이 국민의 권리에 관한 판결을 내릴 때, 그 근거로 삼으며 판결문에서 언급, 해석했던 수정헌법은 대부분 1조부터 15조까지이고, 특히 1조부터 10조까지는 미국 정부가 국민들의 생명, 자유, 재산을 보장해주는 가장 핵심적인 조항들이다.

수정헌법 1조에서는 국민의 종교, 표현, 언론, 결사의 자유를 보장해주겠다고 밝혔으며, 수정헌법 2조에서는 국민에게 무기 소지의 자유를 보장하고, 수정헌법 3조에서는 군대가 사유지에서 주인의 허락 없이 함부로 숙영하지 않을 것이며, 수정헌법 4조에서는 연방정부가 국민에 대해 부당한 압수수색을 하지 않고, 수정헌법 5조에서는 본인에게 불리한 진술을 강요하지 않겠다고 연방정부가 약속했다. 수정헌법 6조에서는 공정한 형사재판을 보장하고, 수정헌법 7조에서는 민사재판에서 배심원에게 재판을 받을 권리를 국민에게 약속했으며, 수정헌법 8조에서는 잔인한 형벌을 과하지 않겠다고 약속했다. 수정헌법 9조에서는 이 수정헌법에 미처 담지 못한 국민의 권리가 수없이 많으니, 연방정부는 여기에 적혀져 있지 않은 국민의 권리는 박탈해도 될 것이라는 착각을 하지 않겠다고 약속한다. 수정헌법 10조에서는 1788년의 연방헌법에 명시되지 않은 권한은, 연방정부가 아닌 주정부와 국민이 여전히 가지고 있으니 걱정하지 말라고 국민을 안심시켜 준다.

결국, 미국의 연방헌법을 정리해 보면, 1788년에 만들어진 연방헌법은 연방정부에 관한 이야기를 담고 있고, 1791년부터 만들어진 수정헌법은 국민에 관한 이야기를 담고 있다는 구분은 명확하다. 이 말은 결국 하루하루를 미국에서 생활해야 하는 국민 개인의 입장에서는 국민의 권리에 관한 수정헌법이 더 중요한 의미를 가지는 반면, 국민 전체의 입장에서는 연방정부의 권한에 관한 연방헌법 본문이 더 중요한 의미를 가진다는 말이다. 이러다 보니 소송의 천국인 미국에서 생활할 때 수정헌법의 몇 가지 조항만 정확히 알고 상대방에게 언급해도 스스로를 방어하는데 도움이 되는 것은 사실이다. 아울러 우리가 주목해야 할 것은 27개의 수정헌법 조항 중 가장 오래전에 만들어진 1791년의 수정헌법 1조부터 10조까지가 지금까지도 연방대법원의 판결에 가장 많이 언급되어 진다는 사실이다. 230년 전 미국 건국의 아버지들이 수정헌법에 담아낸 국민의 권리에 관한 고민과 철학이 지금 이 시대에서도 손댈 것 없이 그대로 판결에 적용된다는 것은 그들의 식견이 얼마나 시대를 앞서 있었는지를 보여주고도 남음이 있다.

사실, 본 서의 이름을 수필 같은 미국헌법강의라고 이름 붙인 것도 본 서를 읽어내려가다 보면, 어렵고 딱딱한 방식이 아니라 수필과 같이 미국 헌법의 일반을 이해하게 되고, 미국변호사시험 과목인 미국 헌법, 형사소송법, 민사소송법, 증거법, 이 네 과목의 유기적인 관계도 어느 정도 파악이 되기 때문이다.

부디, 미국 헌법을 이해하는데 조금이나마 도움이 되기를 바라면서 프롤로그를 마친다.

Chapter 1

수정헌법 1조

Congress shall make no law respecting an establishment of religion, or prohibiting the free exercise thereof; or abridging the freedom of speech, or of the press; or the right of the people peaceably to assemble, and to petition the Government for a redress of grievances.

연방의회는 국교를 수립하거나 자유로운 종교 행위를 금지하는 법률을 제정하지 아니한다. 또한 언론 및 출판의 자유, 국민이 평화로이 집회할 수 있는 권리, 고통의 구제를 구하기 위하여 정부에게 청원할 수 있는 권리를 침해하는 법률을 제정하지 아니한다.

01. 종교의 자유를 위한 사전작업, 국교 금지

연방정부와 종교의 벽 쌓기

1788년에 효력이 생기기 시작한 연방헌법은 불과 3년 뒤인 1791년부터 수정조항(Amendment)을 추가하기 시작한다. 1788년에 만든 연방헌법에 미처 담지 못한 국민의 권리를 1791년의 수정헌법 1조부터 10조에 한꺼번에 명시하면서, 연방정부는 국민의 중요한 권리를 침해하거나 박탈하지 않겠다고 약속한다. 27개의 수정헌법 조항 중 가장 먼저 등장하는 수정헌법 1조에는 4가지 국민의 권리를 보장하고 있다. 우리에게 익숙한 종교의 자유, 표현의 자유, 집회의 자유와 정부 구제 요청의 자유이다. 그리고 수정헌법 1조의 4가지 권리 중에서도 가장 먼저 언급되는 권리가 바로 종교에 관한 국민의 권리이다. 연방의회가 수정헌법 1조부터 10조를 한꺼번에 만들 당시 국민의 중요한 권리 순으로 나열했다는 문장은 헌법 어디에도 없다. 하지만 상대적으로 덜 중요한 권리를 가장 먼저 언급하지는 않았을 것이라는 합리적 추정이 가능하고, 당시 미국인들에게 종교의 자유는 연방정부로부터 보장받고 싶은 최고의 권리였을 것으로 추정된다. 당시 미국 대륙으로 건너온 최초의 이민자들은 크게 세 부류로 나눌 수 있다. 첫째, 유럽의 절대적 왕권과 혼란한 정치 상황에서 정치적 자유를 찾아온 이들, 둘째, 궁핍한 생활을 탈피하고 신대륙에서의 경제적 자유를 찾아온 이들, 그리고 셋째, 청교도인들과 같이 종교적 자유를 찾아온 이들이다. 영국 국교회처럼 국왕이 국교를 만들어 종교의 수장을 겸하는 순간, 발생하는 종교적, 정치적 핍박을 겪어본 이들에게 종교의 자유는 절박한 문제였을 것이다. 하지만 1조의 원문에서도 볼 수 있듯이 첫 문장을 종교의 자유라고 통칭하기에는 무리가 있는데, 국민의 종교에 관해서 연방정부는 1조에서 두 가지를 구체적으로 약속하고 있기 때문이다. 첫 번째 약속은 정부가 미국의 국교를 수립하지 않겠다는 약속(Establishment Clause), 두 번째 약속은 국민의 자유로운 종교활동을 보장하겠다는 약속(Free Exercise Clause)이다. 우리에게 익숙한 종교의 자유라는 의미는 기독교인, 유대교인, 이슬람교인, 불교인 모두 본인들이 원하는 종교를 믿고 활동할 수 있는 자유이고, 이것은 1조에서 연방정부가 해준 두 번째 약속이다.

그렇다면 연방정부가 국교를 수립하지 않겠다는 첫 번째 약속은 무슨 의미일까? 1조의 맨 앞에 나오는 "Congress shall make no law respecting an establishment of religion"이라는 문장은 국교수립 금지조항을 기술하고 있다. 수정헌법 1조를 만든 건국의 아버지들은 정부가 국민의 자유로운 종교활동을 아무리 보장해준다 할지라도, 정부가 특정 종교를 국가의 종교로 만들어 버린다면 국민의 자유로운 종교활동은 박탈당할 수밖에 없다고 보았다. 영국 국왕이 국교회를 만든 뒤 시행했던 종교의 제약을 이미 경험해본 미국인들은 안전장치를 만들고자 하였다. 결국, 1조의 두 번째 문장에 등장하는 국민의 자유로운 종교활동을 보장하기 위한 환경을 먼저 조성하고, 정치와 종교를 철저히 분리해서 연방정부가 종교에 관여하지 않겠다는 약속을 받은 것이다.

이런 맥락으로 본다면 무턱대고 자유로운 종교활동을 보장하겠다는 수정헌법 1조의 두 번째 약속보다, 1조의 첫 번째 약속이 오히려 더 실질적인 약속이라고 볼 수 있을 것이다.

이 국교수립 금지조항은 대체로 두 가지로 해석된다. 먼저 연방정부가 국가의 종교를 만들지 않겠다는 약속을 한 것, 둘째로는 단순히 국교를 만들지 않겠다는 약속을 넘어, 정부가 특정 종교를 지원하거나 지지하지 않겠다는 약속을 한 것으로 해석된다. 수정헌법 1조를 만들 당시 미국은 이미 생활 전반에 기독교적 문화가 자리를 잡은 상황이었고, 심지어 건국의 아버지들조차 독립선언문을 통해 인간은 '신'으로부터 누구에게도 넘길 수 없는 권리를 가지고 태어났음을 언급하며 그들의 기독교적 신념을 숨길 수 없던 상황이었다. 미국을 그들만의 기독교 국가로 만들 수 있는 최적의 상황이었음에도 건국의 아버지들은 종교와 정부를 분리하는 것만이 미래에 어떤 정부가 탄생하더라도 국민을 종교적 탄압에서 보호할 수 있다고 믿었다. 심지어 연방대법원이 국교수립 금지조항을, 연방정부가 특정 종교에 대한 지지와 지원을 함으로써 자연스럽게 나머지 종교들에 대해 차별하는 상황을 만들지 않겠다는 정부의 약속으로 해석하고 있다는 사실은 종교의 자유를 보장하려는 연방정부의 비장함마저도 느껴진다. 실제 미국 국민의 종교적 자유와 관련한 헌법 소송에서 가장 애매한 것은 연방정부가 특정 종교를 지원함으로써 실질적으로 국교를 수립한 것과 마찬가지의 상황을 만들었는가에 대한 문제이다. 연방정부가 국교만 수립하지 않으면 수정헌법 1조의 국교수립 금지조항을 지킨 것이라고 단순히 해석하지 않고, 한발 더

나아가 실질적으로 국교를 수립한 것으로 간주할 수 있는 상황인가까지 검토하는 모습을 보면, 미국인들에게 종교가 어떤 의미인지를 잘 알 수 있을 것이다.

어떠한 신도 인정하지만, 무신론자는 안 된다.

A주에서 주류를 판매하려면 반드시 주정부 소속인 주류판매 허가위원회의 허가를 받아야 한다. 그리고 A주의 주법은 주류판매 허가위원회에 관한 여러 가지 사항을 규정하면서, 주류판매 허가위원회는 5명으로 구성하고 그중 1명은 반드시 기독교 목사회로부터 추천받은 인물을 임명하도록 하였다. 피터는 재즈 음악을 연주하면서 와인을 판매하는 와인바를 운영하기 위해 주류판매 허가위원회의 허가를 요청했다. 하지만 피터가 시작하려는 와인바 옆에는 이미 지난 십 년간 운영 중인 교회와 주택가의 주민들이 거주하고 있었고, 그들의 안락한 주거환경과 종교활동에 피해가 예상된다는 이유로 허가위원회는 피터의 요청을 거절한다. 그러자 피터는 허가위원회 결정이 헌법에 보장된 본인의 권리를 박탈한 것이므로, 허가위원회의 결정을 취소해 달라고 법원에 소송을 제기한다. 과연 피터는 승소할 수 있을 것인가?

A주정부 소속 주류판매 허가위원회의 결정은, 주정부의 결정이자 주정부의 행위이다. 따라서 만약 주정부 소속 위원회가 국민인 피터의 연방헌법에 따른 권리를 침해했다면, 위원회의 결정은 연방헌법을 위반한 것이고 취소되어야 할 것이다. 아마도 피터는 위원회의 결정이 본인의 자유로운 경제활동 권리를 박

탈한 것이라고 생각했을 수 있다. 과연 그럴까? 그렇지 않다. 주정부의 위원회는 교회와 이웃 주민들을 와인바의 소음으로부터 보호하고, 주민들이 재산권을 정상적으로 행사하는데 방해받지 않도록 와인바를 허가하지 않았다. 즉 주정부의 와인바 불허 결정은 피터의 자유로운 경제활동 권리를 제약한 것이기 이전에, 주민들에게 안정적 주거환경을 확보해 주기 위한 적법한 목적(Legitimate Purpose)에 따른 것이다. 그리고 이 적법한 목적과 와인바를 허가하지 않는 것이 합리적 연관성(Rationally Related)만 있다면, 주정부는 피터의 자유로운 경제활동 권리를 박탈한 것이 아니다. 즉 주정부의 주류판매 허가위원회는 지역 주민들을 위해 피터와 같은 개인의 행위를 규제할 수 있는 권한을 적절히 사용한 것이다.

하지만 주정부의 와인바 불허 결정이 취소되어야 할 이유는 다른 곳에 있다. 바로 그 결정을 한 주류판매 허가위원회의 구성이 문제가 된다. A주의 법에는 주류판매 허가위원회를 5명으로 구성하고 그중 1명은 반드시 기독교 목사회의 추천을 받은 사람을 위원으로 임명하도록 되어 있었다. 이것은 국민이 명백히 정부에게 부여해 준 권한인 주류판매점 허가 권한을, 정부가 특정 종교의 종교인들과 나누어 행사하고 있는 것이고, 종교가 정부의 기능에 관여하는 상황이 발생한 것이다. 수정헌법 1조의 약속과는 달리, 종교와 정부가 분리되지 않고 섞여 있는 상황이다. 그런데 왜 하필이면 기독교 목사회가 위원을 추천하도록 법에 명시한 것일까? 유대교의 랍비들이나 불교의 스님들을 추천할 수 없는 특별한 이유가 있을까? 비록 주정부가 기독교를 지원하고 지지할 의도가 없었다 하더라도, 다른 종교를 가진 주민들이 보기에 우리 주정부는 기독교를 지지하고 지원한다고 충분히 볼 가능성이 있다. 심지어 주정부와 기독교 간에 과도한 연관이 있는 것으로 보인다. 주정부의 주류판매 허가위원회가 내린 와인바 불허 결정은 허가위원회의 구성에 관한 문제로 인해 특정 종교를 지원, 지지하지 않겠다는 수정헌법 1조의 국교수립 금지 조항을 위반한 것이다. 아마도 주정부는 허가위원회 5명 중 1명만을 기독교 목사회로부터 추천을 받았고, 겨우 20%의 결정권을 부여한 것이어서 기독교는 허가위원회의 결정에 큰 영향을 미치지 않는다고 주장하고 싶을 것이다. 하지만 수정헌법 1조에서 중요한 문제는 그 목사님 1명의 영향력이 얼마나 컸느냐가 아니다. 그 1명의 종교인이 정부의 기능을 행사함으로써 정부와 종교가 섞여 버렸다는 사실 그리고 기독교와 다른 종교를 차별했다는 사실이다.

현재 미국인의 약 70%가 기독교인(Christian)이고 유대교, 이슬람교, 불교, 힌두교와 같은 비기독교인이 약 5%, 그리고 종교가 없는 이들이 약 25%이다. 미국이 기독교적 국가라는 사실을 부인할 수는 없다. 하지만 이민자로 출발해서 이민자로 인해 성장한 미국이, 그 이민자들의 다양한 종교를 인정하지 않고는 지금의 미국을 만들 수 없었을 것이다. 미국인들은 선거에 출마한 정치인이 생소한 종교를 믿는다고 하면 그럴 수 있다고 생각한다. 하지만 오히려 절대적 존재를 믿지 않는 무신론자(Atheist)를 리더의 자격이 없다고 생각하게 된다. 심지어 텍사스와 같은 남부의 몇몇 주들은 공직을 수행하려는 자가 어떤 종교를 믿는지는 상관이 없으나 “절대적 존재(Supreme Being)”를 인정하지 않는 자는 공직자가 될 수 없다고 주 헌법에 명시하고 있다. 정부가 특정 종교를 부정해서도 안 되겠지만, 종교가 없는 자를 부정하고 차별해서도 안 되는 것이 수정헌법 1조의 자연스러운 해석이다. 그래서 텍사스주 헌법의 이 부분은 연방 수정헌법 1조를 위반한 것으로 충분히 해석될 수 있다. 하지만 텍사스의 어느 정치인도 낙선을 감수하고 본인이 무신론자임을 밝히며, 텍사스주 헌법이 연방 수정헌법을 위반하고 있다고 주장하지 않았을 뿐이다. 어떤 종교이든 수용할 수 있으나, 절대적 존재를 인정하지 않는 자는 수용하기 힘들어하는 미국에서 종교가 가지는 의미를 가늠해 볼 수 있을 것 같다.

02. 모든 것은 국민의 눈높이로

가혹할 만큼의 자기 검열

A주의 주정부는 A주 안에 있는 종교재단이 설립한 사립학교를 포함한 사립 및 공립 중등학교 교사의 급여를 일부 지원해주는 프로그램을 운영하고 있다. 이 프로그램은 A주에서 근무하는 교사의 급여가 미국 전역 교사들의 평균 급여보다 못한 상황을 개선하고자 하는 목적이고, 종교 과목을 가르치는 교사는 지원 대상에서 제외하고 있다. 주정부의 이 프로그램이 국교수립 금지조항을 위반한 것일까?

언뜻 보기에는 이 상황이 무슨 문제가 있을지 이해가 되지 않는다. A주 정부가 A주에서 근무하는 교사들의 근무환경을 개선해주기 위해 훌륭한 목적을 가지고 운영하는 지원 프로그램인데, 이 프로그램이 위법한 것이라고 볼 수 있을까? 한국에서도 지방자치단체가 시민들의 힐링을 돕기 위해 불교 사찰의 템플스테이 프로그램을 지원하거나 시설을 지어주는 경우를 볼 수 있다. 이런 좋은 목적으로 시행하는 정부 프로그램도 미국에서는 어떤 문제가 생길 수 있는지 살펴보자.

A주 정부가 운영하는 이 프로그램이 적법한지를 판단하기 위해서는, 종교재단이 설립한 사립학교의 직원인 교사에게 재정적 지원을 하는 주정부의 행위가 연방 수정헌법 1조의 국교수립 금지조항을 위반한 것인지가 관건이 된다. 앞에서도 살펴보았지만 국교수립 금지조항은 정부가 종교와 벽을 쌓겠다는 약속을 한 것이고, 이는 정부가 특정 종교를 지원하거나 지지하지 않겠다는 의미의 약속이었다. 여기서 애매한 문제가 하나 생긴다. 도대체 정부가 어떤 행위를, 어느 수준까지 했을 때 특정 종교에 대한 지원 또는 지지로 판단할 수 있을 것인가의 문제이다. 판단의 기준을 가지고 있어야 정부도 주의할 것이고, 국민이 이의를 제기하면 연방대법원이 판결을 할 수 있을 것이다. 역시나 고맙게도 레몬(Lemon)이라는 국민이 소송을 통해 이 문제를 제기했고, 이에 연방대법원은 정부의 국교수립 금지조항 위반 여부를 판단함에 있어 세 가지의 기준을 제시했다. 정부의 특정한 행위가 국교수립 금지조항을 위반하지 않은 적법한 행위로 판단하기 위해서는 첫째, 정부의 지원 목적이 비종교적(Secular)이어야 한

다. 둘째, 해당 지원으로 인해 특정 종교가 부흥되거나 억압되는 효과(Effect)가 없어야 한다. 셋째, 해당 지원으로 인해 정부와 종교가 과도하게 연루(Entanglement)되어서는 안 된다. 연방대법원은 정부의 행위가 이 3가지 기준을 모두 만족시켜야만 수정헌법 1조의 국교수립 금지조항을 준수한 것으로 보고, 하나라도 만족시키지 못하면 위반한 것으로 엄격하게 해석한다. 이러다 보니 정부 입장에서는 종교와 조금이라도 관련이 있는 프로그램에 조심스러워질 수밖에 없다. 그럼 연방대법원이 제시한 3가지의 기준을 순서대로 살펴보자.

첫 번째, 정부의 목적이 비종교적이어야 한다. 즉 정부가 특정한 행위를 하면서 종교와는 상관없이 순전히 국민을 위한 목적임을 명시한다면, 비종교적 목적의 행위로 볼 수 있다는 것이다. 하지만 여기서 논란이 될 수 있는 것은 관점이다. 정부는 비종교적 목적이었다 하더라도, 국민이 종교적 목적을 가진 정책이라고 생각할 수 있지 않을까? 그래서 연방대법원은 이 첫 번째 기준의 관점을 철저히 국민의 시각에서 해석한다. A주에서 근무하는 교사가 동일한 경력의 전국 평균 교사 급여보다 적은 급여를 받는 상황에서, 사립 및 공립학교 교사를 가리지 않고 지원하여 교사 처우를 개선할 목적이라면, A주 정부의 이 프로그램이 종교적 목적을 가졌다고 볼 수 없을 것이다. 게다가 종교 과목을 가르치는 교사를 정부의 지원대상에서 제외함으로써, 국민은 정부의 지원이 종교적 목적이 아님을 확신할 수 있을 것이다. A주 정부의 프로그램은 첫 번째 조건을 무사히 통과할 수 있다.

두 번째, 정부의 행위로 인해 특정 종교의 부흥 또는 억압 효과가 없어야 한다. 이 말은 결국 아무리 국민을 위한 훌륭한 목적을 가진 비종교적 목적의 정부 정책이라 하더라도, 결과론적으로 특정 종교에 대한 부흥이나 억압의 효과가 생긴다면, 국교수립 금지조항 위반으로 판단하겠다는 것이다. 정부 입장에서는 이 두 번째 기준부터 서서히 정부에게 불리해진다는 것을 체감할 수 있다. 가령, A주 정부가 운영하는 교사 급여지원 프로그램의 혜택을 받는 기독교 재단 사립학교에 근무하는 수학 선생님이 있다고 가정하자. 이 수학 선생님에게 부족한 급여를 지원한다는 사실이 기독교를 부흥시키는 결과를 낳는다고 보아야 할까? A주 정부는 종교에 상관없이 모든 사립 및 공립학교의 교사들에게 평균에 미달하는 급여만큼 지원하고 있고, 불교재단 학교의 수학 선생님에게도 급여를 지원해주고 있다. 이 프로그램으로 인해 기독교가 부흥하는 효과가 생긴다고 볼 수는 없을 것이다. 게다가 종교 과목 교사는 제외한다는 조건이 있으니, 기독교의 부흥을 지원한다고 볼 수는 없을 것이다. 따라서 A주 정부의 프로그램은 다행스럽게도 두 번째 조건 또한 통과할 수 있다.

하지만 마지막 관문인 세 번째 조건이 상당히 까다롭고 여전히 모호하다. 정부의 지원으로 인해 종교와 정부가 과도하게 연루되어서는 안 된다는 조건이다. A주 정부의 프로그램이 종교 과목 교사에게는 급여지원을 하지 않는다는 조건을 두었다면, A주 정부는 이 프로그램의 혜택을 받는 종교재단의 사립학교들이 이 조건을 잘 준수하는지 감독해야 할 것이다. 매달 급여를 지원받는 교사가 그달에 종교 과목을 정말 안 가르쳤는지 여부를 일회성이 아니라 상시적으로 매달 감독해야 할 것이다. 연방대법원은 이러한 형태의 상시 감독이 정부와 종교의 분리를 방해할 가능성이 있다고, 연루된다고 보는 것이다. 그리고 그러한 가능성조차 차단해 버린다. 정부와 종교의 분리라는 수정헌법 1조의 결연한 의지를 몸소 보여주는 장면이다. 결국, A주 정부의 교사 급여지원 프로그램은 세 번째 조건을 만족시키지 못한다는 결론에 이르고, 수정헌법 1조의 국교수립 금지조항을 위반한 것이 된다.

지금까지 살펴본 것처럼 정부가 특정 종교를 지원, 지지했는가를 검증하는 방식을 "레몬 테스트"라고 부른다. 처음 이 문제를 소송으로 제기한 사람의 이름(Lemon)에서 따왔다. 하지만 이 레몬 테스트에 대해서 여전히 논란이 많다. 바로 세 번째 조건인 정부의 과도한 연루를 판단할 때, 어느 정도가 과도한 것인지 여전히 모호하고, 판사가 상황을 고려해서 판단해야 하기 때문이다. 하지만 우리는 이 레몬 테스트를 통해 연방대법원이 정부와 종교의 문제를 얼마나 엄격하게 해석하려고 했는지를 알 수 있다. 정부가 아무리 좋은 목적을 가진다 할지라도 특정 종교를 부흥하거나, 정부의 과도한 연루가 생긴다면 수정헌법 1조의 국교수립 금지조항을 위반한 것이 된다. 따라서 미국 정부는 어떤 정책을 수립할 때 본의 아니게 종교와 연관된 효과가 생길 수 있는지를 면밀히 검토를 할 수밖에 없는 것이다.

같은 그림, 두 가지 해석

A주 정부의 의사당 앞에는 A주를 대표할 만한 몇 가지 상징물

이 항상 전시되어 있다. 거기에는 A주에 본사가 있는 세계적으로 유명한 방송국의 로고, A주에서 만들고 전 세계인들이 사랑하는 유명한 음료수 모형, A주를 연고지로 월드 챔피언을 10회나 차지하며 세계적으로 유명해진 프로 야구팀의 로고가 늘 전시되어 있다. 최근 A주의 주지사는 크리스마스 시즌을 축하하고 축제 분위기를 만들기 위해 12월 한 달간 대형 사이즈의 예수 탄생 그림을 방송국 로고, 음료수 모형, 야구팀 로고 옆에 전시하도록 하였다. 주지사의 이러한 행위는 문제가 없는 것일까?

결론부터 이야기하면, 지금과 같은 환경에서, 주정부를 대표하는 주지사가, 예수 탄생화를 전시한 것은 수정헌법 1조의 국교수립 금지조항을 위반한 행위가 된다. 하지만 한 가지 단서가 있다. "지금과 같은 환경에서"라는 조건부 결론이었다. 그 말은 결국 단순히 기독교를 상징하는 예수 탄생화를 전시했다는 이유만으로 위헌인 것이 아니다. 예수 탄생화를 전시할 수는 있으나 주변 환경이 문제라는 것이다. 지금 주지사가 예수 탄생화를 전시하고 있는 주변 환경은 방송국 로고, 음료수 모형 그리고 야구팀 로고 옆이다. 지금부터는 전시된 예수 탄생화의 주변 환경이 왜 중요해지는 것인지를 살펴보자.

연방대법원은 앞에서 살펴본 레몬 테스트의 첫 번째 기준을 제시하면서, 정부의 행위가 비종교적(Secular)인 목적에서 비롯되어야 수정헌법 1조의 국교수립 금지조항을 위반하지 않는다고 하였다. 그렇다면 비종교적 목적이라는 판단의 기준은 무엇일까? 기독교의 상징인 예수 탄생화를 전시하도록 결정한 A주 정부의 대표인 주지사는 비종교적 목적이라고 이야기할 수 있겠지만, A주 주민들은 종교적 목적이라고 이야기할 수 있지 않을까? 결국, 여기서 관점이 중요해지는 것이고, 정부의 관점에서 볼 것인가, 국민의 관점에서 볼 것인가의 문제가 생긴다. 그리고 연방대법원은 정부 행위의 목적이 비종교적이었다고 판단할 때 국민의 관점에서 판단하게 된다. 아무리 주지사가 예수 탄생일인 크리스마스를 축하하고 축제 분위기를 조성하기 위해 예수 탄생화를 전시했다 할지라도, 즉 비종교적 목적을 가진다 해도 A주를 상징하는 유명 방송국, A주를 상징하는 유명 음료수, A주의 자랑인 유명 야구팀 옆에 전시된 예수 탄생화를 국민은 어떻게 바라볼까? 이는 A주 주민들과 관광객들은 A주의 상징적인 회사, 제품 그리고 야구팀과 마찬가지로 A주의 상징적인 종교는 기독교이고 주정부가 기독교를 지지하는 것으로 인식하기 쉽다. 주지사의 순수한 의도와는 상관없이, 국민은 정부가 종교적 목적을 가지고 기독교를 지원하거나 지지한 것으로 판단할 수 있다. 이러한 주정부의 예수 탄생화 전시는 수정헌법 1조의 국교수립 금지조항을 위반한 것이다. 그리고 이러한 해석의 핵심적 역할을 한 것이 바로 예수 탄생화의 주변 환경인 방송국, 음료수, 야구팀 상징물이다. 연방대법원은 정부의 행위 목적이 종교적인가, 비종교적인가를 판단할 때 국민의 관점을 사용하고, 그 국민의 관점은 결국 주변 환경에 따라 달라질 수 있다고 유연하게 해석하였다. 그렇다면 주지사가 지금의 주변 환경을 조금만 바꾸었더라면 국민의 관점이 어떻게 변하는지 한번 보자.

예를 들어, 예수 탄생화를 A주의 상징인 방송국 로고나 음료수 모형 옆이 아니라, 대형 크리스마스트리, 대형 산타클로스 인

형과 눈썰매 옆에 전시했다면 어떨까? 그렇다면 결과는 전혀 달라질 수 있다. 즉 국교수립 금지조항을 위반한 것이 아니라는 의미이다. A주의 주민들은 크리스마스트리와 산타클로스 옆에 전시된 예수 탄생화를 보면서, 드디어 예수가 탄생한 크리스마스 시즌이 왔음을 체감하게 되고 주정부가 전시해 놓은 예수 탄생화를 크리스마스 축제 목적의 전시물로 인식한다. 합리적 국민이라면 이 예수 탄생화를 종교적 목적의 그림으로 해석하지는 않을 것이다. 비로소 주정부가 전시한 그림이 비종교적으로 주민들에게 인식될 수 있고, 국교수립 금지조항을 준수한 것이 된다. 정부 입장에서는 연방대법원의 이러한 해석이 너무 가혹하다고 생각할 수 있다. 하지만 연방대법원은 이러한 형태의 해석을 오히려 더 확대해 나간다. 예를 들어, A주에 있는 공립 고등학교의 졸업식에서 학생들의 제안과 교장 선생님의 허락으로 지역의 목사님을 초대하여 3분간 졸업식에서 축하 기도를 한다. 목사님을 졸업식에 초대해서 기도하자고 제안한 것은 학생들이었고, 교장 선생님은 허락했을 뿐이다. 비록 국민인 학생들이 자발적으로 제안한 축하 기도라 할지라도, 주정부가 운영하는 공립학교의 교장 선생님이 허락하였으므로 이 기도 행사는 주정부의 지원 하에 이루어진 행위로 간주된다.

이러한 기독교적 기도 행사를 진행하면서 이슬람교 또는 불교를 믿는 졸업식 참석자에게는 기도를 강요하지 않았다 할지라도 오랜만에 자녀의 학교를 방문한 학부모들은 이 목사님의 축하 기도를 어떻게 바라볼까? 주정부가 운영하는 공립학교가 기독교를 지지하고 지원하는 것으로 인식하기에 충분한 상황이 되고 만다. 그리고 국교수립 금지조항을 위반한 행위가 된다.

지금까지 살펴본 수정헌법 1조의 국교수립 금지조항은 국민의 자유로운 종교활동을 보장하기에 앞서, 먼저 그 환경을 조성한 현명한 조항이었다. 그리고 이를 통해 정부와 종교를 철저히 분리하고, 연방정부의 연방대법원은 정부에게 가혹할 만큼 국민의 관점에서 이 원칙을 적용한다. 국민의 권리를 보장하기 위한 제도, 그리고 그 제도를 엄격하게 흔들림 없이 적용하는 것이 바로 지금의 미국을 만들어 준 힘이다.

03. 종교의 자유 한계선

양심적 병역거부 v. 양심적 납세거부

A주는 동물에게 잔혹한 행위를 금지하는 동물학대 금지법을 운영하고 있다. 이 법은 수십 년째 주민들이 지켜왔고 이를 위반하면 처벌을 받아왔다. 피터는 독실한 종교인이고, 그가 믿는 종교는 한 달에 한 번씩 살아있는 동물을 해체하여 제단에 바치는 의식을 엄숙하게 진행한다. 피터 또한 그 믿음에 따라 매달 집에서 의식을 치른다. 어느 날 이웃에 사는 메리는 피터가 동물을 해체하여 제단에 바치는 끔찍한 장면을 목격하고는 경찰에 신고한다. 피터는 A주의 동물학대 금지법 위반으로 체포되어 재판을 받는다. 법정에서 피터는 A주 정부가 만든 동물학대 금지법이 국민의 자유로운 종교활동을 보장하는 수정헌법 1조에 반하므

로 효력이 없다고 주장한다. 과연 A주의 주법이 종교의 자유를 침해한 법일까?

한국 대법원이 종교적 믿음에 따른 양심적 병역거부를 인정하는 판결을 내리자 국민의 의견이 분분했다. 미국 또한 연방대법원의 판결에 온 나라가 들썩거릴 때가 많다. 그중에서 가장 대표적인 것이 바로 종교의 자유에 대한 판결이 내려질 때이다. 그리고 한국 대법원의 이러한 고민을 미국의 연방대법원 또한 30여 년 전에 똑같이 했었다. 그들의 생각은 어떠했는지 한번 살펴보자.

수정헌법 27개 조항 중에서 가장 먼저 등장하는 수정헌법 1조, 그중에서도 가장 먼저 등장하는 문장이 바로 종교에 관한 이야기이다. 그만큼 당시 미국인들에게 종교는 다른 어떤 권리보다 중요한 의미가 있다.

> "Congress shall make no law respecting an establishment of religion, or prohibiting the free exercise thereof."
>
> "연방의회는 국교를 수립하거나 자유로운 종교 행위를 금지하는 법률을 제정하지 아니한다."

미국 건국의 아버지들은 수정헌법 1조의 이 첫 문장에서 종교 이야기를 언급하며, 가장 먼저 국교수립 금지조항(Establishment Clause)을 만들었다. 앞에서 살펴보았듯이 국교수립 금지조항은 다음에 등장하는 자유로운 종교활동(Free Exercise Clause)조항을 위한 선제적 조치라고 볼 수 있다. 그럼 이렇게 선제적 조치까지

해가며 보장하려 했던 자유로운 종교활동 조항은 어떻게 해석해야 할까?

국민의 자유로운 종교활동을 침해하지 않겠다는 정부의 약속은, 국민이 어떠한 종교를 믿든지 간에, 국민의 그 믿음을 이유로 종교활동을 방해하거나 다른 국민과 차별하지 않겠다는 의미이다. 하지만 국민의 자유로운 종교활동을 보장하겠다는 건국의 아버지들이 가졌던 숭고한 의도와는 달리 다양한 문제들이 생겨났다. 지금 피터의 경우처럼 국민 모두가 지키고 있는 A주의 동물학대 금지법이 피터의 종교활동에 방해가 된다면, 그 동물학대 금지법은 수정헌법 1조에 보장된 자유로운 종교활동의 자유를 침해하는 법이 될 수 있다는 어색한 결론에 이른다. 이 문제로 인해 자유로운 종교활동 조항에 관한 논란이 끊이지 않는다. 즉, 피터의 상황과 한국의 양심적 병역거부의 상황이 본질적으로 다르지 않다는 것이다. 그렇다면 연방대법원은 이 문제에 대해 어떻게 해석했을까?

연방대법원은 수정헌법 1조의 자유로운 종교활동 조항에 따라 국민이 어떠한 종교를 믿든 정부는 관여할 수 없다고 한다. 우리에게 친숙한 기독교, 이슬람교, 불교 등의 전통적 종교뿐만 아니라, 국민이 신성한 믿음을 가지고 있기만 하면 심지어 사탄을 믿는 종교라 하더라도 그들의 종교활동을 보장해야 한다고 한다. 다만 조건을 하나 제시한다. 국민은 그 종교적 믿음을 이유로 다른 모든 국민들이 따르고 있는 "중립적(Neutral)이며, 일반적으로(Generally) 적용 가능한 법"을 어겨서는 안 된다고 한다. 즉 지난 수십 년간 주민들이 지켜온 A주의 동물학대 금지법이 피터의 종교활동을 방해할 의도를 가지고 만든 법이 아니고, 모든 주민들이 지켜온 법이라면 피터 또한 종교적 믿음을 이유로 동물학대 금지법의 예외를 인정해 달라고 할 수 없다는 의미이다. 하지만 만약 정부가 동물학대 금지법을 만든 목적이 피터가 믿고 있는 해당 종교를 탄압하고 억압하기 위해 만든 법이라면 문제는 달라진다. 이러한 경우에는 A주 정부가 만든 법이 결코 중립적(Neutral)이라고 볼 수 없을 것이므로, 피터의 자유로운 종교활동을 침해한 법이 되어 수정헌법 1조를 위반한 것이다.

1990년 오리건(Oregon)주의 한 인디언 출신 주민이 부족의 종교의식을 위해 필요한 마약류를 복용한 뒤 직장에서 근무하다가 회사에서 해고를 당하였다. 그리고 직장을 잃은 인디언 출신 주민이 오리건주 주정부에 실업급여를 신청하자 주정부는 지급을 거절하였다. 주의 실업급여법에는 본인이 저지른 불법행위로 인해 해고당한 경우에는 실업급여를 지급하지 않는다고 명시되어 있었고, 이를 근거로 주정부는 지급을 거절하였다. 그러자 이 인디언 출신 주민은 오리건주의 실업급여법이 종교의 자유를 보장한 수정헌법 1조를 위반하는 법이라며 위헌을 주장하였다. 즉 본인은 부족의 종교의식을 위해 반드시 필요한 마약류를 복용하였을 뿐인데, 이를 근거로 주정부가 실업급여를 거절하는 것은 정부가 국민의 자유로운 종교활동을 침해한다는 주장이었다. 하지만 연방대법원은 오리건주 주정부의 손을 들어주었다. 오리건주의 실업급여법은 인디언 출신 주민이 믿고 있는 부족의 종교를 억압할 목적으로 만든 것이 아니라 중립적인(Neutral)법이고, 오리건주의 모든 주민을 대상으로 적용 가능한 일반적인(General)

법이므로, 종교적 믿음을 예외로 인정하지 않는 오리건주 주정부의 실업급여법은 수정헌법 1조의 위반이 아니라는 판결을 내렸다. 즉 우리 모두가 지키는 사회의 법은 예외 없이 모두가 지키라는 취지에서 판결한 것이다.

1990년 당시의 연방대법원은 판결문을 통해, 30년 뒤 한국의 양심적 병역거부 논란을 예상이라도 했다는 듯 재미있는 비유를 한다. 종교적 믿음을 이유로 모든 국민이 지키고 있는 법에 예외를 인정해 준다면, 세금납부도 예외로 인정해야 하는 상황이 발생할 것이고, 전쟁을 치르는 징병제 상황에서도 입대에 예외를 인정해야 할 것이라는 언급을 한다(Employment Division of Oregon v. 스미스, 1990). 결과론적으로 당시 미국 연방대법원의 판결과 한국 대법원의 판결은 다른 것이다. 한국은 개인의 종교적 신념을 존중하였다면, 미국은 개인의 종교적 신념보다는 사회 전체의 공익을 더 우선시한 것이라고 볼 수 있다. 이 문제에 관해서는 미국과 한국의 어떤 사람도 절대적인 정답을 가지고 있지는 않다. 하지만 각자가 가진 다른 정답을 표현할 자유는 있을 것이고, 연방대법원은 판결을 통해 다른 정답의 사회적 합의를 도출하려 한 것이다. 하지만 연방대법원의 이 판결로 인해 온 미국이 들끓었다. 심지어 연방의회는 수정헌법 1조가 만들어진 이후 200년 만에 드디어 종교의 자유가 박탈당했다며 노골적으로 연방대법원의 판결을 비난하였다. 국민으로부터 권한을 받은 연방정부의 사법부인 연방대법원이 국민의 권리를 판결로써 박탈했다고 판단한 연방의회는 새로운 입법을 통해 연방대법원을 견제하려 하였다. 이 판결 이후 연방의회는 “종교의 자유회복법

(Religious Freedom Restoration Act)"을 만들며 국민들이 연방정부로부터 박탈당한 종교의 자유를 다시 회복시키려고 하였다. 그리고 이 문제는 새로운 국면으로 다시 접어들었다.

대법원이 박탈하고, 의회가 회복시킨 종교의 자유

앞서 언급한 오리건주 인디언 출신 주민의 실업급여 소송에서, 연방대법원은 국민의 종교적 신념에 대하여 모두가 지키는 법에 대한 예외를 인정하지 않겠다는 판결을 내렸다. 그러자 연방의회는 수정헌법 1조에 보장된 자유로운 종교활동의 자유를 박탈하는 판결이라며 즉각 반발하였다. 즉 인디언 출신 주민이 복용한 마약은 종교적 의식을 위해 반드시 필요한 것이었고, 종교적 신념에 의해 복용한 마약이라면 실업급여법의 예외로 인정하고 실업급여를 지급해야 한다는 것이 연방의회의 생각이었다. 이에 연방대법원의 판결이 있은 3년 뒤인, 1993년에 연방의회가 탄생시킨 법이 바로 "종교의 자유회복법(Religious Freedom Restoration Act)"이다. 법의 명칭이 말해주듯이 1791년에 제정된 수정헌법 1조로 보장받은 국민이 가진 종교의 자유를, 1990년 연방대법원의 판결로 박탈당했으니, 이를 회복시킨다는 취지로 연방의회가 제정한 연방법이었다. 이 연방법은 다음의 사항을 규정하며, 정부가 쉽사리 국민의 종교의 자유를 침해할 수 없도록 하였다. "연방정부 및 주정부가 국민의 자유로운 종교활동을 침해하고 제약할 때는, 반드시 그 침해와 제약을 할 수밖에 없는 정부의 중차대한 목적(Compelling Purpose)을 밝히고, 그 중차대한 목적을 달성하기 위한 여러 수단 중 국민의 자유를 가장 덜 제약(Least Restrictive)하는 수단이 이것이다"라는 것을 입증하도록 하였다. 즉 정부의 엄중한 명분이 없는 한, 국민의 종교적 신념에 의한 행위는 정부의 법 적용에 대한 예외로 인정하라는 연방법을 만든 것이다. 명백히 연방대법원의 판결에 반하는 법을 만들어 버린 것이다. 하지만 이 "종교의 자유회복법"은 연방의회의 뜻대로 순조롭게 흘러가지 않았다. 이 법이 만들어진 이후 내려진 아래의 판결 때문이다.

텍사스(Texas)주에 있는 어느 도시의 법이 도시의 특정한 지역을 역사적 보호 지구로 지정하였고, 이후 그 보호 지구에 있던 교회가 건물의 확장공사 허가를 시정부에 요청하였다. 하지만 역사적 보호 지구에서는 공사가 허락되지 않는다고 규정한 시의 법에 따라 시정부가 확장공사를 허가하지 않자, 교회 측은 연방의회가 만든 "종교의 자유회복법"을 시정부가 위반하였다고 소송을 제기하였다. 그러자 시정부는 연방의회가 만든 "종교의 자유회복법"은 주정부나 지방정부로 하여금 준수하도록 강제할 권한이 없는 연방의회가 만든 법이므로 본인들은 지킬 필요가 없다고 주장하였다. 그리고 연방대법원은 다시 한번 1990년 판결의 기조를 유지하며, 시정부의 손을 들어준다. 즉 1993년 연방의회가 만든 '종교의 자유회복법'은 주정부나 지방정부에게 적용되지 않는다는 판결을 내리며, "종교의 자유 회복법"은 연방정부에게만 적용되는 반쪽짜리 법이 되어버린다(City of Boerne v. Flores, 1997).

이로 인해 주정부와 지방정부는 "종교의 자유회복법"이 요구하던 엄격한 입증의 책임에서 벗어나게 되었다. 즉 종교의 자유를 박탈하는 법이라고 국민이 주장하는 그 주법이, 어떠한 중차대한(Compelling) 정부의 목적을 가지고, 그 목적을 달성하기 위한 여러 수단 중 국민의 자유를 가장 덜 제약하는(Least Restrictive) 수단이라는 입증을 하지 않더라도, 주법이 특정 종교를 억압하려는 목적이 없는 중립적이고(Neutral) 일반적으로(Generally) 적용 가능한 한 법이기만 하면, 국민의 종교적 신념을 법 적용의 예외로 인정하지 않을 수 있게 된 것이다. 주정부 입장에서는 연방정부처럼 힘들게 입증하지 않아도 되니, 상대적으로 스트레스에서 조금 자유로워진 셈이다.

이 판결로 인해 아이러니한 상황이 발생할 수도 있다. 종교의식으로 인해 어쩔 수 없이 마약을 복용하다가 연방정부 소속의 FBI에게 연방법 위반으로 체포되어 재판을 받는다고 가정하자. 피고인 국민이 재판에서 본인을 기소한 연방 마약금지법이 종교의 자유를 침해하고 있다고 주장하면, 연방검사와 FBI는 "종교의 자유회복법"에 따라 고강도의 입증을 법정에서 해야만 한다. 반면 주정부 소속의 경찰에게 주의 마약금지법 위반으로 체포되고 기소되었다면, 주정부 소속 검사는 해당 주법이 중립적이고 모든 주민에게 일반적으로 적용가능한 법이라는 것만 입증하면 피고인의 종교의 자유를 침해하지 않은 것이 된다. 국민 입장에서는 가급적 FBI에게 체포되는 것이 나은 상황이 되어버린다. 하지만 "종교의 자유회복법"이 주정부에게는 적용되지 않는다는 연방대법원의 판결 이후, 다행스럽게도 20여 개의 주에서는 자발적으로 "종교의 자유회복법"과 유사한 주법을 제정하며 주민의 종교적 자유와 종교적 신념을 지켜주려고 하고 있다.

연방대법원의 판결과 연방의회의 입법이 상충하고 있는 것이 미국의 상황이다. 같은 시대, 같은 국가, 같은 정부 안에서도 사법부와 입법부의 생각이 다른 것이 종교의 자유이다. “종교의 자유회복법”의 배경을 살펴보면서 종교의 자유에 관한 연방대법원의 판결보다 오히려 연방의회가 적극적으로 사법부를 견제하며 국민의 권리를 지켜내려 하는 모습에서 잠시 잊었던 의회 본연의 기능을 생각해 본다. 연방대법원 또한 시대의 흐름에 따라 본인들의 판결을 바꾼다. 물론 대통령이 임명하는 연방 대법관들의 정치 성향이 진보에서 보수로 바뀌거나 그 반대인 경우에도 과거의 판결이 바뀌기도 한다. 앞서 살펴본 오리건주 인디언 출신 주민의 실업급여 소송에서, 연방대법원은 국민의 종교적 신념을 모두가 지키는 법에 예외로 인정하지 않겠다는 판결을 내렸었고 그 판결의 취지를 계속 유지해왔지만, 최근 연방대법원은 변화의 조짐을 보이고 있다. 오리건주에서 웨딩케이크 가게를 운영하던 기독교인이 웨딩케이크를 주문한 레즈비언 커플에게 종교적 신념을 이유로 판매를 거부하자, 모든 주민이 지켜야 할 성 소수자 차별금지법을 위반했다는 이유로 오리건주 주정부로부터 벌금형을 받았다. 케이크가게 주인은 소송을 제기하고 1심과 2심에서 패소했지만, 연방대법원은 케이크가게 주인의 종교적 신념이 모두가 지키는 성 소수자 차별금지법의 예외가 되는지에 대한 판단은 유보한 채, 2심 법원이 사건을 다시 재고하도록 명령하였다. 이는 실질적으로 종교적 신념을 다른 어떤 것보다 우선순위에 두는 보수적 성향이 반영된 판단이며 향후 연방대법원이 어떤 판결을 직접적으로 내릴지 관심이 집중되는 부분이다.

04. 지켜야 보호받을 수 있는 표현의 자유

대통령이 된 순간, 그의 트위터는 국민의 것

미국의 대통령은 막강한 경제력을 바탕으로 급부상하고 있는 중국에 대해 강경한 외교정책을 펼치고 있다. 그리고 중국에서 미국으로 수입되는 제품에 대해 높은 관세를 부과하며 무역분쟁을 치르고 있다. 하지만 그로 인해 중국에서 수입되어 미국에서 소비되는 생활용품의 가격이 일제히 오르면서 미국 국민들이 부담을 느끼기 시작한다. 그리고 사람들은 대통령의 트위터에 그의 외교정책에 대하여 비판의 글을 올리기도 하고, 지지의 글을 올리기도 한다. 대통령은 트위터에 국민이 남긴 비판의 글을 볼 때마다 화가 났고, 급기야 대통령의 외교정책에 비판의 글을 자주 올리는 피터를 대통령 본인의 트위터에 접근하지 못하게 차단한다. 그러자 피터는 법원에 소송을 제기하며, 대통령이 수정헌법 1조에 보장된 표현의 자유를 침해했다고 주장한다. 과연 피터의 주장은 판사에게 받아들여질까?

수정헌법 1조는 국민의 4가지 권리를 보장하고 있다. 종교의 자유, 표현의 자유, 집회의 자유와 정부 구제 요청의 자유이다. 이 중에서 표현의 자유는 수정헌법 1조 원문의 두 번째 문장에 다음과 같이 언급되어 있다.

> "Congress shall make no law … abridging the freedom of speech, or of the press."
>
> "연방의회는 국민의 언론, 출판의 자유를 박탈하는 법률을 제정하지 아니한다."

이는 특히 언론(Speech)과 출판(Press)이라고 명시함으로써 표현의 자유를 보장하고 있다. 미국 건국의 아버지들이 수정헌법 1조를 통해 담아내고 싶었던 궁극적 표현의 자유는 국민이 생각한 것을 말, 글, 행위 등의 어떠한 형태로든 자유롭게 표현하고, 이것을 다른 사람들에게 알릴 권리였다. 하지만 정부에게 절대적인 권한이 없듯이, 국민에게도 절대적 자유라는 것은 있을 수 없는 것이다. 건국의 아버지들이 표현의 자유를 논의할 때 가장 치열하게 다투었던 부분이 바로 국민의 모든 표현이 보호받을 가치가 있는 것인가의 문제였다. 예를 들어, 누군가 백악관 앞 광장에서 대중을 상대로 현재의 정부를 전복시키고 새로운 정부를 수립하자고, 불법적 폭동을 선동(Seditious)하는 연설을 하고 있다면 어떨까? 그 국민의 선동적 표현이 보호받을 가치가 없다는 것에는 동의하지만, 선동적 표현과 설득적 표현을 어떻게 구분할 것인지가 고민스럽다. 인간의 아름다움을 표현하는 예술물은 당연히 보호받을 가치가 있고 음란물은 그렇지 않겠지만, 예술물과 음란물을 어떻게 구분할 것인가? 기업이 제품을 광고하면서 대중에게 알릴 표현의 자유가 있다는 것에는 동의하지만,

그것이 허위광고라면 이 또한 보호받을 수 없는 표현일 것이다. 또한, 제품 광고와 같은 기업의 상업적 표현(Commercial Speech)을, 표현의 자유와 동일한 수준으로 보호해야 할 것인가에 대한 고민도 들 것이다. 사실이 아니라는 것을 뻔히 알면서도 국민이 정부나 공인을 비방하는 명예훼손적인 표현을 했다면, 그 표현을 한 국민이 수정헌법 1조 표현의 자유를 주장하도록 허용해서는 안 될 것이다. 하지만 어느 수준부터 명예를 훼손하는 표현인지, 그리고 어떻게 그것을 입증할 것인지도 고민이다. 건국의 아버지들이 수정헌법 1조에 저토록 짧게 담아둔 표현의 자유를 이제 앞으로 어떻게 해석해 나갈 것인가의 문제가 남게 되었고, 지난 230년간 연방대법원은 판결을 통해 해석하면서 원칙을 만들어 낸 것이다. 한 나라의 헌법이 자세히 꼼꼼하게 적혀져 있으면 국민은 이해하기 어렵겠지만, 재판을 하는 사법부는 편리하다. 헌법에 모든 것이 적혀져 있으니 엄격하게 헌법을 적용하여 판결을 내리면 되는 것이니까! 하지만 미국의 연방헌법은 세계에서 가장 짧은 헌법 중의 하나이다. 헌법이 길지 않다는 것은 국민이 그 헌법의 취지를 쉽게 이해할 수 있어서 좋기는 하지만, 재판을 진행하는 사법부는 상당히 피곤하다. 부정적으로 이야기하면 피곤한 것이고, 긍정적으로 이야기하면 사법부가 헌법의 짧은 문장을 능동적으로 해석해 가면서 판결을 해야만 하니, 판사의 권한이 자연스럽게 확대되는 효과가 있다. 이러다 보니 미국에서는 연방대법원이 대통령 못지않은 권한을 가지게 된 것이다.

국민이 생각한 것을 표현하는 방식에는 여러 종류가 있을 수 있다. 특정한 주제에 대하여 말이나 글로 표현할 수도 있고, 상징적 행위를 통해서도 생각을 표현할 수 있다. 국가를 상징하는 성조기를 백악관 앞 광장에서 불태우며 미국이 주도하는 전쟁에 반대한다는 생각을 표현할 수도 있고, 미국의 세금정책을 비판하며 연방 국세청(IRS) 앞에서 세법전을 찢어 버릴 수도 있을 것이다. 이러한 행위를 상징적 표현(Symbolic Speech)이라 부르고, 이 또한 수정헌법 1조가 보호하는 표현에 해당된다. 또한, 백악관 앞 광장과 같은 오프라인뿐만 아니라, 온라인상의 블로그나 SNS에서도 생각을 표현할 수 있을 것이다.

수정헌법을 이야기할 때 항상 잊지 않아야 할 것이 하나 있다. 수정헌법은 정부가 국민의 권리를 박탈하지 않겠다는 약속을 한 것이다. 정부가 국민이 가진 표현의 자유를 박탈하지 않겠다는 약속을 한 것이지, 정부가 아닌 민간 회사의 사장이 국민에게 약속한 것은 아니다. 즉, 행정부를 대표하는 대통령 집 앞에서 표현의 자유를 주장하며 시위를 할 수는 있지만, 어느 회사 사장 집 앞에서 표현의 자유를 주장하며 시위할 수는 없다. 회사의 사장이 트위터에서 직원을 차단했다고 문제가 되지는 않는다. 하지만 그 사장이 대통령에 당선되었다면, 상황은 달라진다. 대통령은 행정부의 최고 책임자이자 미국을 대표하는 사람이다. 대통령이 된 순간 그 트위터는 국민 모두가 의견을 표현할 수 있는 공공장소(Public Forum)가 되었다고 볼 수 있다. 대통령의 정책을 반대하는 피터에게 더 이상 트위터에 글을 적지 말라고 차단한 것은, 피터에게 백악관 앞 광장에서 시위하지 말라는 것과 같은 꼴이다. 대통령이 되기 전에는 단순한 개인적 소통의 창구였지만, 대통령이 된 순간, 그의 트위터는 국민 모두의 것이 된다.

누구도 침해할 수 없는 평화로운 저녁 식사

막강한 경제력을 바탕으로 급부상하고 있는 중국에 대해 미국의 대통령은 강경한 외교정책을 펼치고 있다. 그리고 중국에서 미국으로 수입되는 제품에 대해 높은 관세를 부과하며 무역분쟁을 치르고 있다. 하지만 그로 인해 중국에서 수입되어 미국에서 소비되던 생활용품의 가격이 일제히 오르면서 미국 국민들이 부담을 느끼기 시작하였다. 화가 난 피터는 친구인 잭과 함께 퇴근 후 저녁 7시부터 백악관 앞 광장에서 중국과의 무역분쟁을 중단하라는 시위를 할 계획이다. 그래서 비싼 돈을 주고 마이크와 스피커를 구입하고는 시위하러 갔다. 그런데 연방의회가 만든 법을 보니 저녁 7시부터 다음 날 아침 9시까지는 마이크와 스피커를 이용한 백악관 앞 시위를 금지한다고 한다. 이 연방법이 수정헌법 1조에 보장된 피터와 잭의 표현의 자유를 침해하는 것은 아닐까?

국민들은 1788년의 연방헌법을 통해 상당한 권한을 연방정부에게 주면서, 국민 모두를 위해 입법, 행정, 사법의 권한을 사용할 것을 허용하였다. 하지만 필요한 경우에는 국민 모두의 이익을 위해 개인의 행위를 적절히 규제할 수 있는 권한 또한 정부에게 부여하였다. 국민의 그 행위가 수정헌법에 보장된 국민의 권리라고 하더라도 국민 모두를 위하여 필요할 때는 규제할 수 있어야 한다. 그리고 그 규제를 할 때는 반드시 정부의 명분이 있어야 할 것이다. 즉 국민이 수정헌법을 통해 보장받은, 누구에게도 넘길 수 없는 표현의 자유를 정부가 박탈하고 제한하려면, 그 목적과 방식을 국민에게 충분히 설명할 수 있는 상당한 명분이 있어야 한다는 의미이다.

앞서 언급된 피터의 상황이라면 어떨까? 표현의 자유, 즉 시위할 수 있는 피터의 권리를 규제하는 연방법이 있다. 수정헌법 1조에 보장된 피터의 권리를 제한할 정도라면, 연방정부는 명분이 있어야 하겠다. 그런데 피터가 가진 표현의 자유를 규제하는 연방법을 자세히 보니, 그렇게 심각하게 피터의 권리를 제한하는 것 같지 않아 보인다. 왜냐하면, 시위를 허용은 하되, 특정 시간(Time)인 저녁 7시에서 아침 9시까지, 특정 장소(Place)인 백악관 앞 광장에서, 특정 방식(Manner)인 마이크와 스피커를 사용한 시위만을 금지하고 있기 때문이다. 백악관 앞 광장 인근에 거주하는 주민들이 하루를 마감하고 즐거운 저녁식사와 안락한 휴식을 취하는데 방해가 된다는 민원이 있었고, 주민들을 위해 저녁 7시 이후에는 마이크와 스피커를 사용하는 시위를 하지 말라는 정부의 규제가 불합리해 보이지는 않는다. 백악관 인근 주민의 주거권을 보호할 정부의 중요한 목적(Important Purpose)이 있고, 이 목적만을 달성하기 위해 잘 정비가 된(Narrowly Tailored) 법이라면, 정부가 피터의 권리를 규제할 명분은 충분히 갖추었다고 볼 수 있다. 즉 마이크와 스피커를 사용하지 말라는 법이 피터의 표현의 자유를 박탈했다고 볼 수 없다는 것이다.

피터의 경우처럼 정부가 국민이 가진 표현의 자유를 시간, 장소, 방식을 통해 규제한다면, 그리 심각한 수준의 규제가 아니므로 정부가 규제의 명분을 국민에게 충분히 설명할 수 있다. 앞선 피터의 경우는 심각한 수준의 정부 규제가 아니라고 결론을 지었는데, 그럼 심각한 수준의 규제는 어떤 것일까? 예를 들어, 인종, 교육, 문화 등 다른 모든 주제(Subject Matter)에 대해서는 시위를 허용하면서, 유독 외교 문제에 대해서만 시위를 금지한다면 표현의 자유를 심각한 수준으로 규제하는 법이라고 볼 수 있을 것이다. 그리고 만약 외교 문제에 대해서도 시위를 허용하긴 하나, 중국에 대한 정부의 강경한 외교정책을 지지하는 관점(Viewpoint)의 시위는 허용하면서, 반대하는 관점의 시위는 금지한다면 이 또한 심각한 수준의 심각한 규제라고 볼 수 있다. 그렇다면 정부는 이 심각한 수준의 규제에 관한 타당성을 입증할 더 높은 수준의 목적과 명분을 가져와서 국민을 설득해야 할 것이다. 백악관 인근 주민들의 안락한 저녁 식사를 위해, 외교 문제에 관한 시위를 금지한다는 앞뒤가 맞지 않는 논리로는 국민을 설득할 수 없을 것이고, 정부가 엄중하고 중차대한 목적(Compelling Purpose)을 제시하여야 국민을 설득할 수 있는 명분이 되겠다. 결국 외교 문제에 관한 시위만은 하지 말라는 정부의 규제가 있다면, 이는 피터의 표현의 자유를 심각하게 침해하는 규제이고 위헌이 되는 것이다.

정부의 절대적 권한을 허용하지 않는 것처럼, 국민의 절대적 자유라는 것 또한 존재하기 어렵다. 국민 모두를 위해 필요할 경우 개인의 자유를 규제할 권한을 정부에게 주었고, 이 권한 또한 정부가 명분 없이 함부로 사용해서는 안 될 것이다. 정부의 권한과 피터의 자유를 저울에 올려놓고 어느 한쪽에도 기울어지지 않게 판결해야 할 연방대법원의 책임감이 상당히 무거워 보이는 대목이다.

05. 우리의 입을 막으려면 이 정도는 입증하라!

정말 이게 최선인가?

피터가 다니는 A주의 주립대학은 수업이 끝나는 오후 4시부터 모든 학생들이 빈 강의실을 사용할 수 있도록 허용한다. 취미 모임, 종교 모임 등 학생들의 방과 후 모든 활동을 강의실에서 할 수 있게 하였다. 다만 대학 사무실에 반드시 사용신청을 먼저 해야 하고, 먼저 신청한 학생부터 선착순으로 사용할 수 있다. 평소 미국의 인종 간 갈등에 관심이 많던 피터는, 지역 시민단체의 유명한 인권 운동가를 초빙하여 학생들과 인종 문제에 관한 토론을 하려고 강의실 사용신청을 하였다. 하지만 대학 측에서는 인종 문제에 관한 토론을 위해서는 강의실을 빌려주지 못한다고 피터의 신청을 거절했다. 이 토론으로 인해 재학 중인 흑인 학생들과 백인 학생들 간에 교내 충돌이 발생할 가능성이 있다는 점을 이유로 들었다. 과연 이러한 주립대학 측의 강의실 사용 불허는 문제가 없는 것일까?

피터에게는 수정헌법 1조에 보장된 표현의 자유가 있고, 그 표현의 자유를 침해하지 않겠다고 정부는 약속하였다. 주립대학은 주정부에 의해 운영되는 대학이다. 즉, 주립대학의 행위는 주정부의 행위가 된다는 의미이다. 만약 주립대학이 학생이 가진 표현의 자유를 박탈하면, 그것은 주정부가 국민이 가진 표현의 자유를 박탈한 것이다. 그럼 피터의 강의실 사용신청을 거절한 주립대학의 행위는 문제가 없는 것일까? 우선 학교라는 공간은 원칙적으로 국민이 무엇인가를 표현하도록 만들어진 공간은 아니다. 학생들을 가르치고 학문을 탐구하기 위하여 정부가 만든 공간이다. 즉, 백악관 앞 광장과 달리 학교는 국민이 시위하면서 생각을 표현할 수 있는 장소라고 주장할 수 있는 공간이 아니다. 군부대도 마찬가지이다. 전투를 준비하고 훈련할 목적으로 만든 공간이지, 국민이 생각을 표현할 수 있도록 허용할 수 있는 공간이 아니라는 말이다. 이렇게 정부의 공간이기는 하지만, 정부가 특별히 그 목적상 표현의 자유를 제약할 수 있는 공간이 있는데 대표적인 장소로 학교와 군부대가 있다. 그렇다면 학교에서 인종 문제에 관한 본인의 생각을 표현하며 토론을 하려던 피터의 강의실 사용신청을 거절한 주립대학 측의 행위는, 피터의 표현의 자유를 적절히 제약한 것이라고 볼 수 있을 것이다.

하지만 중요한 사실 하나가 반전이다. 피터의 문제가 생기기 전까지 주립대학 측은 방과 후 모든 학생들에게, 어떠한 어떤 목적이든, 선착순으로 강의실을 사용할 수 있도록 허용해 왔다는 사실이다. 학생들의 방과 후 학교시설의 사용을 허가하지 않고, 표현의 자유를 제약할 수 있었던 주립대학이 종교, 취미, 역사 등 주제에 상관없이 먼저 신청하는 학생에게 강의실을 사용하게 해 주었고 그동안 꾸준히 그렇게 운영해 왔다면, 주립대학은 인종 문제와 같은 특정한 주제에 대해서만 표현하고 토론하는 것을 금지할 수 없다. 학생 모두에게 어떠한 주제로든 학교 공간을 허용한 순간, 특정한 누구와 특정한 주제에 대해 차별해서는 안 된다는 말이다.

이렇게 특정 주제에 대해 표현하지 말라고 하거나, 특정 관점에 대해 표현하지 말라고 하는 것은 표현의 자유를 가장 심각하게 규제하는 것이라고 볼 수 있으며, 이러한 규제를 하려면 정부가 명분이 있어야 한다. 그것도 가장 높은 수준의 명분이다. 다른 모든 주제에 관한 표현과 토론을 허용하면서, 인종 문제의 표현과 토론을 하지 말라는 규제가 명분을 가지려면 주립대학은 엄중하며 중차대한 목적(Compelling Purpose)과 그 목적을 달성하기 위해 꼭 필요한(Necessary) 규제라는 것을 입증해야 한다. 즉, 주립대학의 그 중차대한 목적을 달성하기 위해서는 이렇게 인종 문제 토론을 금지하는 것 말고는 다른 방법이 없으며, 이 방법이 최선이었다는 것을 입증해야 한다. 주립대학과 주정부 입장에서는 결코 쉬운 입증이 아니다.

주립대학은 학교 내에 많은 흑인 학생들이 있고, 이러한 인종 문제 토론으로 인해 흑인과 백인 학생들 간 충돌이 발생할 가능성이 있어서 강의실 사용을 거절하며 표현의 자유를 규제했다고 한다. 하지만 학생들의 안전 확보라는 주립대학의 중차대한 목적을 달성하기 위해, 인종 문제에 관한 토론을 금지하는 것 말고 다른 방법은 없었을까? 학생들의 물리적 충돌을 막기 위해서 엄격한 토론 진행 규칙을 만들고, 교수가 진행을 맡아 학생들 토론의 과열을 막으며, 안전요원을 배치하는 등의 방법이 있지 않았을까? 결국, 토론 금지 말고도 학생들의 안전을 확보할 방법이 있었다면, 토론을 금지하며 강의실 사용을 허락하지 않은 주립대학의 행위는 피터의 표현의 자유를 명분 없이 박탈한 것이 된다.

학생들의 방과 후 토론에 안전요원까지 배치하는 것이 상식적이냐고 주립대학이 주장할지도 모르겠다. 하지만 인간이 신으로부터 받아, 누구에게도 넘길 수 없다는 수정헌법 1조의 표현의 자유를 보호해 주기 위해 이 정도의 조치는 할 수 있어야 하지 않을까! 안전요원을 배치하는 데 필요한 비용, 토론의 사회를 맡을 바쁜 교수의 시간이, 학생들의 표현의 자유보다 더 중요하다고 이야기할 수 없을 것이다. 혹자들은 미국이 소송의 천국이라고 부정적으로 이야기한다. 하지만 지금 우리가 너무나 당연한 권리라고 생각하는 모든 자유는, 이러한 사소한 문제를 누군가가 우리를 대신해 법정에서 주장하고, 법의 해석을 받아, 실천해 가며 만들어 낸 결과이다.

공인이라는 원죄

미국에 있는 한 신문사가 현직 국방부 장관이 군 복무 시절 병사들을 수시로 폭행했다는 기사를 보도하였다. 하지만 이 기사는 사실과 전혀 달랐다. 국방부 장관과 이름이 같은 다른 군인의 이야기를 기자가 착각하고 보도하였다. 국방부 장관은 즉각 신문사를 상대로 명예훼손 소송을 제기하고, 신문사는 수정헌법 1조에 보장된 표현의 자유를 주장한다. 법원은 신문사의 사실과 다른 보도를 수정헌법 1조로 보호해 주어야 할까?

앞에서 살펴보았듯이 미국의 국부, 건국의 아버지들은 국민의 모든 표현이 수정헌법으로 보장받아야 할 것인가에 대하여 심각하게 고민하였다. 지금 신문사의 경우가 전형적인 고민거리이다. 무릇 국민이란 정부의 보복에 대한 두려움 없이 자유롭게 생각을 표현할 수 있도록 해야 하겠지만, 사실이 아닌 이야기를 다른 사람들에게 하면서 행정부의 국방을 담당하는 장관의 명예에 심각한 피해를 끼쳤음에도 표현의 자유를 주장하는 신문사를 보호해 주는 것이 과연 타당할 것인가의 문제는 단순히 결론 내릴 수 있는 문제는 아니다.

지금 신문사의 사례에서 중요한 사실은 명예훼손을 당하고 소송을 제기하는 사람이 공인(Public Figure)이라는 점이다. 현직 국방부 장관과 같은 공인이 명예훼손 재판에서 승소하려면, 다른 일반 국민이 당한 명예훼손의 재판보다 더 엄격한 요건을 입증해야 한다. 국가의 군인들을 통솔하는 국방부 장관은 공인임과 동시에 그의 자질과 리더십은 국민 모두가 알아야 할 만한 공공의 관심사(Public Concern)이다. 국민들이 헌법으로 부여한 행정부의 국방 권한을 담당하고 있는 장관의 자질은 분명 국민이 알아야 할 사항일 것이다. 따라서 공인인 국방부 장관이 병사를 폭행했다는 사실과 일반 국민이 병사를 폭행했다는 사실은 그것이 비록 진실이 아닌 동일한 명예훼손이라 하더라도 분명 다른 기준으로 취급하는 것이 타당할 것이다. 국방부 장관은 법원의 판사에게 신문사의 기사가 그릇됨(Falsity)을 입증해야 할 뿐만 아니라, 신문사의 고의(Malice)를 입증해야 한다. 예를 들어, 신문사가 국방부 장관의 폭행이 사실이 아님을 뻔히 알았으면서도 악의적으로 보도를 했거나, 취재 결과를 보도하기 전에 검증해 보니 폭행한 사람이 정말 국방부 장관일 수도 있고 아닐 수도 있다는 의구심이 드는데도 불구하고 추가 확인을 하지 않은 채 보도했다는 사실을 소송을 제기한 장관이 밝혀낸다면, 신문사의 고의를 입증한 것이 된다. 하지만 이 고의를 입증하는 것이 결코 쉽지 않다. 만약 신문사가 장관의 폭행이 진실임을 믿고 보도했다면, 그 고의를 입증하는 것이 사실상 불가능해진다. 지금 사례에서 신문사 기자는 본인의 과실(Negligence)로 동명이인임을 확인하지 못하고 보도를 했지만, 신문이 발행된 순간까지도 기사가 사실이라고 믿었다면 장관은 신문사의 고의를 입증하지 못하게 되며 소송에서 승소할 수 없게 된다. 즉, 헌법에 보장된 표현의 자유를 행사한 기자의 과실만으로는 공인의 명예훼손에 대한 책임을 지우지 않는다는 의미이다. 단순한 과실을 넘어 고의가 입증되어야 공인인 장관의 명예훼손에 대한 책임을 신문사에게 물을 수 있다.

하지만 만약 일반 국민이 병사를 폭행했다는 사실이 아닌 기사로 인해, 그 국민이 신문사를 상대로 명예훼손 소송을 제기했다면 어떨까? 공인이 아닌 그 국민은 기사가 사실이 아님을 입증하고, 기자의 고의(Malice)가 아닌 과실(Negligence)만 입증을 하면 승소할 수 있다. 즉 동명이인임을 확인하지 않은 기자의 과실만 입증한다면, 그 국민은 승소할 수 있다. 같은 명예훼손 재판에서 공인이 아닌 일반 국민이 공인인 장관보다 좀 더 수월하게 신문사를 상대로 승소할 수 있다는 의미이다.

같은 명예훼손이라도 공인이 승소하기가 더 어렵게 만든 이유는 무엇일까? 공공의 관심사인 국방, 안전, 건강, 교육 등에 영향력을 가지고 있거나, 국민에게서 권한을 받은 공인에게, 국민이 처벌의 두려움 없이 자유롭게 본인의 생각을 표현할 수 있도록 한 것이다. 심지어 표현한 것이 비록 사실이 아니라 하더라도 국민이 사실이라고 진실로 믿고 이야기했다면, 그 국민을 처벌하지 않겠으니 우리 모두의 관심사에 대해서는 걱정하지 말고 말 그대로 자유를 가지고 이야기를 하라는 의도일 것이다. 미국에서도 정치인의 섹스 스캔들이나 비리를 보도한 언론사가 해당 정치인에 의해 명예훼손 소송을 당하는 경우가 자주 있다. 하지만 그 정치인이 승소하기 위해서는 상당한 수준의 입증을 해야만 하고 실패로 돌아가는 경우가 대부분이다. 선의와 신념을 가진 국민의 표현의 자유를 최대한 보장해주겠다는 정부의 약속은 결국 국민의 생각을 대신 표현하는 언론사 또한 높은 수준의 도덕성이 요구되어 진다는 것을 의미하기도 한다. 언론을 제재하는 정부도 존재할 수 없지만, 악의를 가진 언론도 존재할 수 없을 것이다.

06. 보호받을 표현에도 급이 있다.

경례는 해도, 태울 수는 없는 성조기!

피터는 미국이 중동에서 치르고 있는 전쟁에 반대하며, 백악관 앞 광장에서 친구들과 함께 시위를 한다. 하지만 전쟁 반대의 메시지를 적은 피켓과 성조기를 들고 시위를 하다가 흥분한 나머지 성조기를 불태우며 전쟁 반대의 목소리를 높이게 되었다. 잠시 뒤 경찰에 의해 피터는 체포되고 국가 상징물을 훼손하는 행위를 금지하는 연방법 위반으로 재판을 받는다. 피터는 법정에서 국가 상징물인 성조기를 불태운 사실은 인정했으나, 피터가 위반한 국가 상징물 훼손을 금지하는 법이 수정헌법에 보장된 표현의 자유를 침해하고 있다고 주장한다. 과연 피터의 주장을 판사가 받아들일까?

연방대법원은 수정헌법 1조가 보장하는 표현의 자유에서, 표현이란 말이나 글로 생각을 표현하는 것뿐만 아니라 특정한 행위를 통해 생각을 표현하는 것 또한 인정해야 한다고 한다. 만약 피터가 성조기를 태우며 전쟁 반대의 생각을 표현하고 있었다면, 수정헌법 1조에 의해 보호받을 수 있는 표현이 되는 것이다. 하지만 앞서 살펴보았듯이, 국민이 가진 표현의 자유는 절대적일 수 없다. 따라서 정부는 피터가 가진 표현의 자유를 규제할 수가 있으나, 반드시 그 명분을 보여야 할 것이다. 지금 국가의 상징물을 훼손하지 말라는 연방법이 피터가 가진 표현의 자유를 규제하고 있으니, 정부로부터 그 규제의 명분을 한번 들어봐야 하겠다. 정부는 국가의 상징물을 태우거나 파손하는 행위는 국가를 모독하는 행위이고 국민의 사기를 저하시키는 행위이므로, 이를 위해 훼손을 금지하는 법을 만들었다고 말한다. 여러분은 정부의 명분이 타당해 보이는가?

연방 의회가 만들고 행정부가 집행하고 있는 국가 상징물 훼손금지법은 특정 관점(Viewpoint)에 관해서는 이야기하지 말라고 국민을 규제하는 것이다. 즉 피터에게 정부를 찬양하는 표현은 허용하면서 정부를 모독하는 표현은 금지하는 것이나 마찬가지이다. 성조기를 세워놓고 경례를 하며 국가와 정부를 찬양하는 표현은 허용하면서, 성조기를 불태우며 국가를 비방하는 표현은 왜 금지하는 것인가? 수정헌법 1조를 만들며 표현의 자유를 명시했던 건국의 아버지들은 국민이 정부를 비난하더라도 정부는 귀 기울여 듣고, 국민은 처벌의 두려움 없이 말할 수 있는 세상을 원했다. 하지만 지금의 국가 상징물 훼손 금지법은 국가를 모독하는 말은 하지 말라고 정부가 이야기하는 것이다. 그리고 정부가 이 정도로 높은 수준, 즉 특정 관점은 이야기하지 말라고 하는 규제가 명분을 가지려면 정말 높은 수준의 입증을 해야 한다. 이렇게 엄중하고 중차대한(Compelling) 국가의 목적이 있고 이러한 목적을 위해서 정부는 이 규제가 꼭 필요하다는(Necessary) 것을 입증해야 한다.

국가 상징물 훼손 금지법을 만든 정부의 목적인 국민의 자존심과 자긍심 유지가 엄중하고 중차대한 정부의 목적이라고 할 수 있을까? 그리고 이러한 정부의 목적을 달성하기 위해 국민인 피터가 수정헌법 1조로 보장받은 표현의 자유를 박탈하는 규제가 꼭 필요할까? 이 방법이 최선이고 이 방법으로만 국민의 자존심과 자긍심을 유지할 수 있는 것일까? 그렇지는 않을 것이다. 즉 연방의회가 만든 국가 상징물 훼손 금지법은 피터의 헌법적 권리인 표현의 자유를 박탈하고 헌법을 위반한 효력 없는 법이 되는 것이다. 그리고 효력이 없는 국가 상징물 훼손 금지법을 위반했다고 피터가 재판을 받을 이유는 없어져 버렸다. 물론 이러한 결론을 내리기 위해서는 피터가 성조기를 태우며 대중들에게 폭력을 선동하거나 누군가를 위협하는 불법적인 행위를 하지 않았다는 기본 전제가 있어야 한다. 이러한 다른 불법적 요소가 없었다면 피터의 행위를 표현의 자유로 존중해주겠다는 것이다.

이유야 어찌 되었든 국가의 상징인 국기가 불타는 것을 보고 좋아할 국민은 아무도 없을 것이다. 그리고 피터의 사례는 국민 정서와 관련된 문제라 연방대법원 또한 결론 내리기가 쉽지 않았던 문제였다. 국기라는 국가의 상징물을 훼손하는 행위를 헌법적으로 보호해야 할 피터의 표현의 자유로 볼 것인지, 국민의 자긍심과 국가의 존엄을 해친 불법적 행위로 볼 것인지는 국민 각자의 관점에 따라 논란이 계속될 수 있다. 그리고 연방대법원은 피터가 가졌던 국민 개개인의 표현의 자유를 더 높이 본 것이다. 국가의 상징인 국기가 존중받아야 하는 것은 당연하다. 하지만 그 국기를 만든 것은 국민이고, 그 국민이 가진 표현의 자유가 국가의 상징인 국기보다 높은 곳에 있다는 것이다. 국민이 있어야 국가가 있지 아니한가?

맥주 광고에 맥주 마시는 장면을 금지하다

청소년들과 성인들의 음주 문제가 최근 사회적 이슈가 되자 연방의회는 다음과 같이 맥주 광고를 규제하는 연방법을 만들었다. 저녁 6시부터 10시까지 TV에서 맥주 광고를 전면 금지하고, 그 이후 시간에는 맥주 광고를 할 수 있지만, 맥주 마시는 장면을 포함하지 말라고 규제한다. 그러자 맥주 회사는 이 연방법이 기업의 표현의 자유를 침해한다며 소송을 제기한다. 과연 맥주 회사가 승소할 수 있을까?

수정헌법 1조에 있는 표현의 자유(Freedom of Speech)는 기업의 광고 또한 표현으로 인정한다. 기업은 국민이 모여서 만든 조직이니 기업의 표현도 보호받음이 마땅하겠다. 하지만 수정헌법 1조는 기업이 가진 표현의 자유를 국민이 가진 표현의 자유보다는 낮은 가치의 권리로 보고 상대적으로 덜 보호해 준다.

법원의 판사는 국민이 가진 표현의 자유를 정부가 침해했는지 살펴볼 때 정부의 규제가 특정 주제나 관점에 대한 높은 수준의 규제인지 그렇지 않으면 시간, 장소, 방식에 대한 낮은 수준의 규제인지를 먼저 본다. 만약 높은 수준의 규제이면 정부는 높은 수준의 명분을 입증하고, 낮은 수준의 규제이면 전자보다는 조금 낮은 수준의 명분을 정부가 입증하면 된다. 즉 국민의 표현을 규제하는 방식을 꼼꼼히 뜯어보며, 그에 맞는 수준의 명분인지를 검증한다. 정부의 규제를 엄격하게 분석하며 국민이 가진 표현의 자유를 보호하고자 한다.

하지만 기업이 가진 표현의 자유를 규제하는 법이 있다면, 그렇게 엄격히 분석해가며 기업을 보호해 주지 않는다. 지금의 사례를 보면, 정부가 기업의 표현인 맥주 광고를 규제하고 있다. 그럼 이 법은 어떤 방식으로 규제하는지 살펴보자. 정부는 청소년 음주 문제를 해결하고자 청소년들이 TV를 많이 시청하는 저녁 6시부터 10시까지 다른 제품의 광고는 허용하면서 맥주 광고만을 금지하고 있다. 휴대폰과 과자 광고는 허용하면서 특정 주제(Subject Matter)인 맥주 광고만을 금지하고 있으며, 6시부터 10시까지라는 시간(Time)을 통해서도 규제하고 있다. 그리고 10시 이후에는 맥주 광고가 가능하지만, 성인들의 음주 욕구를 자극할 수 있는 맥주를 마시는 장면을 광고에 넣지 않는 방식(Manner)으로 규제하고 있다. 만약 국민의 표현을 이런 형태로 규제하고 있다면, 특정 주제인 맥주에 대해서만 광고를 금지하는 이 법을 만든 정부에게 엄격히 높은 수준으로 입증하라고 법원은 요구할 것이다. 하지만 기업 광고에 대해서는 그리하지 않고, 어떤 규제가 되었든 정부가 중요한 목적(Important Purpose)을 가지고 그 목적만을 달성하기 위해 잘 정비된(Narrowly Tailored) 규제라는 것만 정부가 입증하면 된다. 청소년 음주 문제를 해결한다는 정부의 중요한 목적이 있고, 그 목적만을 달성하기 위해 청소년들이 많이 시청하는 시간대에만 맥주 광고를 금지한다면 잘 정비된 법이고 맥주 회사의 표현의 자유를 침해했다고 볼 수는 없다. 또한 성인들의 알코올 중독문제를 해결한다는 정부의 중요한 목적이 있고, 그 목적을 달성하기 위해 음주욕구를 자극하는 맥주 마시는 장면을 광고에 넣지 말라고 하는 규제는 잘 정비된 규제라고 할 수 있다. 이 연방법이 무자비한 것처럼 보일 수 있지만, 연방의회는 법을 만들면서 맥주 회사에게 숨 쉴 수 있는 다른 통로를 여전히 확보해 주고 있다. TV가 아닌 다른 매체에 대해서는 이 법을 적용하지 않기 때문에 맥주 회사로서는 신문이나 인터넷을 통해 원하는 광고를 마음껏 할 수 있도록 했다. 기업이 가진 표현의 자유를 보호하되, 기업의 부적절한 광고로 인해 국민이 피해를 받고 있다면 정부의 목적이 기업의 표현의 자유보다 우선할 수 있다는 것이다. 앞서 국민이 가진 표현의 자유로 예를 든 국기 훼손 사례에서는 정부의 목적보다 국민인 피터의 표현의 자유가 우선한 것과는 대비되는 부분이다. 따라서 정부가 국민보다는 기업을 보다 수월하게 규제할 수 있다는 결론에 이른다.

오리건의 예술과 텍사스의 외설

청소년들이 폭력적이고 선정적인 장면에 노출되면서 생기는 악영향을 제거하기 위해 주정부는 다음의 법을 만들었다. 우리 주에서는 청소년들에게 폭력적, 선정적인 사진이 담긴 책을 판매하는 것을 전면 금지한다는 내용이다. 서점을 운영하는 피터는 이 주법이 연방헌법에 보장된 표현의 자유를 침해하는 법이라고 주장한다. 과연 피터의 주장이 맞는 말일까?

이 주의 법은 청소년들을 보호하려고 만든 법이다. 폭력적이고 선정적인 사진을 본 청소년들이 범죄를 저지르는 사고가 자주 발생함에 따라 만든 법이다. 이 법을 만든 배경에 대해서는 충분히 공감할 수 있다. 성에 대해 호기심이 많은 청소년들이 성인들보다는 당연히 선정적인 출판물에 영향을 더 많이 받을 것이다. 하지만 문제는 법의 내용에 있을 것 같다.

먼저 폭력적이고 선정적인 사진이라고 법에서 규정하고 있는데, 도대체 어디까지가 폭력적이고 어디까지가 선정적인지 모호(Vague)하다. 그로 인해 서점 주인은 어떤 책은 팔아도 되고 어떤 책은 팔지 말아야 할지를 알 수가 없다. 사람을 칼로 살해하는 장면은 폭력적이고 칼을 휘두르는 장면은 폭력적이지 않은 것일까? 여성의 상체가 노출되면 선정적이고, 그렇지 않으면 선정적이지 않은 것인가? 정상적이고 합리적인 성인이 이해하지 못하는 법이라면, 그 법은 효력이 없을 것 같다. 예술과 외설의 기준은 연방대법원도 규정하기 어려웠던 부분이다. 물론 연방대법원이 외설의 기준을 세우긴 했지만, 보는 이에 따라 주관적이고 추상적인 면이 있어 무 자르듯 적용하기가 쉽지 않다.

두 번째 문제는 이 법은 지금 너무 광범위한(Overbroad) 규제를 하고 있다고 볼 수 있다. 폭력적이고 선정적인 사진이 담긴 책을 전면적으로 판매 금지한다고 한다. 이 법을 만들 당시의 목적이 청소년을 보호하기 위한 것이었다면, 그 목적을 달성하기 위한 범위만을 규제해야 한다. 즉 청소년들에게만 판매하지 않도록 규제했어야 한다는 의미이다. 청소년들에게는 유해한 책이지만 성인들에게는 유해하지 않을 수 있다. 결국 성인들에게도 판매를 전면 금지하는 이 법은 필요 이상으로 광범위한 규제를 한 것이고 성인들의 예술물을 즐길 권리를 박탈하는 결과를 낳게 된다. 주정부가 유효한 법을 만들려고 했다면 폭력적이고 선정적이라는 기준을 법률에 명확히 명시했어야 하고, 판매금지의 대상을 청소년으로만 제한했어야 했다.

수정헌법 1조가 보호해 주는 국민의 표현은 어디까지나 외설이 아닌 표현물이다. 만약 외설이라고 법원이 판단하면, 국민의 표현일지라도 보호받을 수 없다. 즉 정부가 규제를 폭넓게 할 수 있다는 의미이다. 그렇다면 예술과 외설을 구분하는 것이 상당히 중요할 터인데, 연방대법원이 힘들게 만든 외설의 기준을 살펴보자. 먼저 지역사회의 기준으로 봤을 때 표현물이 전반적으로 성에 대한 음탕한 홍미를 유발하고, 명백하게 혐오스러우며, 전체적으로 예술적 가치가 없으면 음란물이라고 규정하였다. 연방대법원이 이 기준을 명시하며 “지역사회의 기준으로 봤을 때” 라고 제시했지만 상당히 모호한 기준이라고 할 수 있다. 이는 진보적인 오리건주 지역주민의 외설 기준과 보수적인 텍사스주 지역주민의 외설에 대한 기준을 달리 한다는 의미이지만, 요즘 같은 인터넷 세상에서 과연 지역마다 다른 기준을 가져가는 것이 타당한가라는 반론이 있기도 하다. 결국, 연방대법원의 많은 고민이 담긴 기준이라고 봐야 하겠으나, 법관도 사람이니 어쩔 수 없이 동일한 창작물을 두고도 기준의 적용이 상이할 수밖에 없는 것이 현실이다.

이러한 음란물처럼 기준을 세우기가 참 애매모호한 경우가 또 있다. 선동적이거나 위협적인 표현도 수정헌법 1조가 보호해 주지 않는 국민의 표현이다. 하지만 이 또한 어디까지가 대중을 선동하고 위협하는 표현인지 모호하다. 과거 미국의 2대 대통령인 존 애덤스가 처음으로 대중 선동을 금지하는 법을 만들었다가 정적이었던 토머스 제퍼슨에게 엄청난 비난을 받고 정치적으로 고립되어 재선에 실패한 빌미가 되기도 하였다.

07. 생각이 같으면 로봇, 달라야 사람

공산당원이 사람이라도 죽였나?

피터가 A주 변호사 시험을 치려고 응시원서를 작성하던 중, A주 정부가 요구하는 응시원서에서 다음의 질문을 받는다. "반체제 단체에 가입한 적이 있나요?" 이에 피터는 현재 공산당에 가입되어 있어서, "그렇다."라고 답변하고는 원서를 제출하였다. 일주일 후 변호사 시험을 주관하는 A주 정부는 편지를 통해 피터에게 변호사 시험 응시 자격을 부여할 수 없다고 통보한다. 당황한 피터가 그 이유를 물어보니, 반체제 단체인 공산당에 가입한 사람에게는 응시 자격을 부여할 수 없다고 한다. A주 정부의 이러한 결정이 과연 타당할까?

수정헌법 1조의 표현의 자유는 다음과 같은 원문을 담고 있다.

> "Congress shall make no law … abridging the freedom of speech, or of the press, or the right of the people peaceably to assemble."

언론(Speech), 출판(Press), 집회(Assemble)의 자유는 명백히 언급되어 있으나, 우리가 아는 결사의 자유(Freedom of Association)는 헌법 어디에도 나오지 않는다. 하지만 연방대법원은 1958년 NAACP(미국 흑인 인권 향상협회) 소송의 판결을 통해 결사의 자유 또한 국민의 헌법적 권리로 인정한다. 미국 헌법이 짧은 문장으로 구성되어 있어 해석상의 다툼이 많은 것은 사실이나, 이러한 다툼은 연방대법원의 판결을 통해 최종적으로 해석되며 결사의 자유처럼 새로운 헌법적 권리가 묵시적으로 생기기도 한다. 결사의 자유라는 것은 같은 생각을 가진 사람들이 함께 모여 단체를 조직할 자유이다. 야구를 좋아하는 사람들끼리 모이는 야구 동호회, 환경보호를 주장하는 사람들끼리 모이는 환경단체, 백인이 가장 우월한 인종이라고 생각하는 사람들끼리 모인 KKK단까지 모두가 국민들이 가진 결사의 자유에 의해 모임을 운영할 수 있다.

하지만 이렇게 결사의 자유를 보장해주고 있다 하더라도 민주주의와 체제경쟁을 하는 공산당이나, 백인 우월주의를 표방하는 KKK단에 국민들이 가입하는 것이 과연 적법한 것인가에 대한 궁금증이 생긴다. 왠지 안 될 것 같은 느낌이 들지 않는가? 하지만 결론부터 말하면, 연방대법원은 이를 인정해 주고 있다. 구소련과 치열하게 체제경쟁을 하던 1950년대와 1960년대의 미국 또한 공산당이라는 말만 꺼내도 사회적으로 매장당할 수 있었다. 하지만 이러한 살벌한 시기에도 연방대법원은 소신 있는 판결을 내리며, 반체제 단체에 가입했다는 이유만으로 국민을 차별해서는 안 된다고 한 것이다.

차별이 정당화될 수 있는 경우는 국민이 공산당의 불법적인 체제전복 목적을 알고 가입했을 뿐만 아니라, 그 불법적 목적을 실행할 구체적 의도(Specific Intent)가 있다는 것이 입증되어야 한다. 즉 피터가 공산당의 체제전복 목적을 알고 가입했고, 그 불법적 목적을 실행하기 위한 구체적 의도가 있어야만 변호사 시험의 응시 자격을 A주 정부가 박탈할 수 있는 것이다. 지금처럼 피터가 체제전복 단체에 가입했다는 사실만으로는 시험 응시 자격을 박탈할 수는 없다. 연방대법원이 이러한 결론을 내린 핵심적 근거는 공산당의 회원인 국민이 타인에게 해를 끼치는 불법적 행위를 할 의도가 없었다면, 그 국민은 본인과 같은 생각을 가진 사람들이 모인 어떤 단체라도 가입하여 활동할 수 있는 자유를 보장해주어야 한다는 것이다.

북한과 대치하고 있는 대한민국의 특수한 상황에서 다양한 생각을 해볼 수 있는 연방대법원의 판결이 아닐까 싶다. 2차 세계대전 이후 한국전쟁에 참여하며 구소련과 체제경쟁을 치열하게 벌이던 미국이었지만, 당시 냉전 시대의 정치적 상황과 결부시키지 않고 국민의 권리만을 살핀 연방대법원의 용단은 경이롭기 그지없다. 아울러 연방대법원의 대법관을 행정부의 대통령이 임명하기는 하나, 임명하는 순간부터 종신직이기 때문에 대통령의 눈치 볼 필요가 없다는 제도상의 안전장치 또한 이러한 판결에 큰 역할을 한다고 봐야겠다. 미국이 초강국이 된 여러 요인 중 가장 중요한 원동력을 꼽으라면, 다양성의 인정을 빼놓을 수 없다. 국민의 생각이 모두 다를 수 있고, 그 생각을 서로 인정해 가면서 타협점을 찾아가는 과정이 민주주의의 초석이 되고 그로 인해 발전한 것이 미국이다. 다양성을 인정하는 이러한 결사의 자유는 폭넓은 사상과 학문의 자유를 낳게 되고 미국의 강력한 동력이 된다. 중국의 거센 도전에도 미국이 향후 상당 기간 패권국의 지위를 유지할 것으로 예상하는 이유는 바로 이러한 점이 중국과의 가장 큰 차이점이기 때문이다. 수많은 파도가 밀려오고 빠져나갈 수 있는 바다 같은 나라가 미국이라고 비유할 수 있을 것이고, 끝없는 도전과 발전을 이룰 수 있었던 동력이 바로 그 다양한 파도가 아닐까 한다.

KKK단의 절규, 흑인이 싫어요!

흑인인 스미스는 TV를 통해 KKK단의 집회 영상과 의상을 보고는 매료되어 버린다. 그리고는 당당히 KKK단에 회원가입 신청을 한다. 흑인 스미스의 입회 신청에 당황한 KKK단 회장은 스미스가 흑인이라는 이유로 회원가입을 거절한다. 그러자 스미스는 흑인 차별을 금지하는 인종차별 금지법을 KKK단이 위반했다며, KKK단을 상대로 소송을 제기한다. 하지만 KKK단은 그 인종차별 금지법이 KKK단의 결사의 자유를 침해하므로 인종차별 금지법의 위헌을 주장한다. 과연 스미스는 승소할 수 있을까?

1865년 남북전쟁 이후 탄생한 KKK단은 남부의 퇴역군인을 중심으로 처음 결성되었다. 남북전쟁에서 패전한 상실감의 표출로 백인 우월주의를 주장하며 흑인 및 이민자들에 대한 폭력을 일삼았고 지금도 적지 않은 회원을 보유한 단체이다. 그런데 이처럼 백인만의 미국을 원하는 단체에 스미스 같은 흑인이 가입신청을 한다면 어떤 문제가 생길 수 있을까? 인종을 이유로 차별하지 말라는 연방법이 엄연히 존재하기 때문에, KKK단은 흑인인 스미스를 인종을 이유로 차별하지 않고 KKK단에 회원으로 받아야 할 것인가의 문제가 생길 수 있다. KKK단이 불법단체인 것처럼 보일 수 있으니 다른 예를 들어, 보겠다. 무분별한 개발로 인한 지구 온난화를 막으려는 환경단체에, 개발을 최우선 가치로 간주하는 기업인이 회원가입을 신청한다면 어떨까? 환경단체는 정부의 차별금지법을 준수하기 위해, 누구라도 차별하지 않고 개발 우선주의자인 그 기업인을 무조건 회원으로 받아들여야 할까? 그렇지 않을 것 같다. 환경에 대한 기본적 관점과 생각이 다른 사람을 회원으로 받아들이라고 정부가 강요할 수는 없다.

결사의 자유란 같은 뜻을 가진 사람들이 모여서, 함께 뜻을 나누고, 그 뜻을 위해 활동할 수 있는 자유이다. 물론 불법적인 활동을 해서는 안 된다는 가정이 깔려 있다. 백인 우월주의를 표방하는 KKK단은 수정헌법 1조에 따라 결사의 자유가 있다. 그리고 정부 또한 국민으로부터 받은 권한에 따라 공익을 위해 인종차별을 금지하는 법을 만들었다. 그렇다면 KKK단의 결사의 자유와 인종차별 금지라는 정부의 명분 간에 어느 것이 우선해야 할 것인지에 대해 논란이 생길 수 있다. KKK단과 정부 모두 그럴듯한 명분을 가지고 있지만, 연방대법원은 KKK단의 손을 들어준다. KKK단은 지난 150년간 지속적으로 단체의 핵심적 가치를 백인 중심의 세상이라고 대중들에게 알려왔다. 그리고 그러한 생각을 가진 사람들이 모여서 KKK단의 가치를 위해 활동해 왔다. 이러한 단체에게 흑인을 차별하지 말라고 정부가 법으로 강요한다면, 같은 생각을 나누지 말라는 것과 같은 의미가 될 것이다. KKK단이 타 인종에게 폭력을 일삼는 등 불법적 행위를 한 점은 비난을 받고 처벌받아야 마땅하나, 백인 중심의 세상을 꿈꾸는 국민들에게 그 목적을 위해 단체를 결성할 결사의 자유마저 박탈할 수는 없는 것이다. 만약 흑인인 스미스가 KKK단에 가입한다면 기존 백인 회원들은 모임에서 정상적으로 본인들의 생각을 이야기할 수 없을 것이고, 화합을 도모할 수도 없을 것이다. 결국 정부가 만든 인종차별 금지법이 단체의 최우선 가치를 지속적으로 알려온 KKK단의 가치와 충돌이 발생하는 경우, KKK단이 가진 결사의 자유가 정부의 인종차별 금지라는 명분보다 우선해야 한다는 것이다.

공산당에 가입했다는 이유로 차별을 받아서는 안 되는 것과 마찬가지로, 많은 국민들이 거부감을 가지고 있는 단체라 하더라도, 그 단체가 불법적인 행위를 하지 않는다면 헌법에 보장된 결사의 자유를 보장하겠다는 의미이다. 앞서 종교의 자유에서 살펴본 웨딩케이크 사장의 사례를 상기해 보자. 수정헌법 1조에 보장된 종교활동의 자유를 주장하며 종교적 신념에 따라 레즈비언 커플에게 웨딩케이크 판매를 거절한 웨딩케이크 사장에게, 성 소수자 차별금지법을 준수해 웨딩케이크를 판매하라고 정부가 강요할 수 없다는 최근 판결을 확인하였다. 마찬가지로 수정헌법 1조의 결사의 자유를 주장하는 KKK단에게 인종차별 금지법을 준수해 흑인 스미스를 회원으로 받아들이라고 정부가 강요할 수 없고 두 판결의 논리적 흐름은 같다.

KKK단의 헌법적 권리와 불법행위에 대한 책임은 분명히 선을 긋고 보아야 하겠다. 불법행위는 인정하지 않지만, 헌법적인 권리로서 결사의 자유는 보장한다. 비록 백인 우월주의라는 거부감이 드는 KKK단이지만 헌법에 보장된 결사의 자유가 있고, KKK단의 폭력과 같은 불법적 행위에 대해서는 엄격한 책임을 묻는다. 폭력이 잘못된 것이지 KKK단의 생각 자체가 잘못된 것은 아니라는 점이다. 국민 모두의 생각이 같을 수 없다는 점을 항상 잊지 말아야 하겠다.

Chapter 2

수정헌법 2조

A well regulated militia, being necessary to the security of a free state, the right of the people to keep and bear arms shall not be infringed.

자유로운 국가의 안보에 필요한 규율이 잘 잡힌 민병대를 위해 국민이 무기를 보유하거나 휴대할 권리를 침해해서는 안 된다.

08. 총 없이 촛불만으로 우리를 지킬 수 없다.

정부에 대한 불신이 만든 수정헌법 2조

이 글을 쓰고 있는 오늘도 미국에서는 100여 명 이상의 국민이 총기사고로 사망한다. 최근 텍사스주 남부의 한 초등학교에서 발생한 총기 난사사건으로 19명의 어린이와 성인 2명이 사망하였다. 잊을 만하면 등장하는 미국의 총기사고 뉴스를 보며 한국의 국민들도 미국을 걱정할 정도이니, 미국 국민들이야 더 말할 필요가 없다. 한국의 정서로는 도저히 이해가 가지 않는 문제이고, 총기 규제도 못하는 미국 정부가 정상인가 싶기도 하다. 이런 점에서는 한국이 정말 안전한 국가라는 안도감마저도 든다. 미국의 총기 규제가 이렇게 힘든 이유가 도대체 무엇일까?

한마디로 국민이 총기를 보유할 권리가 국민의 기본권(Fundamental Right)이라고 수정헌법에 명시되어 있기 때문이다. 그리고 이 기본권을 규제할 정부의 명분에 대해 계속 논쟁을 벌이고 있다. 미국 건국의 아버지들이 1791년 수정헌법 1조부터 10조까지를 통해 연방정부가 절대 침해할 수 없는 국민의 권리를 명시하면서, 가장 먼저 언급한 것이 수정헌법 1조의 종교와 표현의 자유였다. 그리고 그다음에 명시한 것이 수정헌법 2조의 총기 보유의 자유이다. 중요한 권리의 순서대로 수정헌법에 명시했다는 문장은 헌법 어디에도 없으나, 종교와 표현의 자유가 1조에 자리매김한 것을 보면, 그 당시 미국인들에게 중요했던 권리 순서대로 헌법에 명시했을 것이라는 합리적 추정은 해볼 수 있다. 그만큼 수정헌법 2조는 당시 미국인들에게 중요한 국민의 권리였다는 의미일 것이다.

미국 건국의 아버지들 중 한 명이며 미국 3대 대통령을 지낸 토마스 제퍼슨(Thomas Jefferson)은 정부의 독재정치에 맞서고 국민 스스로 지킬 최소한의 권리가 수정헌법 2조의 총기 보유의 권리라고 언급하였다. 영국과 독립전쟁을 치를 당시 제대로 된

정규군 없이 13개 식민지 자치주의 지역 남성들로 구성된 민병대(Militia)로 전쟁을 시작하였고, 그 민병대를 기반으로 13개 식민지의 대륙군을 구성한 미국 입장에서 국민들의 자발적 민병대는 중요한 의미가 있었다. 즉 국민으로 구성된 민병대가 타국과 본국의 정부에 스스로 맞설 수 있도록 실질적 안전장치를 만들고자 한 것이 미국 건국 아버지들의 생각이었다. 미국이 독립 후 국왕을 추대하지 않고 연방정부를 만들었던 당시 상황에서는 충분히 수긍할 만한 조치였다. 지금이야 국민에 대한 정부의 폭정을 상상하기가 어렵지만, 처음 연방정부를 만들었던 미국인들의 입장에서는 연방정부 또한 영국이나 유럽의 국왕들과 같은 폭정을 일삼을 수 있으리라는 걱정을 충분히 할 수 있었다. 따라서 그에 대한 국민의 안전장치가 필요했고, 수정헌법 2조에서는 국민(people), 민병대(militia), 자유(free), 무기(arms)라는 단어를 써가며 국민의 기본적 권리로 규정했다. 건국 당시 이렇게 순수한 의도로 만든, 이 짧은 문장의 수정헌법 2조가 250년이 흐른 지금 미국에서는 가장 뜨거운 감자가 되어버렸다.

수정헌법 2조의 문장은 보수적 또는 진보적 성향에 따라 두 가지로 해석하고 있으며, 현재의 연방대법원은 보수적 성향의 해석을 하고 있다. 즉 2조에 명시된 국민(People)이라는 단어에 무게를 두고 해석한다. 국민이 정부를 탄생시키며 많은 권한(Power)을 연방정부에게 주었는데, 정부가 그 권한을 통해 국민의 권리를 박탈하는 상황에 이르면, 국민은 스스로 지킬 도구가 필요할 것이고 따라서 국민의 총기 보유의 자유는 필요하다는 해석이다. 정부가 국민을 배신하며 폭정을 일삼는 최악의 상황을 대비해 국민이 자신들을 지킬 권리를 명시한 것인데, 이를 스스로 포기한다면 천년 뒤 최악의 정부가 탄생하여 폭정을 일삼으면 어떻게 할 것인가라는 의미로 해석할 수 있다.

반면 진보적 성향의 해석은 민병대(Militia)라는 단어에 무게를 두고 있다. 즉 총기를 보유할 권리는 주정부의 안보를 위해 민병대에게만 부여한 권리라는 것이다. 연방정부가 주정부를 무력으로 통합해 버릴 상황을 막기 위해 주정부는 민병대가 필요하고, 그 민병대를 유지하기 위해 국민이 총기를 보유할 자유를 명시했다는 의미이다. 따라서 국민 모두에게 총기를 보유할 권리를 부여한 것이 아니라 그중 민병대에게만 이러한 권리를 주었고, 지금은 민병대가 아니라 주정부의 주방위군(National guard)이 존재하고 있으니 국민의 총기 보유의 권리는 당연히 필요 없다고 해석한다.

결국 보수적 성향의 해석은 총기 보유가 정부에 대한 국민의 자기방어 권리이고, 진보적 성향의 해석은 연방정부에 대한 주정부 민병대의 권리라는 것이다. 따라서 보수적 성향의 해석은 총기 보유의 권리를 정부가 규제하며 침해해서는 안 된다는 것이고, 진보적 성향의 해석은 총기 보유의 권리는 이 시대에는 더 이상 필요하지 않으니 정부가 규제할 수 있다는 의미이다. 보수적 성향의 해석은 수정헌법 2조의 국민(People)이라는 단어에 초점을 맞춰 국민 개개인의 권리를 강조하고, 진보적 성향의 해석은 민병대(Militia)라는 단어에 초점을 맞춰 민병대의 권리를 강조한다. 보수적 성향의 해석은 건국 당시 헌법에 보장된 국민의 권리라는 점에 충실하고자 하고, 진보적 성향의 해석은 현시대에 맞게 헌법을 해석하여 국민의 생명권을 보호하고자 하는 것이다. 수많은 총기사고에 민주당을 포함한 많은 미국인들이 총기 보유를 규제할 것을 주장하고 있다. 하지만 연방대법원과 공화당을 포함한 많은 미국인들은 여전히 총기 보유의 규제는 불가하다고 주장하고 있다. 진보와 보수 진영의 주장을 꼼꼼히 들여다보면 양측 모두 논리적인 주장을 하고 있다.

촛불만으로 정부를 바꾼 한국인으로서는 국민에게 총이 꼭 필요한지에 대해 의문이 생기는 것이 사실이다. 하지만 다른 한편으로는 총기 규제의 찬반 여부를 떠나 미국 진보와 보수 진영의 주장이 국민의 권리와 정부의 정책에 관한 합리적 다툼이라는 점에서 함부로 비난하기 어려운 것도 사실이다.

주정부 또한 연방정부와 같은 정부

피터의 집에 최근 강도가 두 차례나 침입하여 현금과 보석을 훔쳐 갔다. 피터에게는 사냥용 산탄총이 있었지만 크기가 너무 커서 강도가 들었을 때 실제 사용할 수가 없다. 피터는 앞으로 강도로부터 본인을 지키려고 수월하게 휴대하고 사용할 수 있는 권총을 구입하려고 한다. 하지만 피터가 사는 A주는 시민이 권총을 보유할 수 없도록 금지하는 주법이 있다. 피터는 이 주법이 수정헌법 2조를 위반한 법이라고 주장한다. 과연 피터의 주장이 맞을까?

총기를 보유할 수 있는 국민의 권리를 명시한 조항이 수정헌법 2조이다. 수정헌법 1조부터 10조까지는 1789년 연방정부가 탄생하고 불과 2년 뒤인 1791년에 연방정부가 국민의 권리를 침해하지 않겠다고 약속한 조항이다. 그렇다면 수정헌법 2조에서 국민에게 총기를 보유할 권리를 보장한다는 약속도 연방정부의 약속이지 주정부의 약속은 아니지 않을까? 따라서 주정부는 주민의 총기 보유 권리를 규제할 수 있지 않을까? 국민의 총기 보유에 대한 연방대법원의 중요한 과거 판결이 몇 번 있었다. 그리고 이 판결을 내린 연방대법원의 대법관은 대통령이 지명하고 연방의회의 상원이 동의해야 임명된다. 그러니 자연스럽게 대통령의 정치적 성향에 따라 민주당 출신의 대통령이 임명한 대법관은 진보적, 공화당 출신의 대통령이 임명한 대법관은 보수적 성향을 가진다. 결국 총기 규제에 대한 판결이 대법관들의 성향에 따라 역사적 변화가 있다는 것을 의미한다.

1939년 미국이 대공황을 겪으며 마피아 같은 갱단이 왕성한 활동을 하던 시기에 밀러(Miller)라는 사람이 산탄총을 세금도 납부하지 않고 거래하다가 체포된다. 이 당시 미국에서는 총기 거래시 반드시 정부에 신고하고 세금을 납부하도록 하는 연방법이 있었고, 밀러는 이 연방법이 수정헌법 2조에 따른 총기 보유의 자유를 침해한다고 소송을 제기한다. 하지만 연방대법원은 연방정부의 총기 규제가 수정헌법 2조를 위반하지 않았다고 판결하면서 그 이유로 밀러의 총기는 민병대(Militia)가 사용할 목적이 아니었기 때문이라고 말한다. 즉 수정헌법 2조는 연방정부가 주정부를 무력으로 통합해 버릴 상황을 막기 위해 주정부의 민병대에게 총기 보유의 자유를 준 것이지 모든 국민에게 총기 보유의 자유를 준 것이 아니라는 진보적 성향의 해석을 한 것이다.

이는 당시 민주당의 루즈벨트(Franklin Delano Roosevelt) 대통령이 대공황 극복을 위한 강력한 경제정책을 펼치던 시기에 내려진 판결이다.

이후 2008년 헬러(Heller)라는 시민이 Washington, D.C.의 총기 규제가 수정헌법 2조의 위반이라며 소송을 제기하였다. Washington, D.C.에서는 집에서 총을 분해한 상태로만 총기를 소유하도록 규정하였다. 이번에는 연방대법원이 보수적으로 해석하면서 Washington, D.C.의 총기 규제법이 수정헌법 2조를 위반했다고 판결하였다. 총기 보유는 국민의 자기방어 권리이므로 연방정부가 함부로 규제할 수 없다는 해석이다. 문제는 Washington, D.C.가 어느 주에도 속하지 않고 연방정부가 직접 통치하는 지역이라서 이 판결이 연방정부에게만 해당되는 것인지 아니면 주정부에게도 적용이 되는 것인지 혼란이 생겼다.

이에 2010년 맥도날드(McDonald)라는 시민이 위의 피터와 같은 경우를 겪고는 시카고 주정부의 권총 소유 금지법이 위헌이라고 주장하고, 연방대법원은 주정부도 국민의 총기 보유 권리를 침해해서는 안 된다는 판결을 내리며 교통정리를 한다. 즉 수정헌법 2조에 보장된 국민의 총기 보유 권리는 2008년 헬러에게 내린 판결처럼 연방정부뿐만 아니라 주정부도 침해할 수 없는 것이며, 민주당의 진보주의자들이 주장하듯이 연방정부를 견제하기 위한 주정부 민병대만의 권리가 아니라, 국민이 스스로를 지키기 위한 국민 개개인의 권리임을 다시 한번 강조한 것이다.

이러한 연방대법원의 판결은 현재까지도 여전히 유효하다. 매일같이 발생하는 총기사고에 민주당의 진보적 정치인들은 적극적으로 총기 규제의 필요성을 주장하고 있다. 반면 공화당의 보수적 정치인들은 국민의 생명을 앗아간 불법적 행위에 대해서는 규탄하면서도, 정부의 총기 규제는 국민의 헌법적 권리에 대한 침해라고 주장한다. 민주당이 주장하는 대로 국민의 생명을 지키는 정부의 기본적 기능에 충실할 것인지, 아니면 공화당의 주장대로 국민 개개인의 자기 보호 권리를 존중하는 것이 타당할 것인지에 대해서는 미국 국민들이 현명한 판단을 내릴 것으로 본다. 지난 250년간 종교, 낙태 등의 문제를 치열하게 결론 내렸듯이 말이다. 미국의 총기 규제 논란에 대해 미국 총기협회(National Rifle Association)와 공화당의 정치적 결탁을 언급하며 비난하기도 하지만 공화당의 주장이 터무니없는 것은 아니다. 천년 뒤 무소불위의 폭력적 정부가 국민의 생명을 위협한다면, 권총 한 자루라도 지니고 있어야 하지 않을까?

Chapter 3

수정헌법 3조

No Soldier shall, in time of peace be quartered in any house, without the consent of the Owner, nor in time of war, but in a manner to be prescribed by law.

평화 시에 군대는 어떠한 주택에도 그 소유자의 승낙을 받지 아니하고는 숙영할 수 없다. 전시에서도 법률이 정하는 방법에 의하지 아니하고는 숙영할 수 없다.

09. 허락없이 내 집에 군인들을 재우지 말라!

국부들이 걱정하지 않아도 될 권리

미군에서 대테러 부대의 장교로 근무하는 피터는 모의훈련을 실시하며 가상의 테러범을 추격하는 훈련 중이다. 10여 명의 부하들을 데리고 며칠째 훈련 중이던 어느 날 밤, 시골 큰 농장의 한 구석에 텐트를 치고 부하들과 잠을 자고 있었다. 그런데 농장을 순찰하던 농장 주인 잭이 피터 부대원들의 텐트를 발견하고는 당장 농장에서 나가라고 한다. 피터는 테러 예방을 위한 군부대의 훈련을 수행 중이니 협조를 부탁하지만, 잭은 단호히 거절한다. 과연 피터의 부대는 농장에서 철수해야 할까?

일반적으로 판사가 판결문을 작성할 때는 어떠한 법률과 어떠한 과거의 판결에 근거하여 이번 재판을 판결한다고 명시한다. 연방대법원의 대법관들 또한 국민의 권리 침해에 관한 소송인 경우, 일반적으로 수정헌법의 어떤 조항에 기반하여 판결을 내린다고 명시한다. 정부가 국민의 권리를 침해하였다면 그 국민의 침해당한 권리는 수정헌법에 명시되어 있을 것이고, 연방대법원은 수정헌법의 조항을 살펴보면서 국민의 어떤 권리가 침해당한 것인지 꼼꼼히 검토한다. 이러다 보니 국민의 권리 침해에 관한 재판 판결문에서는 자연스럽게 국민의 자유와 권리를 침해하지 않겠다는 연방정부의 약속인 수정헌법 1조부터 10조, 그리고 남북전쟁이 끝나고 만들어진 주정부의 약속인 수정헌법 14조가 자주 인용된다. 하지만 1791년의 수정헌법 1조부터 1992년의 수정헌법 27조까지 중에서 연방대법원이 아직까지 판결에 직접적으로 사용하지 않은 조항이 바로 수정헌법 3조이다. 그도 그럴 것이 수정헌법 3조에서는 군인들이 내 허락 없이 내 집에서 숙식할 수 없다는 국민의 권리를 명시하고 있으나, 요즘같이 엄청난 돈을 국방비로 지출하는 천조국이라 불리는 미국 연방정부의 군대에서는 일어날 가능성이 없어져 버렸다.

하지만 미국이 독립하고 수정헌법 3조를 만들기 이전에는, 본국인 영국 군대가 식민지 미국인 집에서 숙박하며 음식을 요구하던 상황은 미국 국민들에게 아주 중요한 문제였다. 영국이 북미 대륙에서 세력을 다투던 프랑스를 상대로 7년간 전쟁을 벌이고(프렌치 인디언 전쟁), 1763년 승리를 하자 영국 의회에서는 본격적인 식민지 정책을 펼치기 위해 군대를 상주시킬 필요가 있었다. 하지만 프랑스와의 전쟁으로 막대한 자금을 지출하며 파산 직전까지 몰린 영국 정부의 재정문제에 관한 해결 없이는 본국의 군대를 상주시키며 정상적인 식민지 정책을 펼칠 수가 없었다. 이때 영국 의회가 입법한 식민지 조세법이 바로 1765년의 설탕법(Sugar Act)과 인지세법(Stamp Act)이다. 그리고 당시 군대숙영법(Quartering Act)이라는 것도 함께 입법하였는데, 이것이 결국은 수정헌법 3조를 탄생시킨 빌미를 제공하게 된다.

1765년의 군대 숙영법에 의하면, 식민지 미국은 영국군이 상주할 막사를 제공해야 하며 전용 막사를 제공하지 못할 경우, 여관, 선술집 또는 비어 있는 민가에서 영국군이 숙식할 수 있도록 음식, 침대, 난방과 심지어 맥주까지 제공하도록 하였다. 설탕법, 인지세법과 함께 군대 숙영법 또한 실질적으로 영국 주둔군의 운영비용을 식민지 미국인들에게 전가시키는 효과가 생기자 식민지 미국인들의 저항이 생기기 시작하였다. 경제적 자유를 찾아 본국을 떠나 식민지에서 힘들게 인생을 시작한 미국인들 입장에서는 또다시 이렇게 세금을 내야 한다면 미국에 올 이유가 없지 않았을까! 반면, 영국의 정부는 식민지 미국인들의 저항 분위기를 확인하고는 이를 걱정하기보다 오히려 불쾌하게 여겼다. 결국, 미국 식민지를 달래는 것이 아니라 오히려 강력한 식민지 정책을 확실히 실행하기 위해 추가 병력을 보스턴에 파병한다. 그 추가 파병된 영국 군인들의 숙식 또한 미국인들이 부담해야 하는 팽팽한 긴장감이 감도는 상황에서, 1770년 5명의 미국인이 영국군의 총에 사망하는 보스턴 학살 사건과 1773년의 보스턴 차 사건이 발생한다. 그리고 다음 해인 1774년에 영국은 기존 정책보다 더욱 강경해진 식민지 강압법(Coercive Act)을 입법하며, 군대의 숙영과 관련하여 이제는 아예 주민이 살고 있는 민가에서도 영국군이 숙식할 수 있도록 해버린다. 그리고 1775년 미국의 독립전쟁으로 이어진다.

결국 수정헌법 3조는 미국인들이 식민지 시절, 영국 군인들에게 당한 악몽으로 인해 만들어진 조항이다. 독립전쟁을 치르고 국가를 수립한 당시 미국인들 입장에서는, 식민지 시절 영국군에게 당했던 악몽을 본인들이 새로 만든 연방정부에게서 또다시 당할 수는 없었던 것이다. 수정헌법 3조는 1791년 당시 미국인들의 재산권과 사생활(Privacy)이 정부로부터 침해당하지 않을 권리임을 명시한 중요한 의미가 있었지만, 사실 지금의 미국 국민들에게는 큰 의미가 없다. 수백조의 국방비를 지출하는 미국 군대가 개인 소유의 집에 허락도 없이 들어가서 음식과 잠자리를 내놓으라고 할 리는 없다. 이러한 이유로 연방대법원이 수정헌법 3조를 판결에 인용할 일이 거의 없었다.

하지만 간접적으로 인용된 경우는 몇 번 있었다. 연방대법원은 1965년에 국민이 피임할 수 있는 권리를 기본권으로 인정해주는 유명한 판결을 내린다(Griswold v. Connecticut, 1965). 피임이라는 국민의 신체적 의사결정은 국민의 사생활로서 정부로부터 침해받지 않을 자유가 있다는 판결을 내리며, 그 판결의 근거로 언급한 몇 가지 중에 수정헌법 3조가 있었다. 국민의 신체적 의사결정 권리가 수정헌법 어디에도 직접적으로 명시되어 있지는 않으나, 수정헌법 3조에서 국민의 집이라는 공간적 사생활을 보호해 주고 있으니, 국민의 신체라는 공간에서의 의사결정인 피임 또한 사생활의 하나로서 보호해 주어야 한다는 논리였다. 연방대법원이 오랜만에 수정헌법 3조를 통해 역사적 판결을 내리는 순간이었다. 연방대법원은 아니지만 2심 법원인 연방 항소법원에서도 수정헌법 3조를 언급한 사례가 있었다. 1979년 뉴욕주 주정부의 교도소를 관리하던 교도관들이 파업을 하자, 주방위군(National Guard)이 대체 투입되어 교도소를 운영한 적이 있었다. 이때 대체 투입된 주방위군의 교도소 내 생활을 위해, 파업한 기존 교도관들의 교도소 내 숙식 공간을 비우고 주방위군이 사용하자, 파업 교도관들이 소송을 제기하였다. 이때 연방 항소법원에서는 수정헌법 3조를 언급하며 주 방위군이 그 숙식 공간에서 철수해야 한다고 판결하였다. 주 방위군이 교도관들의 허락 없이 점유한 공간이 비록 교도관들의 소유는 아니지만, 교도관들이 기존에 사용해 왔던 공간으로서 사생활을 보호해줘야 할 가치가 있는 공간이다. 따라서 주방위군 또한 수정헌법 3조가 보장하는 군대에 해당하므로 주방위군은 수정헌법 3조를 위반하였다고 판결하였다. 그리고 그 공간에서 당장 철수하라고 명령하였다.

지금 사례의 피터 부대는 농장 주인인 잭의 허락 없이는 농장에서 함부로 숙영할 수 없다. 피터 부대가 아무리 중요한 훈련을 수행 중이라 하더라도 합당한 숙박의 대가를 농장 주인에게 치르든지, 아니면 가장 가까운 인근 부대에서 숙영해야 한다. 하지만 만약 피터의 부대가 전쟁을 치르는 중이거나 테러범을 긴급히 추격하는 중이라면 어떨까? 수정헌법 3조에 "전시에서도 법률이 정하는 방법에 의하지 아니하고는 숙영할 수 없다"고 명시한 대로 국가의 안보가 걸린 중대한 상황이라면 농장 주인인 잭은 피터의 부대에게 무조건 철수하라고 이야기할 수는 없다. 만약 연방의회가 만든 테러 대응과 관련한 법률에 피터 부대가 숙영을 할 수 있는 상황이라고 규정하고 있고, 구체적인 숙영의 방법을 명시하고 있다면, 국가의 안보를 위해 하룻밤 잠을 잘 수 있도록 허락해 주어야 한다는 의미이다.

비록 요즘 같은 세상에 수정헌법 3조의 의미가 많이 퇴색되기는 했으나, 국민 사생활(Privacy) 보호의 근거임과 동시에 연방헌법 중 국민과 군대 간 관계를 규정한 유일한 조항이라는 점에서 수정헌법 3조의 의미를 부여할 수 있겠다.

Chapter 4

수정헌법 4조

The right of the people to be secure in their persons, houses, papers, and effects, against unreasonable searches and seizures, shall not be violated, and no Warrants shall issue, but upon probable cause, supported by Oath or affirmation, and particularly describing place to be searched, and persons or things to be seized.

부당한 수색, 체포, 압수에 대하여 신체, 주거, 서류 및 소유물의 안전이 보장되는 국민의 권리는 침해될 수 없다. 영장은 선서, 또는 확약에 의해 뒷받침되는 상당한 근거에 의하지 않는 한, 또한 수색할 장소, 체포 압수할 사람 또는 물건이 명시되어 있지 않는 한, 이를 발부해서는 안 된다.

10. 목적이 과정을 정당화할 수 없다.

국부들도 예상하지 못한 논란의 중심, 수정헌법 4조

미국 드라마나 영화를 보면 경찰들이 범인의 집을 박차고 진입해서 온 집안을 뒤지기도 하고, 지나가는 차량을 세워서는 운전자를 차에서 내리게 한 뒤 차량을 뒤지기도 하며, 의심스러운 사람을 정지시킨 뒤 벽에 손을 짚게 하고는 몸을 수색하는 장면을 자주 본다. 이러한 장면을 보면 과연 정부에서 일하는 경찰이 국민을 상대로 저리해도 되는지 화가 나기도 한다. 그리고 실제 그 상황에 처한 국민의 입장에서는 형사재판을 받아야 할 상황에 처해질 수 있기 때문에 중요한 문제가 된다.

수정헌법 27개 조항 중 최근까지도 치열한 논쟁의 중심에 있는 조항을 꼽아보라고 한다면, 수정헌법 4조를 빼놓을 수 없다. 2001년 911테러 이후 미국 연방정부가 국가의 안보를 이유로 일반 국민의 전화 도청부터 개인정보 수집까지 다양한 형태의 불법적 활동을 해왔다고 정보기관 요원이었던 스노던(Snowden)이 언론과의 인터뷰를 통해 공개하면서 그 논란은 더욱 커지게 되었다. 또한 백인 경찰이 흑인이 운전하는 차량을 세워서 몸 수색(Stop and Frisk)을 하다가 충돌이 발생하고, 경찰의 총에 흑인이 사망하거나 경찰의 과잉 진압으로 폭행을 당했다는 뉴스를 자주 접한다. 이러한 사고를 인종차별 문제로 볼 수도 있지만, 과도한 공권력을 통한 비합리적 수색이나 억류가 과연 타당한 것인가의 문제가 될 수도 있다. 공항에서의 보안 검색이나 비시민권자에 대한 지문 정보 수집도 같은 맥락에서 충분히 논의될 수 있다. 정부가 행하는 이러한 행위를 모두 국가의 안보나 안전이라는 명분으로 합리적 검토 없이 무조건 허용해버린다면, 미국과 헌법을 만들었던 국부들이 우려한 대로 국민의 인권을 짓밟는 정부의 폭정이 시작되는 출발점이 될 것이다.

아마도 미국 연방헌법을 만든 국부들이 지금의 수정헌법 4조와 관련한 논란을 알게 되면 깜짝 놀랄 것이다. 당시 수정헌법 4조를 만들었던 배경은 식민지 시절 영국 국왕의 명령을 받은 칙사가 합당한 근거도 없이(Probable Cause) 식민지 세력가의 집을 수색하고 체포할 수 있었던 일반 영장(General Warrant)의 위험을 제거하고자 함이었다. 아울러 식민지 미국인들의 집을 수색하여 세금을 납부하지 않고 보유하는 재산이 있는지를 확인할 수 있게 하였던 가택수색 영장(Writs of Assistance)을 없애기 위해 만든 것이 수정헌법 4조이다. 당시에는 지금처럼 거대한 경찰이나 다양한 정보기관을 정부가 운영할 것이라고는 전혀 생각하지 못했겠지만, 행여라도 예측하고 만든 조항이라면 실로 대단한 선견지명이 아닐 수 없다.

정부가 수정헌법 4조를 통해 국민을 상대로 불법적이고 부당한 수색을 하지 않겠다고 약속했는데도, 만약 경찰이 범인을 잡고 싶은 욕심에 수정헌법 4조를 위반하고 영장도 없이 강제로 진짜 범인의 집을 뒤지다가 범죄의 증거를 찾았다면 어떻게 해야 할까? 지금처럼 경찰이 불법적으로 집을 뒤지고 보니 진짜 범인이었다는 상황과, 뒤져본 결과 진짜 범인이 아니었다는 상황은 불법적 수색을 당한 국민의 입장에서는 차이가 있다. 후자의 경우처럼 불법적 수색을 당한 국민이 정말 범인이 아니었다면, 당장 법원으로 달려가 수정헌법 4조를 정부가 위반했다고 호소해야 할 것이고 판사도 측은한 마음으로 판결할 것이다. 하지만 전자의 경우처럼 경찰이 불법적 수색을 했는데 살인에 사용한 칼을 찾아냈다면, 그 국민도 법원으로 달려가 부당한 수색을 당했다고 호소할 수 있게 해 주어야 할까? 불법적 수색이긴 했으나 그의 범죄를 입증할 칼을 찾아냈는데도 말이다.

이러한 논란에 연방대법원은 수정헌법 4조를 기반으로 위법증거 배제원칙(Exclusionary Rule)이라는 것을 만들었다. 정부가 불법적으로 취득한 증거는 피고인의 범죄를 입증하기 위해 재판에서 검찰이 사용할 수 없다는 의미이다. 경찰이 영장도 없이 범인의 집을 수색해서 범죄에 사용한 칼을 찾아냈다면, 그 칼은 피고인의 살인죄를 입증할 증거로 검찰이 법정에서 제시하지 못한다는 의미이다. 재판에서 피고인의 범죄를 입증하기 위한 핵심적 증거인 칼을 검찰이 배심원단에게 보여주지 못한다는 것은 치명적일 수 있다. 피고인의 범죄를 재판에서 입증해야 할 책임이 있는 검찰 입장에서는 엄청난 부담이지만, 피고인 입장에서는 국민으로서 보호받아야 할 헌법적 권리를 제대로 보장받게 되는 것이다. 즉 연방대법원은 위법증거 배제원칙을 통해 범인이라 하더라도 수정헌법 4조의 권리를 보장하겠다는 것이다. 수정헌법 4조가 무력화되지 않도록 국민에게는 안전장치를 하나 더 만들어주었고, 경찰에게는 범인 검거의 목적이 수사 과정을 정당화할 수 없음을 다시 한번 알려준 것이다. 연방대법원이 헌법을 수호하기 위해 헌법에 명시되어 있지 않은 원칙을 만들어 낸 대표적 경우라고 볼 수 있다. 이 외에도 연방대법원이 헌법을 광범위하게 해석한 경우는 많이 있다. 우리가 잘 아는 미란다 권리(Miranda Right)도 그중의 하나이며, 이후 수정헌법 5조에서 자세히 살펴보도록 하자.

명백한 범인을 눈앞에 두고도 피고인의 헌법적 권리를 보호하다 무죄로 만들어 버리는 것이 부당하다고 주장하는 사람들도 있고, 피고인도 국민이므로 수정헌법 4조 권리가 보호되어야 하며, 검찰이 다른 증거를 통해 범죄를 입증하면 되지 않느냐는 주장을 하는 사람들도 있다. 사실 형사재판의 범죄 입증은 민사재판에서의 입증과는 수준이 다르다. 훨씬 높은 수준의 입증을 요구한다. 민사재판의 판결로 금전적 보상을 하는 재판과 형사재판의 결과로 피고인이 교도소에서 몇 년을 보내야 하는 재판을 같은 수준으로 놓고 볼 수는 없다. 형사재판에서는 검사가 피고인의 범죄 입증을 거의 완벽한 수준으로 해야 한다. 즉 검찰이 제시하는 증언이나 증거를 확인한 배심원단이 판단했을 때 피고인이 범인이 아닐 수도 있겠다는 합리적 의심을 하지 못할 수준(Beyond a Reasonable Doubt)으로 검사는 범죄를 입증해야 한다. 지금의 경우처럼, 범죄의 결정적 증거인 살인에 사용된 칼을 검사가 법정에서 배심원단에게 보여주지 못한다면, 배심원들은 살인에 사용된 칼이 발견되지도 않았는데 피고인이 과연 범인일까라는 합리적 의심을 하게 될 것이고, 배심원단은 무죄 평결을 내릴 수밖에 없다. 그래서 베테랑 형사가 혈기 왕성한 신입 형사에게 늘 합법적 수사를 당부하는 이유가 여기에 있다. 경찰이 결정적 증거를 확보했다 하더라도 그 과정이 불법적이면 그 증거는 무용지물이고 오히려 재판에서 불리하게 작용할 수 있다. 양날의 칼과 같은 상황이지만, 정부가 함부로 국민의 자유를 박탈하여 감옥에 가두지 않겠다는 의지를 표현한 원칙이 바로 수정헌법 4조와 연방대법원의 위법증거 배제원칙이라고 볼 수 있다.

영장 없는 경찰의 쓰레기통 수색

피터는 본인의 집 지하실에서 마약을 몰래 만들어 판매하고 있다. 평소 피터의 마약범죄를 의심하던 형사는 피터가 집 앞에 내놓은 쓰레기통을 뒤지다가 그 안에서 마약 제조에 사용된 재료와 기구들을 발견한다. 그리고 형사는 판사에게서 피터의 체포 영장을 발급받고, 피터는 집에서 체포된다. 그러자 피터는 판사에게 형사가 확보한 마약 재료와 기구는 불법적으로 취득한 증거이니 재판에서 사용되지 못하게 해달라고 요청한다. 과연 피터의 주장은 맞는 말일까?

수정헌법 4조에서 금지하는 정부의 부당한 수색이나 압수(Search and Seizure) 행위는 국민이 정부로부터 부당한 신체적 수색이나 억류, 재산적 수색이나 압수를 당하지 않게끔 보장한다. 정부의 공익적 명분이 있더라도 영장(Warrant)이 꼭 필요하고, 영장은 범인이 범죄를 저질렀다는 믿음을 만들어 줄 상당한 근거(Probable Cause)가 있을 때만 판사가 발부해야 한다. 그리고 그 영장마저도 꼭 필요한 수색 장소나 압수할 물품, 체포할 사람을 명시하라고 수정헌법 4조는 명시한다.

범인을 검거하는데 이렇게까지 어려워서야 경찰이 일을 할 수 있겠냐는 의견도 있지만, 무고한 국민이 공권력에 의해 부당하게 신체적, 재산적 자유를 침해당할 수 있으므로 수정헌법 4조가 타당하다는 의견도 있다. 그렇다면 연방대법원은 어떤 의견일까? 연방대법원은 한술 더 떠서 정부가 이 수정헌법 4조를 지키게끔 안전장치 하나를 더 걸어 두었다. 바로 앞서 이야기한 위법증거 배제원칙(Exclusionary Rule)이 바로 그것이다. 이 원칙은 수정헌법 4조에 기반해서 연방대법원이 만든 원칙이며, 다음에 이야기할 수정헌법 5조와 6조에도 적용할 수 있는 재판 증거에 관한 엄격한 규칙이다. 경찰이 범죄를 충분히 입증할 수 있음에도 열혈 형사의 실수로 적법하지 않게 영장 없이 증거를 압수하는 순간, 그 증거는 재판에서 피고인의 범죄 입증을 위해 사용될 수 없게 된다. 연방대법원이 만든 위법증거 배제원칙을 언뜻 보면, 경찰은 정말 일하기가 힘들고 범인은 도대체 누가 잡을 것인가라는 걱정이 든다. 그리고 범죄 드라마를 보면 경찰이 영장도 없이 범인의 집을 뒤지는 장면도 자주 보았는데, 그럼 이 모든 장면은 의미 없는 것들이었을까?

위법증거 배제원칙에서 연방대법원은 국민이 가진 수정헌법 4조의 권리만을 보장하도록 노력하는 것처럼 보이지만, 사실 경찰의 입장도 상당 부분 고려해주고 있다. 예를 들면, 국민이 수정헌법 4조의 권리를 정부에 의해 박탈당했다고 주장하려면, 두 가지 요건을 모두 입증하라고 연방대법원은 요구한다. 첫째, 부당한 수색 및 압수가 정부에 의해 수행(Government Action)되어야 한다. 둘째, 수색을 당한 공간이나 압수를 당한 물건에 대해

해당 국민이 사생활(Privacy) 보호를 합리적으로 기대할 수 있어야 한다. 첫 번째 요건을 보면 정부를 대리하지 않는 사람, 즉 경찰이 아닌 사람이 내 방을 영장 없이 수색해서 범죄 증거를 찾아냈다면 재판에 사용 가능하다는 의미이다. 마약을 만들고 있는 피터의 친구가 피터의 집을 영장 없이 몰래 뒤지다가 마약을 발견하고 그 마약을 경찰에 증거로 넘겼다면, 그 마약은 재판에서 증거로 사용될 수 있다는 의미이다. 하지만 만약 경찰이 피터의 친구에게 피터 집을 좀 뒤져보라고 주문했다면, 그렇게 발견한 증거는 사용될 수 없다. 왜냐하면 피터의 친구는 경찰에 의해 행위를 한 대리인(Agent)의 성격을 가지게 되고, 친구의 행위는 정부의 행위가 되기 때문이다. 핵심은 정부의 행위이어야 한다는 것이다. 두 번째 요건 또한 경찰에 의해 수색을 당한 공간이나 압수를 당한 물건에서 피터가 사생활 보호의 합리적 기대(Reasonable Expectation of Privacy)를 할 수 없었다면, 영장 없이 수색 압수가 가능하다는 말이 된다. 누구에게도 보이고 싶지 않은 사적인 나만의 공간, 나만의 물건에 대해서만 영장이 필요하다는 의미이다. 이러한 요건을 통해 연방대법원은 나름대로 정부와 경찰에게 숨 쉴 수 있는 여지를 제공하였다.

지금 피터가 수정헌법 4조의 권리를 경찰에 의해 박탈당했다고 주장하려면 두 가지 모두를 입증해야 한다. 첫째, 정부의 행위이어야 한다. 정부의 직원인 경찰이 쓰레기통을 뒤지며 수색을 했으니 당연히 정부의 행위이다. 첫 번째 요건은 쉽게 입증이 가능하다. 둘째, 사생활 보호의 합리적 기대에 관한 요건을 살펴보자. 피터가 영장 없이 수색을 당한 쓰레기통을 보면서 누구도 내 쓰레기통에 접근하지 않을 것이고, 내 쓰레기는 나만의 사적인 물건으로 보호받을 수 있는 대상으로 기대를 한다고 보는 것이 합리적일까? 그간 피터가 쓰레기를 문 앞에 내놓으면 매일 청소부가 쓰레기를 회수해 갔으며, 문밖에 쓰레기를 피터가 직접 내놓았다는 사실에서, 피터는 그 쓰레기통에 대해 사생활을 보호받으리라는 합리적 기대를 한다고 볼 수는 없다. 피터의 컴퓨터나 피터의 책장은 사생활 보호의 기대를 할 수 있는 공간과 물건이지만, 문밖에 직접 내놓은 쓰레기는 그렇지 않을 것이다. 따라서 피터의 주장은 타당하지 않은 것이고, 그 마약 재료와 기구는 재판에서 피터의 범죄를 입증하기 위한 증거로 배심원단에게 보여줄 수 있는 것이다. 경찰이 영장을 들고 쓰레기통을 뒤져야 하는 상황이 생기지 않아서 그나마 다행스럽다.

11. 베테랑 경찰의 노련한 수색

수색견이 짖어야 편해지는 경찰

피터는 신호를 위반하고 과속 운전을 하다가 뒤따라오던 경찰의 지시에 따라 차를 세운다. 경찰은 피터에게 차에서 내릴 것을 요구하고는, 피터의 차량 내부를 뒤지기 시작하더니 콘솔박스에서 코카인 3봉지를 찾아낸다. 이후 피터는 마약 소지죄로 재판을 받는다. 그러자 피터는 판사에게 코카인 3봉지는 경찰의 불법적 차량 수색에 의해 발견된 증거이므로 검찰이 재판에서 사용하지 못하게 해 달라고 요청한다. 과연 피터의 주장은 타당할까?

우리가 앞서 살펴보았듯이 미국의 국민들은 수정헌법 4조에 의해 불법적 수색이나 압수를 당하지 않을 권리를 보장받고 있다고 하는데 여기서 의문이 하나 들기 시작한다. 왜냐하면 미국인들의 실제 생활은 그렇지 않은 것 같기 때문이다. 실제 피터의 경우처럼, 경찰이 운전 중인 차량을 세워서 영장 없이 수색을 하기도 하는데 경찰이 이렇게 함부로 국민의 차량을 수색할 수 있는 것일까?

국민이 수정헌법 4조의 보호를 받기 위해서는 불법적 수색 압수를 당한 물건이나 공간에 대해 국민들이 사생활의 보호를 합리적으로 기대할 수 있어야 한다고 앞서 살펴보았다. 내 침실, 내 컴퓨터, 내 책상 서랍은 정부를 포함한 그 누구에게도 방해받지 않고, 침해당하지 않을 것이라는 합리적 기대를 할 수 있는 공간이며 물건이다. 그래서 이 공간에 대해 수색을 하려면 반드시 영장이 필요한 것이다. 하지만 연방대법원은 자동차는 그렇다고 보지 않는다. 사람들이 많은 길거리에 내놓고 누구라도 볼 수 있는 차량의 경우에는, 국민이 가진 사생활 보호의 기대 수준이 낮은 공간으로 간주한다. 따라서 차량 소유자가 의심되는 범죄를 저질렀다는 상당한 근거와 이유만 경찰이 가지고 있으면 영장 없이 차량 내부 수색이 가능하다.

하지만 도대체 상당한 근거와 이유(Probable Cause)라는 것이 무엇일까? 원칙론적인 기준은 차량 소유자가 의심되는 범죄를 저질렀다는 믿음을 경찰이 가질 만큼의 수준이 되었을 때, 경찰은 그 의심되는 범죄를 입증할 증거를 찾기 위해 차량을 영장 없이 수색할 상당한 근거와 이유를 가진다고 한다. 그리고 베테랑 경찰의 단순한 직감(Hunch)이나 합리적 의심(Reasonable Suspicion)을 넘어서는 수준을 상당한 근거와 이유라고 부르면서 직감이나 합리적인 의심과 구분한다. 그런데 과연 범죄를 저질렀다는 믿음을 모든 경찰들이 무 자르듯 똑같이 가질 수 있을까? 로봇 경찰이 아니고는 모든 경찰이 같은 기준을 가질 수는 없을 것이다. 그러다 보니 경찰도 나름대로 객관적인 기준을 만들려고 하였고 이로 인해 웃지 못할 해프닝도 자주 발생한다.

우리는 경찰의 수색견(K-9)을 공항에서 자주 본다. 하지만 공항이 아닌 고속도로에서 경찰이 순찰차에 수색견을 태워서 데리고 다니다가, 과속 차량을 정지시키고 운전자를 하차하게 한 뒤 수색견과 함께 차량 주위를 한 바퀴 돌기도 한다. 이때 만약 수색견이 한 번이라도 짖는 순간, 경찰은 차량 내부를 수색할 마약범죄의 상당한 근거와 이유를 가지게 되고 영장 없이 수색이 가능하게 된다. 그러다 보니 경찰이 수색견을 몰래 발로 걷어 차서 짖게 하고는, 영장 없이 차량을 수색할 상당한 근거와 이유를 억지로 만드는 해프닝이 생기기도 한다.

지금 피터의 경우는 어떨까? 경찰은 피터가 과속이라는 범죄를 저질렀다고 의심하고 차량을 정지시켰다. 하지만 의심하는 과속을 입증할 증거가 피터의 차량 내부에 있어야 영장 없이 차량 수색이 가능한 것이다. 과연 과속의 그러한 증거가 피터의 차량 내부에 있을까? 그렇지 않다. 길거리의 차량 단속 카메라나 경찰 순찰차 카메라에 증거가 있을 수 있지, 피터의 차량에는 과속의 증거가 있을 수 없을 것이며, 필요하지도 않을 것이다. 만약 피터가 은행 강도범이라는 믿음을 경찰이 가졌다면, 의심하는 강도죄를 입증하기 위한 증거인 훔친 돈과 총을 찾기 위해 영장 없이 차량 수색이 가능하다. 피터의 차량에 그러한 범죄의 증거들이 충분히 있을 수 있어서 그런 것이다. 하지만 지금 경찰은 과속으로 정지시킨 피터의 차량을 영장 없이 수색할 상당한 근거와 이유를 확보하지 못한 경우이다. 차량을 수색할 때 영장은 없더라도, 경찰이 최소한 가지고 있어야 할 상당한 근거, 즉 피터가 의심되는 범죄를 저질렀을 것이라는 상당한 근거와 이유마저 없었다면, 그 수색은 수정헌법 4조에 보장된 피터의 권리를 박탈한 것이 된다. 따라서 그 코카인 3봉지는 재판에서 피터의 마약소지죄를 입증하기 위해 사용이 불가능하다. 검사는 다른 증거를 열심히 찾아서 피터의 마약소지죄를 입증해야 하겠다. 순찰차의 수색견이 한 번만 짖어 주었다면 수색의 상당한 근거와 이유가 생기고, 그 코카인 3봉지를 재판에서 사용할 수 있었을 텐데 말이다.

옷장 안 선반 위의 마약 v. 옷장 안 가방 속 마약

피터 형사는 은행강도를 저지른 잭의 체포 영장을 가지고 잭의 집 문을 두드린다. 인기척이 없어 문을 열고 들어가 보니, 테이블 위에는 마시던 맥주 두 병이 올려져 있었고, 지하실에서 나는 소리를 따라 내려가서는 숨어있던 잭을 체포하였다. 잭과 함께 은행강도를 저지른 공범이 있으리라고 의심하던 형사 피터는 테이블 위 맥주가 두 병이었다는 사실을 떠올리며 다른 공범이 집 안에 있다고 생각하면서 총을 꺼내 수색을 시작한다. 집을 샅샅이 뒤져도 공범은 없었지만, 붙박이 옷장 문을 열고 옷장 안에 놓인 가방을 뒤져서 코카인 10봉지를 발견하였다. 잭은 강도와 마약밀매죄로 재판을 받게 된다. 하지만 잭은 마약밀매죄를 입증하기 위해 검사가 제시하는 코카인 10봉지는 경찰의 불법적 수색으로 취득한 증거이므로 재판에서 사용할 수 없게 해달라고 판사에게 요청한다. 과연 잭의 주장이 맞을까?

위에 상황은 영화에서 자주 본 친숙한 장면이다. 형사인 피터는 잭을 집에서 체포하기 위해 체포 영장을 가지고 간 것이지, 잭의 집을 수색하기 위한 수색 영장을 가지고 간 것은 아니었다. 즉 피터는 함부로 잭의 집을 수색할 수가 없다. 다만 영장 없이 수색 가능한 예외적 상황에 놓일 수가 있는지 살펴볼 필요가 있다.

수정헌법 4조에 의해 경찰은 반드시 영장을 가지고 있어야 수색을 할 수가 있지만, 연방대법원은 예외적인 상황들을 허용해주고 있다. 예를 들어, 앞서 살펴본 바와 같이 범죄의 상당한 근거를 가진 경찰이 자동차를 수색할 경우, 또는 지금처럼 경찰의 안전이 위협을 받는 상황이라면, 영장이 없더라도 수색할 수 있도록 허용해주고 있다. 우리는 영화에서 경찰이 범인을 체포한 뒤 총을 들고 집을 뒤지는 장면을 자주 본다. 수색 영장도 없는 피터 형사는 지금 왜 범인으로 체포한 잭의 집을 뒤지고 있을까? 피터는 지금 범죄 증거를 찾기 위함이 아니라 집안에 공범이 숨어있고 경찰을 향해 총을 쏠 수 있다는 합리적 위협 때문에 공범을 집안에서 찾고 있다. 연방대법원도 경찰의 안전을 위해 거기까지는 허용한다. 하지만 그 이상은 허용하지 않는다. 즉 경찰은 집안 어딘가에 숨어서 경찰을 향해 총을 쏠지 모를 다른 범인을 찾기 위해 그 범인이 있을 법한 곳은 모두 뒤져 볼 수 있다. 붙박이 옷장, 침대 밑, 다락방을 스캔해가며 범인을 찾을 수 있다. 하지만 만약 옷장 문을 열어서 범인이 없다는 것을 확인했음에도 옷장 안에 놓인 작은 가방을 열어볼 수 있을까? 이는 불가능하다. 그 작은 가방 안에 피터 형사를 위협할 범인이 숨어있을 수는 없으니까 말이다. 그 가방을 열어보기 위해서는 반드시 수색영장(Search Warrant)을 가지고 와야 한다. 따라서 피터 형사가 붙박이 옷장 문을 열어 범인이 있는지는 볼 수 있지만, 그 가방 안을 열어볼 수는 없다. 그 가방 안에서 발견한 코카인 10봉지는 불법적 수색으로 취득한 증거로 재판에서 사용될 수 없다. 하지만 만약 붙박이 옷장 문을 열었는데 코카인 10봉지가 가방 안이 아니라 선반에 올려진 경우라면 어떨까? 뒤져보지 않아도 그냥 눈에 보이는(Plain View) 범죄의 증거를 경찰이 모르는 척해야 할까? 그렇지는 않다. 선반 위에 올려진 코카인은 범죄를 입증하는 합법적인 증거로 사용될 수 있다.

지금처럼 피터 형사가 잭을 합법적으로 체포하던 중, 어쩔 수 없이 신변의 위협을 제거하기 위해 집안을 뒤지는 것을 보호적 수색(Protective Sweep)이라고 부른다. 그리고 그 목적에 부합되게끔 스캔만 할 수 있다. 또한 잭을 합법적으로 체포하던 중, 잭이 경찰에 위협이 될 만한 무기를 소지하거나 증거를 인멸해버릴 가능성이 있다면, 피터 형사는 수색 영장 없이 체포 후 잭의 양팔을 벌린 범위(Wing-span) 안에서 영장 없이 수색을 할 수 있다. 영화에서 경찰이 범인을 체포하면 늘 보이던 장면이 국민의 수정헌법 4조의 권리를 침해했다고 볼 수 없는 이유가 여기에 있다.

연방대법원이 경찰의 안전을 위해 영장 없이 수색할 수 있게 배려해 주었지만, 절대 그 목적의 범위를 넘지 못하게 한 것은 연방대법원이 국민의 권리 보호를 위해 고민한 흔적이라고 볼 수 있다. 이러한 경우 말고도 영장 없이 수색이 가능한 상황이 더 있다. 예를 들어, 범인 집의 문을 두드리며 경찰이라고 신분을 밝히자 집안의 범인들이 문을 열어주지 않고 마약을 변기에 버리라고 서로 소리를 지르며 화장실 변기 물 내리는 소리가 들리고 있다. 그런데도 경찰이 영장이 없다는 이유로 범죄 증거가 소멸되고 있는 현장인 집안으로 들어가지 못하는 것이 타당할까? 그렇지 않다. 긴박한 상황이라면, 그 또한 영장 없이 수색이 가능하도록 허용해주고 있다.

대한민국의 경찰처럼 국민에게 친절한 경찰은 전 세계 어디에도 없을 것 같다. 미국의 경찰과 공권력이 얼마나 강압적이고 고압적인지를 한번 겪어보고 나면 이를 절감한다. 한국 경찰이 나약한 것이 아니냐는 비난의 목소리도 있지만, 국민이 정부에게 준 권한은 범죄로부터 국민을 보호할 권한이지 선량한 국민을 근거 없이 위협하라는 권한은 아니다.

Chapter 5

수정헌법 5조

No person shall be held to answer for a capital, or otherwise infamous crime, unless on a presentment or indictment of a Grand Jury, except in cases arising in the land or naval forces, or in the Militia, when in actual service in time of War or public danger; nor shall any person be subject for the same offence to be twice put in jeopardy of life or limb; nor shall be compelled in any criminal case to be a witness against himself, nor be deprived of life, liberty, or property, without due process of law; nor shall private property be taken for public use, without just compensation

누구도 대배심의 고발, 기소 없이 사형에 해당할 범죄 또는 극악한 범죄의 책임을 지지 않는다. 다만, 전시 또는 공공의 위험시에 육해군 또는 민병대에서 발생한 사건에 대해서는 예외로 한다. 누구도 동일한 범죄에 관하여 두 번 생명 및 신체의 위험에 놓이지 않는다. 누구도 형사 사건에 있어서 본인에게 불리한 증언을 강제 받지 않는다. 누구도 정당한 법의 절차에 의하지 않고 생명, 자유, 재산을 박탈당하지 않는다. 누구도 정당한 배상 없이 사유재산을 공공의 용도로 수용되지 않는다.

12. 이런 권리 또 없습니다.

실용성 1위, 수정헌법 5조

수정헌법 27개 조항 중 핵심적 3가지 조항을 들라 하면, 1조, 14조와 함께 5조를 빼놓을 수 없다. 앞선 조항들과 달리 수정헌법 5조는 5가지나 되는 국민의 권리를 한 번에 명시하고 있어서 문장의 길이가 여타 조항에 비해 상당히 길다. 우선 수정헌법 5조가 어떤 내용을 담고 있는지 개략적으로 살펴보고 나서 하나씩 그 의미를 해석해 본다.

5조에서 가장 먼저 언급하는 권리는 바로 대배심원(Grand Jury)에 의한 기소이다. 한국에서도 국민참여재판 제도가 도입되면서 배심원(Jury)이라는 용어에 익숙해졌지만, 대배심원이라는 것은 여전히 생소하다. 50개의 주마다 요건과 절차가 다르지만, 일반적으로 미국의 검사는 범죄를 저지른 것으로 의심되는 국민을 재판하기 위해 두 가지 방식으로 기소할 수가 있다. 먼저 시민들 중 추첨을 통해 임의로 선정된 대배심원단이 모여서 검사가 제시하는 증언과 증거를 들어보고 투표를 통해 기소(Indictment) 여부를 결정할 수 있다. 두 번째로는 검사가 직접 기소(Information) 여부를 판단할 수도 있다. 대배심원단 없이 검사가 직접 판단하여 기소하면, 검사의 기소가 과연 정당한 것인지 즉 피고인의 범죄를 의심할 상당한 근거와 이유(Probable Cause)가 있는지를 재판 전에 판사가 직접 판단하게 된다. 만약 범죄를 의심할 만한 상당한 근거와 이유가 부족하다고 판단하면, 판사는 검사가 요청한 재판을 거절해 버릴 수도 있다. 판사가 대배심원단의 역할을 한다고 볼 수 있다. 결국, 어떤 방식의 기소가 되었든, 국민으로 구성된 대배심원단, 또는 사법부의 판사라는 안전장치를 통해 검사의 기소를 다시 한번 검증하고 있다. 이렇게 정상적으로 기소가 되었다면, 검사는 재판에서 피고인의 범죄를 입증하고, 재판에 참석한 배심원단은 피고인의 유죄 또는 무죄 평결(Verdict)을 내린다.

두 번째로 보장하는 권리는 우리가 일사부재리의 원칙으로 알고 있는 내용이다. 이미 판결이 난 사건을 다시 재판하여 피고인을 두 번 위험에 빠트리지 않겠다는 형사소송법상의 원칙이다. 하지만 미국은 연방정부와 주정부가 존재(Dual Sovereignty)하고 있고, 이로 인해 흥미로운 경우가 만들어질 수 있다. 피고인이 저지른 하나의 범죄가 몇 개의 주에 걸쳐 발생했거나, 주법뿐 아니라 연방법의 범죄에도 해당이 된다면, 이 범인은 주 검사와 연방검사에게 각각 기소를 당할 수 있고 두 번 재판을 받아야 할 수도 있다는 의미이다.

세 번째는 본인에게 불리한 진술을 거부할 수 있는 권리이다. 재판 중 또는 다양한 소송 과정에서 증인이나 소송 당사자가 "Plead the fifth(5조의 권리를 행사하겠습니다)"라고 말하며 답변을 거부하는 경우를 자주 보게 된다. 증언대에 올라간 증인이 검사나 상대편 변호인의 질문에 답변할 경우, 본인 또한 범죄나 과실을 저지른 것으로 밝혀질 수 있다고 스스로 판단했다면, 답변을 거부할 수 있다. 그리고 판사를 포함한 그 누구도 답변하라고 강요할 수 없다는 의미이다. 흥미로운 사실은 우리가 잘 아는 미란다 원칙도 수정헌법 5조의 이 문구 때문에 만들어졌다는 것이며, 그 배경은 다음에 자세히 살펴보겠다.

네 번째 권리는 적법한 절차에 의하지 않고는 국민의 생명, 자유, 재산을 박탈할 수 없다는 내용이다. 유명한 적법절차 조항(Due Process Clause)이라고 부르는 것이다. 1791년에 만들어진 수정헌법 5조의 이 문구는 남북전쟁이 끝나고 1868년에 만들어진 수정헌법 14조에도 똑같이 들어가 있다. 왜 정부는 똑같은 약속을 수정헌법 5조와 14조에 중복해서 명시해 두었을까? 그 이유는 약속의 주체가 다르기 때문이다. 5조는 연방정부가 국민에게 약속한 것이고, 14조는 주정부가 국민에게 약속한 것이다.

다섯 번째 권리는 토지와 같은 국민의 사유재산을 공공의 목적으로 정부가 수용하려면, 국민에게 정당한 배상을 하라는 내용이다. 내가 가진 농장에 정부가 고속도로를 건설하려면 나에게 금전적 보상을 제대로 해 주어야 할 것이다.

지금까지 살펴본 바와 같이, 수정헌법 5조는 형사재판에 있어서 피고인의 권리를 비롯하여 민사재판에 있어서 국민의 권리도 보장하는 상당히 실질적인 조항이다. 특히 수정헌법 5조의 세 번째 약속인 본인에게 불리한 진술을 거부할 권리는 미국인들이 가장 애용하는 권리로서, 재판에 익숙하지 않은 일반인도 소송을 시작하면 가장 먼저 접하게 되는 기본적이고 실질적인 권리이다.

검찰을 견제하는 국민, 무소불위의 대배심원단

피터 검사는 잭을 마약판매죄로 기소하기 위해 대배심원(Grand Jury)을 소집한다. 그리고 해당 사건을 수사한 경찰을 대배심원들이 모인 자리에 증인으로 불러 증언을 듣고 있다. 경찰은 잭의 집을 영장 없이 수색하던 중, 코카인 10봉지를 발견했다는 증언과 함께 압수한 코카인을 증거로 제시한다. 대배심원 23명 중 12명이 잭의 기소를 찬성하고 그에 따라 피터 검사는 마약판매죄로 기소한다. 그러자 잭은 경찰이 영장 없이 취득한 불법적 증거인 코카인을 대배심원들에게 보여주었고, 그 불법적 증거로 인해 대배심원단이 본인의 기소를 결정했으므로 본 기소를 기각해 달라고 판사에게 요청한다. 과연 잭의 주장이 맞는 말일까?

한국도 국민참여재판 제도를 도입하며 많은 국민들이 배심원단(Jury)에 대해 익숙해졌다. 하지만 대배심원단(Grand Jury)이라는 것은 여전히 생소하다. 과연 이 둘의 차이는 무엇일까? 우리가 잘 아는 배심원단은 재판 단계에서 관여한다. 재판 중에 검사와 피고인이 제시하는 증언과 증거를 법정에서 듣고 확인한 뒤 투표를 통해 유죄 또는 무죄를 결정한다. 반면에 대배심원단은 재판 이전의 단계에 참여한다. 판사에게 재판을 요청하기 전에, 검사가 범인이라고 주장하는 잭을 마약판매죄로 정말 기소할 것인지를 대배심원단이 결정한다. 보통 배심원단이 6~12명으로 구성되는 반면 대배심원단은 16~23명으로 구성된다. 대배심원단은 몇 달에 걸쳐 특정 날짜에 모여서 피터 검사가 제시하는 증거와 증언을 확인한 뒤, 잭이 정말 마약 판매를 한 것인지를 판단하고 기소 여부를 결정한다. 즉 검사의 기소 주장에 대한 상당한 근거와 이유(Probable Cause)를 확인하는 역할을 한다. 그리고 이러한 대배심원단의 결정 과정에는 판사나 변호인 없이 검사와 대배심원단만이 참석한다. 투표를 통해 23명 중 12명 이상이 기소를 찬성하면 피터 검사가 기소(Indictment)하고 형사재판이 진행된다.

물론 검사가 대배심원단의 결정 과정을 거치지 않고 직접 판사에게 재판을 요청하면서 기소(Information)하기도 한다. 보통은 경범죄이거나, 잭이 수사 중에 마약판매죄를 인정하며 수정헌법 6조에 보장된 배심원단에게서 재판을 받을 권리를 포기한 경우에 적용된다. 만약 대배심원단을 통해 기소했다면 재판이 상대적으로 빨리 개시된다. 왜냐하면 판사의 입장에서는 국민의 대표인 대배심원단이 충분한 증거를 확인한 뒤, 잭이 범죄를 저질렀다는 상당한 근거와 이유를 가지고 재판을 요청했다고 보기 때문에 별다른 검토과정 없이 재판을 시작하기 때문이다. 하지만 검사가 대배심원단의 결정과정 없이 직접 기소하는 경우 판사는 바로 재판을 시작하지 않고, 예비 청문회(Preliminary Hearing)을 재판 전에 진행하는데, 이 과정을 통해 피터 검사는 잭이 마약 판매죄를 저질렀다는 기소의 상당한 근거와 이유(Probable Cause)를 판사에게 심어주고 설득해야 한다. 만약 판사가 예비 청문회에서 잭이 범인이라는 상당한 근거와 이유를 가지지 못하게 되면 판사는 해당 기소를 기각해 버린다. 즉 검사가 대배심원단의 검토 없이 직접 기소한 사건에 대해서는 판사가 대배심원단의 역할을 하는 것이다.

한국의 경우 검찰이 기소권을 독점한다고 논란이 되기도 한다. 하지만 미국에서도 대배심원단 제도가 전면적으로 사용되는 것은 아니다. 수정헌법 5조에서 보장하는 대배심원단에 의해서만 기소될 국민의 권리는 연방법원에서의 재판에서만 적용되는 국민의 권리이다. 앞서 살펴보았듯이 1791년에 만든 수정헌법 1조에서 10조까지는 연방정부가 약속한 국민의 권리이고, 1868년 수정헌법 14조를 통해 연방정부가 약속한 1조부터 10조까지의 국민의 권리를 주정부 또한 보장하겠다고 약속했다. 하지만 5조의 대배심원단에 의해서만 기소될 국민의 권리는 주정부 또한 반드시 보장해야 하는 것은 아니라고 연방대법원이 판결하였다. 즉 주정부는 본인들이 정한 기준에 따라 대배심원 제도를 사용하지 않을 수도 있고, 특정한 기준에 해당될 때만 대배심원단에 의해 기소할 수 있다는 주정부의 자체 기준을 통해 탄력적으로 운영할 수 있다는 의미이다. 실제 50개의 주 가운데 약 절반이 대배심원 제도를 주정부가 정한 기준에 따라 운영하고 있다.

그리고 잭의 주장대로 경찰이 영장도 없이 집을 수색하여 취득한 코카인 10봉지에 근거해서 대배심원단이 결정한 기소는 과연 무효일까? 결론부터 이야기하면 유효하다. 대배심원들이 모이는 공간(Grand Jury Room)은 그야말로 무풍지대이다. 왜냐하면 대배심원단은 잭의 유무죄를 결정하기 위해 모인 것이 아니라 기소 여부를 결정할 목적으로 모인 것이라서 불법적으로 취득한 증거라 하더라도 검사는 대배심원단에게 보여줄 수 있고, 대배심원단이 기소 여부를 결정하는데 사용되도록 허용하는 것이다. 다만 피터 검사는 그 코카인 10봉지를 재판 중에 배심원단에게 증거로 보여줄 수는 없다. 앞서 살펴보았듯이 수정헌법 4조에 따라 불법적 수색과 압수로 취득한 증거는 위법증거 배제의 원칙에 따라 법정에서 사용될 수 없기 때문이다. 결국 피터 검사는 다른 핵심적 증거를 더 찾아 배심원단에게 보여주며 범죄를 입증해야 한다. 참으로 아이러니한 상황이 아닌가? 불법적 증거를 포함한 10개의 증거를 확인하고는 잭이 범인이라고 기소한 국민의 대표인 대배심원단, 반면 불법적 증거를 제외한 9개의 증거를 확인하고는 잭이 범인이 아니라고 판결한 국민의 대표인 배심원단이 존재하는 것 말이다. 배심원단이 재판 중에 불법적 증거라 하더라도 그 코카인 10봉지만 확인할 수 있었다면, 잭을 유죄라고 판결했을 터인데.

13. 대통령도, 대법원장도, 의원도 함부로 못하는 권리

범죄는 가급적 한 개 주에서만!

잭은 A주에서 메리를 납치하여 자동차에 태워 강제로 B주로 데리고 간다. 잭의 행위는 A주와 B주의 형법에서 규정하는 납치라는 범죄 요건을 모두 충족한다. 잭은 A주의 경찰에 의해 체포된 뒤 A주의 법원에서 납치죄로 재판을 받고 1년 형량의 유죄 판결을 받았다. 하지만 B주의 피터 검사는 잭의 형량이 죄질에 비해 너무 낮은 것 같아 불만이다. 그래서 피터 검사는 B주의 법원에 잭을 다시 기소한다. 그러자 잭은 수정헌법 5조의 동일한 범죄에 대해 두 번 재판을 받지 않을 권리가 본인에게 있으며, 본인은 A주에서 이미 재판을 받았으므로 B주 피터 검사의 기소를 기각해달라고 판사에게 요청한다. 과연 잭의 주장은 받아들여질까?

검사가 기소한 범죄에 대해 유죄 또는 무죄의 재판 결과가 나왔다면, 피고인이 그 범죄로 인해서는 다시 재판하지 않는다는 원칙이 한국의 일사부재리 원칙이다. 미국 정부 또한 수정헌법 5조의 두 번째 조항을 통해 국민을 이중 위험(Double Jeopardy)에 빠트리지 않겠다고 약속했으며, 이것이 한국의 일사부재리 원칙과 같은 개념이다. 하지만 미국은 한국과 다른 몇 가지 요인 때문에 애매한 상황이 발생할 수 있다. 예를 들어, 미국은 연방정부와 50개의 주정부가 존재하고 있고, 각 주는 자치권(Sovereignty)이 있다. 그렇다면 잭의 경우처럼 A주에서 재판을 했으면, B주에서는 재판을 다시 못한다는 의미일까? 아니면 같은 A주 안에서만 두 번 재판을 못한다는 의미일까? 그리고 배심원단의 불가피한 상황 때문에 재판의 결과가 나오기도 전에 재판이 무효가 되었다면, 이러한 경우에도 잭을 다시 재판할 수 없는 것일까? 잭이 유죄인지 무죄인지 결론을 내리지도 못했는데 말이다.

수정헌법 5조는 국민인 피고인을 이중 위험에 놓이게 하지 않겠다고 했는데, 그럼 피고인은 언제 처음으로 위험(Jeopardy)에 놓이는 것일까? 처음 위험에 처한 시점을 알아야 새로운 위험이 여전히 첫 번째 위험인지, 아니면 두 번째 위험이라서 피고인이 이중 위험에 놓인 것인지를 판단할 수 있을 것이다. 이에 대해 연방대법원은 재판이 시작되어 배심원단이 선정되고 배심원단이 선서를 한 시점이라고 한다. 즉 배심원들이 선서를 하고 배심원 좌석에 착석하면 그때부터 잭은 첫 번째 위험에 놓인 것이라서, 유죄가 되든 무죄가 되든 다시는 납치죄로 재판을 받지 않아도 된다.

하지만 이 원칙의 적용에 있어 애매한 상황이 발생할 수 있다. 만약 잭의 재판을 지켜보던 6명의 배심원 중 한 명이 심각한 교통사고를 당해 병원에 입원하였고, 대체할 배심원이 없다면 어떻게 해야 할까? 이후 수정헌법 6조에서 살펴보겠지만, 형사재판을 받는 국민은 배심원단으로부터 재판을 받을 권리가 보장되어 있고, 그 배심원단은 최소 6명에서 최대 12명으로 구성된다.

하지만 최소 6명의 배심원이 필요한 형사재판에서 1명이 빠져버린다면, 5명의 배심원단이 유죄 평결을 내리더라도 수정헌법 6조를 위반한 것이라서 효력이 없어진다. 따라서 배심원이 부족해진 그 재판의 판사는 더 이상 재판을 진행할 수 없을 것이고, 재판 무효(Mistrial)를 선언한 뒤에 새로운 배심원단을 선정해서 재판하는 것이 타당할 것이다. 하지만 여기에 문제가 있다. 이미 배심원 6명의 선서는 끝이 났고 피고인은 첫 번째 위험에 놓였으니, 수정헌법 5조의 이중 위험 금지 원칙에 따라 다시 재판하지 않는 것이 맞다는 결론에 이르지 않을까? 이에 연방대법원은 그렇지 않다고 한다. 즉 다시 재판할 수 있다는 말이다. 이렇게 재판 무효 선언이 명백한 필요(Manifest Necessity)에 의해 내려진 것이라면, 이중 위험 금지 원칙의 예외 사항에 해당이 되어 다시 배심원을 선정하고 재판을 할 수 있다고 해석한다.

이러한 경우도 있을 수 있다. 형사재판에서는 배심원이 6명인 경우에 그 6명의 배심원 모두가 만장일치로 무죄 또는 유죄라고 합의해야 유효한 평결이 된다. 그런데 만약 5명의 배심원은 유죄라고 의견 일치가 되었는데, 나머지 배심원 1명이 무죄라는 의견을 끝까지 굽히지 않아 배심원 6명의 전원 합의가 이루어지지 않으면(Hung Jury), 이 재판 또한 무효 선언이 내려진다. 잭은 유죄도 무죄도 아닌 상황에 놓인 것이다. 그럼 이때에도 잭은 다시 재판을 받아서는 안 될까? 그렇지 않다. 이 상황도 명백한 필요에 의한 재판 무효 선언에 해당되어, 비록 수정헌법 5조의 이중 위험금지 원칙에 반하더라도 다시 배심원단을 선정하여 재판할 수 있다.

이중위험금지 원칙의 또 다른 예외 상황은 바로 연방제도 때문에 발생한다. 미국은 연방정부도 있고 자치권을 가진 50개의 주정부도 존재하는 이중 통치(Dual Sovereignty)의 형태이다. 잭의 경우처럼 A주에서도 납치죄에 해당되고, B주에서도 납치죄에 해당되며, 심지어 연방법에 규정된 납치죄에도 해당된다면, 잭은 A주 검사뿐만 아니라 B주 검사, 연방 검사에 의해 모두 기소되어 세 번의 재판을 받아야 할까? 그렇다면 연방정부와 주정부가 수정헌법 5조의 이중 위험금지원칙을 위반한 것이 아닐까? 연방대법원은 그렇지 않다고 해석한다. 즉 세 번의 재판을 받을 수 있다는 의미이다. 하지만 논란은 있다. 수정헌법 5조에 명시된 이중위험금지 조항을 각 주정부의 입장에서만 해석하여, A주가 이미 재판한 범죄에 대해서는 A주 안에서만 다시 재판을 하지 않는다는 것으로 보고, B주와 연방정부는 다시 재판할 수 있게 해줄 것인가? 아니면 50개 주를 모두 통합하여, A주에서 재판을 했다면 B주와 연방정부는 다시 재판하지 못하게 하는 것으로 할 것인가? 이에 연방대법원은 연방제에 따른 각 주의 자치권을 존중해주며, B주와 연방정부가 다시 재판할 수 있도록 허용하는 것이다. 따라서 잭은 B주의 피터 검사에 의해 다시 한번 B주의 법정에서 재판을 받아야 할 수도 있다. 범죄자들도 가급적 하나의 주 안에서만 범죄를 저지르는 것이 현명하다는 웃지 못할 결론에 이르게 된다.

미국인이 가장 애용하는, 답변 거부권

피터 검사는 편의점에서 일어난 살인범으로 잭을 기소하기 위해 대배심원단을 소집한다. 그리고 잭의 친구인 제임스를 대배심원 앞에서 증언하도록 소환(Subpoena)한다. 수사과정에서 잭은 살인사건이 일어난 시간에 제임스와 함께 있었다는 알리바이를 주장하였고, 피터 검사는 대배심원단 앞에서 제임스에게 다음과 같이 질문한다. "당신은 살인사건이 일어난 시간에 누구와 어디에서 무엇을 하고 있었나요?" 사실 제임스는 그 시간에 잭과 함께 있었던 것은 사실이지만, 잭과 함께 편의점이 아닌 은행강도를 벌이고 있었다. 그러자 제임스는 수정헌법 5조의 권리를 행사하겠다고 하며, 피터 검사의 질문에 답변을 거부한다. 제임스 증인은 피터 검사의 질문에 답변을 거부할 수 있는 것일까? 수정헌법 5조에서 세 번째로 보장해주는 권리는 미국인들이 헌법 중 가장 유용하게 사용하고 있는 권리이고, 다음과 같이 헌법에 적혀 있다.

> "Nor shall be compelled in any criminal case to be a witness against himself."
>
> "누구도 형사 사건에 있어서 본인에게 불리한 증언을 강제 받지 않는다."

이 문장을 자기부죄 거부특권(Privilege Against Self-Incrimination Clause)이라고 부른다. 원문 단어의 뜻 그대로 해석해 보면, 본인 스스로 유죄를 만드는(Self-incrimination) 답변을 하지 않아도(Against) 되는 특권(Privilege)이라고 해석할 수 있다. 수사과정이나 재판과정에서 내가 이 진술을 할 경우 검찰이 나를 기소하고 재판 후 감옥에 갈 수도 있다고 생각한다면, 그 생각이 비록 법률상 불가능한 비합리적 판단이라 하더라도 답변을 거부할 수 있는 권리가 누구에게나 있다는 의미이다.

1791년 수정헌법 5조를 만들 당시 미국의 국부들은 왜 이 조항을 넣었을까? 우선은 증인의 보호이다. 피고인의 범죄를 입증하기 위해 법정의 증언대 위에서 증언하려는 선의(Innocent)의 증인이, 검사나 변호인의 질문에 답변을 잘 못할 경우 형사적 민사적 책임을 질 수 있다고 걱정을 한다면, 아무도 증언하려 하지 않을 것이다. 이를 위해 답변 거부권을 부여해 주었다. 두 번째 이유는 인간이 가지고 있는 양심의 자유(Liberty)이다. 실제 범행을 저지른 사람에게 "당신이 범인이냐"고 묻는다면, 그 범인은 "나는 범인이 아니다"라는 거짓말을 하지 않고, 본인의 양심을 지키며 답변을 하지 않도록 해주는 것이 바람직할 것이다. 결국 수정헌법 5조의 이 조항으로 인해 증인은 답변을 거부할 수 있고, 피고인은 법정의 증언대에 올라가서 증언하지 않아도 될 권리가 생긴다. 물론 피고인은 본인의 결백을 입증하기 위해 이 권리를 포기하고 증언대에서 증언을 할 수도 있다.

수정헌법 5조의 원문에서는 이 특권(Privilege Against Self-Incrimination)을 형사재판으로 제한하고 있으나, 이후 연방대법원은 민사재판에서도 주장할 수 있는 국민의 권리라고 확대하여 해석한다. 또한 법정 안에서만 주장할 수 있는 권리가 아니라 경찰의 수사단계에서도 답변을 거부하며 묵비권을 행사할 수 있고, 대배심원단 앞에서도 답변을 거부할 수 있으며, 의원들이 진행하는 의회의 청문회에서도 증인은 이 권리를 행사하며 의원의 질문에 답변을 거부할 수 있다. 광범위한 헌법적 권리로 해석하는 것이다. 그리고 피고인이 수사 중에 이 권리를 행사하며 답변을 거부했다는 사실을, 검사나 상대측 변호인은 배심원에게 알려줄 수 없도록 하였다. 당연한 헌법적 권리를 행사한 피고인에 대해 배심원단이 부정적 편견이나 예단을 가질 수 있기 때문이라고 연방대법원은 설명한다. 이 경우만 보더라도 이 권리가 얼마나 실질적이고 강력한 국민의 권리인지 알 수 있다. 그래서 재판에 익숙하지 않은 미국인들이 법정에서 증언해야 할 경우가 있으면, 사전에 변호인이 의뢰인에게 5조의 권리가 있음을 알려준다. 불리하다 싶으면 답변을 거부하라는 의미이다.

지금 피터 검사의 경우, 잭의 살인죄를 입증하기 위한 다른 증거가 없다면 잭의 친구인 제임스의 증언이 절실한 상황일 것이다. 하지만 제임스가 대배심원단 앞에서 증언을 거부한다면 난감하게 될 것이다. 수정헌법 5조의 권리를 행사하고 있는 것이라서 판사조차도 답변을 강요할 수 없기 때문이다. 이러한 경우에 피터 검사는 핵심 증인인 제임스에게 면책특권(Use Immunity)이라는 것을 부여해 주며, 제임스에게 한가지 약속을 할 수 있다. "제임스 당신이 걱정하는 바대로, 오늘 당신의 증언을 기반으로 당신을 은행강도죄로 기소한다 하더라도, 당신이 한 오늘의 증언 또는 그 증언에 기반해 검찰이 득한 증거는 당신의 은행강도죄를 입증하기 위해 사용하지 않겠다"고 말이다. 즉 증인인 제임스가 "그 시간에 잭과 은행강도를 벌이고 있었다"고 증언하더라도 피터 검사는 오늘의 증언에 기반해서 제임스를 기소하지 못하는 것이다. 이 정도의 면책특권은 제공해야 제임스가 안심하고 증언하지 않을까?

14. 미란다 권리를 만들어준 수정헌법 5조

아무리 바빠도 일단 미란다 경고

은행강도 죄를 저지른 잭은 레스토랑에서 식사하다가 피터 형사에게 현장에서 체포된다. 피터 형사와의 몸싸움 끝에 잭은 바닥에 엎드린 채 손을 뒤로하여 수갑이 채워졌고, 잭을 제압한 피터 형사는 잭에게 "넌 이제 끝이다! 어제 은행을 털고 훔친 돈은 어디에 숨겼느냐?"고 묻는다. 그러자 잭은 순순히 "내 차 트렁크 밑에 훔친 돈을 숨겼다"고 대답한다. 잭을 일으켜 세운 피터 형사는 "당신은 변호사를 선임할 수 있고, 묵비권을 행사할 수 있으며, 지금부터 당신이 하는 진술은 법정에서 당신에게 불리한 증거로 사용될 수 있다"고 말한다. 하지만 은행강도죄로 기소된 잭은 레스토랑에서 체포될 당시 본인이 말한 "내 차 트렁크 밑에 훔친 돈을 숨겼다"라는 진술을, 검사가 잭의 은행강도죄를 입증하기 위해 재판에서 사용하지 못하도록 판사에게 요청한다. 판사는 과연 잭의 요청을 허락해야 할까?

한국이든 미국이든 힘들게 범인을 체포한 경찰이 그 바쁜 와

중에도 범인에게 친절하게 설명해주는 문구를 미란다 경고(Miranda Warning)라고 한다. 체포하느라 바쁜 경찰도 외워서 설명하기 힘들고, 체포되느라 경황이 없는 범인도 무슨 말인지 이해하기 힘든 이 미란다 경고를 왜 하는 것일까?

결론은 헌법에 명시된 국민의 권리를 보장해주기 위해 경찰이 해주는 것이다. 사실 헌법 어디에도 범죄를 저지른 국민을 체포할 때 미란다 경고를 해주라는 말은 없다. 그럼 누가 이 미란다 경고를 하라고 했을까? 바로 연방대법원이다. 헌법에 명시되어 있지도 않은 미란다 경고를 받을 국민의 권리를 연방대법원이 만들어 준 것이다. 그럼 연방 대법관들은 왜 이런 길고 복잡한 경고를 꼭 해주라고 바쁜 경찰들에게 주문한 것일까?

바로 수정헌법 5조에서 명시한 "본인에게 불리한 증언을 강제받지 않을 권리(Privilege Against Self-Incrimination)"를 국민에게 제대로 보장해주고자 함이었다. 즉 경찰은 범죄를 저지른 것으로 의심되는 국민을 체포해서 구속 심문(Custodial Interrogation)을 하기 위해서는, 반드시 그 전에 수정헌법 5조에 보장된 불리한 증언을 강제 받지 않을 권리가 있음을 사전에 알려주라는 것이다. 그리고 그 국민이 안내를 받은 권리를 행사할 것인지 확인한 다음 심문을 해야만, 심문 중에 국민이 한 진술을 법정에서 범죄를 입증하는데 검찰이 사용할 수 있다고 한 것이다.

이 미란다 경고의 미란다(Miranda)는 범인의 이름이다. 1966년 미란다(Miranda)라는 이름을 가진 미국인이 미성년자를 성폭행하고 재판을 받다가, 애리조나 주검찰을 상대로 제기한 소송에서 연방대법원이 판결을 하면서 만들어진 것이다. 여기서 미란다 측 변호인이 주장한 내용의 핵심은 다음과 같다. "수정헌법 5조의 불리한 증언을 강제 받지 않을 권리가 있음을 피고인 미란다가 알았다면, 경찰에게 본인의 범행을 자백하지 않았을 것이다. 따라서 피고인 미란다가 경찰에게 자백한 진술은 법정에서 증거로 사용되어서는 안 되는 무효인 진술이다." 아이러니한 이 주장에 대해 연방대법원은 미란다의 주장을 받아들인다.

이 판결의 취지는 바로 수사 목적이 수사 과정을 정당화할 수 없다는 것이다. 즉 미란다가 비록 본인이 범인이라고 자발적으로 자백했더라도, 그 자백을 받아낸 경찰의 수사과정이 불법적이었다면, 미란다의 자백을 법정에서 증거로 사용할 수 없다. 여기서 경찰의 수사과정이 불법적이라는 의미는 수사과정의 강압적이고 고압적인 분위기를 의미하는 것이고, 이로 인해 미란다가 본인에게 불리한 증언을 충분히 강제 받을 수 있다는 것이다. 이러한 위험을 원천적으로 제거하고자 불리한 증언을 강제 받지 않을 권리가 존재함을 미란다에게 알려주고, 변호사의 도움을 받을 수 있도록 해 준 제도적 장치가 바로 미란다 경고이다.

경찰서의 어두운 조사실에서 체포된 채 앉아있는 국민의 머리 속에 수정헌법 5조의 권리가 떠오를 수 있을까? 아마 경찰이 질문하는 즉시 본인에게 불리한 진술을 쏟아낼 것이다. 불리한 증언을 하지 않을 권리가 있는데도 말이다. 그래서 연방대법원은 수사 분위기가 실제 고압적이었든 아니든 수정헌법 5조의 권리 보장을 위해 조금 더 구체적 안전장치를 마련한 것이고 그것이 바로 미란다 경고이다. 머리 속이 하얗게 된 국민의 불리한 진술을 막기 위해 경찰은 구속 심문 전에 반드시 다음 사항을 친절히 안내하라는 것이다. 첫째, 묵비권(Right to Silence)이 있다고 알려주라고 한다. 둘째, 본인에게 불리한 진술을 쏟아내지 않게끔 심문 과정에도 변호사의 도움(Right to Counsel)을 받을 수 있다는 사실을 알려주라고 한다. 셋째, 이렇게 안내를 했음에도 답변을 하겠다면 지금부터 당신이 하는 답변은 법정에서 검찰이 당신의 범죄를 입증하기 위해 사용할 수 있으므로, 당신에게 불리하게 사용(Can be Used Against You)될 수 있다고 안내하라는 것이다. 이로 인해 경찰은 범인을 체포할 때 우선 미란다 경고를 최대한 빨리 하고 나서, 구속 심문(Custodial Interrogation)을 해야만 범인이 심문 중에 한 진술을 재판할 때 증거로 사용할 수 있다는 수사 매뉴얼이 탄생하는 것이다.

연방대법원은 경찰이 구속 심문을 하기 전에 반드시 미란다 경고를 하라고 했는데, 구속 심문이라는 것이 무엇일까? 구속 심문이 아니면 경찰이 미란다 경고를 하지 않아도 되는 것으로 해석되니, 구속 심문의 정의가 중요할 것이다. 심문(Interrogation)이라는 것은 범인의 범죄를 밝히기 위해 경찰이 하는 질문으로 쉽게 이해가 되지만, 문제는 바로 이 구속(Custodial)이라는 것의 의미이다. 경찰서의 어두운 조사실에 앉아있을 때만 구속된 상황이라고 봐야 할까? 이에 연방대법원은 어떤 사람이 보더라도 심문을 받고 있는 그 국민이 더 이상 자유롭지 않다고 판단될 정도의 상황이면 구속 상황이라고 보는 것이 타당하며, 그때가 바로 수정헌법 5조의 권리를 알려줄 미란다 경고 시점이라고 본다.

사실 피터 형사는 큰 실수를 해버린 것이다. 잭을 체포하여 수

갑을 채우고 바닥에 눕힌 상황은 구속 상황이라고 볼 수 있다. 비록 경찰서 조사실이 아닌 레스토랑이라는 공개된 장소라 하더라도, 바닥에 엎드려 수갑이 채워진 잭의 현재 상황을 자유롭다고 볼 사람은 없다. 여기까지 피터 형사는 임무를 잘 수행했지만, 그 자리에서 바로 미란다 경고를 잭에게 주었어야 한다. 그 다음에 범죄 입증을 위한 질문을 했다면, 잭의 진술은 법정에서 사용 가능했을 것이다. 하지만 미란다 경고를 하지 않은 채, 훔친 은행 돈을 어디에 숨겼냐고 구속 심문을 하였고 이에 잭은 답변을 하였다. 결국, 잭의 진술은 미란다 경고를 듣지 못하고 한 진술이므로 법정에서 사용될 수 없는 어이없는 상황이 되어버린다. 그래서 경찰들이 바쁜 와중에도 일단 미란다 경고부터 하고, 피터 형사와 같은 상황을 피하려고 하는 것이다. 한국뿐만 아니라 미국의 경찰도 생고생이다!

내 머리카락은 보호해 주지 못하는 미란다.

은행강도 범인으로 체포된 잭은 경찰서로 연행되어 어두운 조사실에서 피터 형사와 마주 앉아있다. 힘들게 잭을 체포한 신임 형사인 피터는 뿌듯한 마음으로 심문을 시작하려 한다. 먼저 잭에게 미란다 경고를 해주며 묵비권을 행사할 수 있고 변호사의 도움을 받을 수 있다고 안내했다. 그런데 이를 들은 잭이 본인의 미란다 권리를 행사하여 변호인의 도움을 받아 답변하겠다고 한다. 당황한 피터 형사는 잭이 변호사를 부르도록 시간을 준 뒤, 변호사가 도착하기 전에 질문을 쏟아내지만 잭이 답변을 하지 않는다. 그리고 지문을 채취하도록 협조를 요청했으나 이번에도 잭은 거절한다. 변호사가 오기 전에 답변도 하지 않고, 지문채취에도 응하지 않는 잭의 행동에는 문제가 없는 것일까?

연방대법원이 국민을 위해 만들어준 미란다 권리를 경찰이 심문하기 전 친절하게 안내해 줬다면, 그 이후에는 어떤 상황이 전개될까? 바쁜 경찰이 시간을 내서 사용할 수 있다고 알려준 권리이므로 체포된 국민도 고민해서 본인의 의사를 표시해 주어야 할 것이다. 본인의 미란다 권리를 행사할 수도 있을 것이고 행사하지 않고 그냥 심문을 받을 수도 있다. 그런데 만약 미란다 권리인 묵비권이나 변호사 도움을 요청하면 어떻게 상황이 진행될지 한번 살펴보자.

체포된 국민이 경찰의 질문에 답변하지 않겠다고 묵비권 행사의 의사를 명확하게 밝혔다면, 그 시점부터 경찰은 더 이상 심문할 수 없다. 심지어 재판에서도 검사는 피고인이 경찰의 심문 과정에 묵비권을 행사했다는 사실을 배심원단에게 이야기하며, 피고인이 결백하다면 왜 묵비권을 행사했겠냐는 뉘앙스를 배심원에게 주어서는 안 된다. 결국. 검사는 다른 증언이나 증거를 통해 피고인의 범죄를 입증해야 하는 상황에 놓이게 된다. 연방정부가 국민에게 보장한 5조의 권리를 연방대법원은 이렇듯 철저하게 보장한다. 그럼에도 경찰이 묵비권 행사의 의사표시를 무시하고 심문을 진행하여 범인에게서 끝내 진술을 받아냈다면 어떨까? 경찰은 헛수고를 한 셈이다. 법정에서 그 진술을 범죄 입증을 위해 사용하지 못하도록 연방대법원은 결정적 장치를 마련하였다. 마찬가지로 변호사의 도움을 받아 진술하겠다고 명백한 의사표시를 했다면, 변호사가 올 때까지 경찰은 아무런 질문도 할 수 없다.

그런데 만약 지금 잭의 경우처럼 변호사가 오기 전에 경찰이 지문채취를 요구하면, 이 또한 미란다 권리에 의해 잭은 거절할 수 있을까? 그렇지 않다. 연방대법원이 국민에게 부여해 준 미란다 권리는 결국 수정헌법 5조의 세 번째 권리인 본인에게 불리한 "증언을" 강제 받지 않을 권리를 보호해 주기 위해 마련한 안전장치였다. 체포된 국민이 불리한 진술을 강요당하지 않도록 묵비권을 부여한 것이고, 당황한 국민이 불리한 진술을 쏟아내지 않도록 심문 과정에 변호인의 도움을 받을 수 있는 권리를 부여한 것이다. 즉 5조의 권리는 구두(Oral) 진술에만 국한되는 헌법상 권리이다. 신체정보와 같은 물리적(Physical) 증거에 대해서는 미란다 권리에 의해 보호받지 못한다는 결론에 이른다. 그래서 수사 목적으로 피터 형사가 요구할 경우, 잭은 지문은 물론 머리카락, 필체를 제공해야 한다는 의미이다. 지금 잭의 경우를 보면 변호사가 도착하기 전에 피터 형사가 질문을 한 것은 피터의 실수이지만, 변호사가 오기 전이라도 지문채취에 관해서는 잭이 협조했어야 한다.

지금까지 미란다 권리에 대해 살펴보았다. 우리가 익숙하게 알고 있는 미란다 경고가 미란다라는 범인으로 인해 만들어졌다는 단순한 에피소드만으로 알고 넘기기에는 미란다 경고에 의미들이 너무 많다. 연방 대법관들의 사람과 국민에 대한 깊은 고민들이 묻어 있다는 의미이다. 범죄자 또한 수정헌법 5조의 보호를 받아야 한다는 명분과 경찰이 범죄자를 효과적으로 수사하여 공익을 지켜내도록 해야 한다는 명분 사이에서 치열한 논쟁이 있었다. 하지만 경찰의 수사 목적이 수사 과정을 정당화할 수 없다는 원칙을 지켜가고 있다. 연방대법원은 앞서 살펴본 수정헌법 4조의 부당한 수색이나 압수를 당하지 않을 권리를 보장해주기 위해 경찰의 불법적 수색 압수로 취득한 위법 증거를 재판에서 사용하지 못하도록 하였다. 마찬가지로 수정헌법 5조의 불리한 증언을 강제 받지 않을 권리를 보장해주기 위해 경찰의 불법적 구속 심문으로 취득한 증언 또한 재판에서 사용하지 못하도록 한 것이다.

15. 적법한 절차에 의하지 않고는 뺏지 않겠다.

반대로, 적법한 절차에 의하면 뺏을 수도 있다.

수정헌법 5조(1791년)

Nor be deprived of life, liberty, or property, without due process of law.

어떠한 사람도 법의 정당한 절차에 의하지 않고는 생명, 자유, 재산을 박탈당하지 아니한다.

수정헌법 14조(1868년)

Nor shall any State deprive any person of life, liberty, or

property, without due process of law.

어떤 주정부도 법의 정당한 절차에 의하지 않고는 국민의 생명, 자유, 재산을 박탈하지 아니한다.

위 문장은 수정헌법 5조와 수정헌법 14조의 원문 일부이다. 문장이 상당히 유사한 듯하다. 여기에서 말하는 정당한 절차, 생명, 자유, 재산의 의미가 무엇일까? 그리고 왜 5조와 14조에 비슷한 문장을 따로 담았을까? 우리는 이 문장을 적법절차 조항(Due Process Clause)이라고 부른다. 연방정부와 주정부가 국민의 생명(Life), 자유(Liberty), 재산(Property)을 빼앗고자 할 때는, 무엇인가를 빼앗길 국민에게 사전 고지(Notice)를 해주고, 청문회(Hearing)를 통해 국민 본인의 입장을 설명할 기회를 주는 정당한 절차(Due Process)를 보장한다는 의미이다. 미국의 변호사들이 입에 달고 사는 것이 국민의 생명(Life), 자유(Liberty), 재산(Property)이니, 그만큼 중요하고 포괄적인 조항이라는 의미라 할 것이다. 그런데 이 문장을 뒤집어서 생각해 보면 정부가 국민의 생명, 자유, 재산을 절대로 빼앗지 못하는 것이 아니라, 정당한 절차만 보장해주면 언제든 빼앗을 수도 있고 국민의 생명, 자유, 재산이 어떠한 경우에도 박탈당하지 않을 절대적 권리는 아님을 의미한다.

피터가 연방정부의 공무원이라고 한번 가정해보자. 연방정부 공무원은 정당한 이유 없이 해고될 수 없다고 법이나 채용계약서에 명시되어 있다면, 피터 본인에게 특별한 문제가 없는 한 연방정부 공무원이라는 직업을 통해 생계를 유지할 수 있을 것이라는 합리적인 기대가 있을 것이다. 즉 공무원이라는 직업은 피터의 재산(Property)이라는 의미이다. 따라서 연방정부가 피터를 해고하고 피터의 재산인 공무원 신분을 박탈하려면, 그전에 반드시 고지를 해주고, 피터에게 청문회에서 본인의 입장을 이야기할 기회를 주어야만 피터를 정상적으로 해고한 것이 된다.

이 적법절차 조항(Due Process Clause)은 위에서 살펴본 정당한 절차상의(Procedural) 보장 이외에 또 다른 의미도 담고 있다. 미국의 국부들은 신으로부터 부여받은 국민의 권리를 함부로 정부가 빼앗아서는 안 된다고 생각했다. 따라서 국민이 신으로부터 받은 생명, 자유, 재산을 정부가 감히 박탈할 때는 상당한 수준의 명분과 실체적(Substantive) 정당성을 가지고 있어야만 할 것이다. 예를 들어, 메리에게는 결혼할 수 있는 자유(Liberty)가 있다. 그리고 결혼할 수 있는 자유는 국민이 가진 가장 높은 수준의 권리인 기본권(Fundamental Right)이다. 그런데 만약 연방정부가 세금을 내지 않은 사람은 결혼할 수 없다는 법을 만들고 세금이 체납된 메리가 결혼할 수 없게 되었다면 어떻게 될까? 연방정부는 세금을 빠짐없이 징수해야 한다는 중차대한 목적(Compelling Purpose)이 있었고, 그 목적을 달성하기 위해서는 메리의 결혼할 수 있는 기본권을 박탈하는 방법밖에 없었음을 법정에서 직접 입증해야 할 것이다. 사실상 연방정부의 그 입증은 불가능하다. 메리의 결혼을 금지하는 방법 말고도 메리에게서 세금을 징수할 방법은 다양하게 있을 테니 말이다. 예를 들어, 메리의 재산을 압류하는 방법이 대표적이다. 결국, 결혼 금지법은 합리적 이유도 명분도 없는 법이 되어서 수정헌법 5조에 명시된 적법절차 조항을 위반한 것이 된다.

그런데 이 적법절차 조항을 1791년 수정헌법 5조에 명시해 놓고는 80년 뒤 유사한 문장으로 1868년의 수정헌법 14조에 또다시 담아둔 이유는 무엇일까? 앞서 언급했듯이 1788년부터 효력이 생긴 연방헌법의 본문에서는 국민이 연방정부에게 어떠한 권한(Power)을 부여하였는지 자세히 명시되어 있으나, 연방정부가 국민의 어떠한 권리(Right)를 보호해 주며 박탈하지 않겠다는 것에 대해서는 명시되어 있지 않다. 그래서 급하게 만든 것이 1791년의 수정헌법 1조~10조였으며, 이것은 연방정부가 국민에게 하는 약속이다. 그렇다면 주정부는 국민의 생명, 자유, 재산을 박탈해도 될까? 당연히 안 된다. 하지만 남북전쟁 전까지 연방헌법 어디에도 주정부가 국민에게 약속한 것은 없었다. 주정부가 국민의 권리를 박탈하더라도 연방정부가 주정부를 규제할 수 있는 헌법적 근거가 어디에도 없었다. 그렇게 80여 년의 시간이 흘러 남북전쟁이 끝나고 연방정부의 위상이 최고점에 달한 1868년에, 주정부 또한 연방정부가 5조에서 한 약속을 지키도록 연방의회가 적법절차 조항을 수정헌법 14조에 담았다. 결과적으로 5조는 연방정부가 국민에게 한 약속, 14조는 주정부가 국민에게 한 약속이라고 할 수 있다.

연방정부와 주정부가 하는 일 중에 국민의 생명, 자유, 재산과 관련 없는 일들이 있을까? 대부분 관련이 있다. 이러다 보니 정부 입장에서는 법을 만들고 집행함에 있어 항상 그 명분과 절차를 염두에 두어야 하고, 국민의 입장에서는 이 적법절차 조항을 정부가 잘 지키는지 매의 눈으로 지켜보아야 한다. 우리가 지금 너무나 당연하게 여기는 많은 자유와 권리는 사소한 것도 놓치지 않고 매의 눈으로 지켜본 이들의 노고로 이루어진 것이라는 것을 항상 기억하자.

뺏으나 못쓰게 하나 매한가지

A주에 사는 피터는 사업가이다. 어느 날 피터는 멋진 경치를 가진 해변을 우연히 발견한다. 아무 건물도 없는 조용한 곳에 위치한 근사한 해변이다. 피터는 이 땅을 백만 불에 매입하였다. 여기에 리조트를 건설해서 관광지로 개발할 목적이었다. 그런데 한 달 뒤 A주 정부는 지역의 환경보전을 위해 피터가 산 해변을 개발제한구역으로 지정하였다. 이제 피터의 해변에는 어떠한 건물도 짓지 못하게 된 것이다. 그러자 아무런 경제적 활동을 할 수 없게 된 피터의 해변을 아무도 사려 하지 않는다. 피터는 정부로부터 이에 대한 구제를 받을 수 있을까?

수정헌법 5조의 마지막 문장을 정부의 수용조항(Taking Clause)이라고 부른다. 정부가 국민의 재산을 공공의 용도(Public Use)로 사용하려고 수용할 때는 반드시 소유자인 국민에게 정당한 보상(Just Compensation)을 해야 한다는 의미이다. 공익이라는 이유로 개인의 재산을 함부로 수용할 수 없다는 말이다. 예를 들어, 정부가 고속도로를 건설하면서 고속도로가 피터의 농장 일부를 지나가게 되었다면 더 이상 피터는 그 땅을 사용할 수 없게 된다. 전형적인 수용(Taking)의 형태이다. 비록 피터가 정부가 수용한 농장의 땅을 사용하지 않고 있고, 수용한 부분이 아무리 작은 면적이라고 하더라도 정부는 피터에게 공정한 보상을 해야 하는 것은 너무나 당연한 말이다.

하지만 지금 피터의 해변은 상황이 좀 다르다. 정부가 물리적으로 피터의 해변을 수용하지는 않았다. 단지 정부는 환경보호를 목적으로 피터의 해변에 개발을 제한하였을 뿐이다. 이러한 경우에도 정부가 보상해야 할까? 피터의 입장에서는 고속도로 때문에 농장이 수용된 경우나 지금처럼 해변이 개발제한구역으로 지정된 경우나 다를 바가 없다. 피터가 백만 불을 주고 해변을 사면서 리조트를 만들려 했지만 불가능하게 되었고, 이로 인해 해변의 경제적 가치는 없어져 버렸으니 말이다. 피터가 해변을 팔려고 해도 사려는 사람이 없다. 결국 물리적으로 수용된 경우와 다를 바가 없으므로, 정부는 고속도로를 만들기 위해 농장을 수용한 것처럼 피터의 해변에 대해서도 정당한 보상을 해야 한다. 여기서 정당한 보상이란 피터가 실제로 입은 경제적 손실에 대한 보상이다. 즉 개발제한구역으로 지정되기 직전 해변의 시장 가치가 될 것이다. 피터가 해변에 리조트를 건설했으면 일 년에 천만 불을 벌었을 것이라며 천만 불을 보상해 달라고 할 수는 없다.

예를 들어, 피터가 도시 외곽에 사설 주차장을 만들어 운영하려고 영업허가를 신청했더니, 시정부가 주차장에 밝은 조명과 비상호출 장치를 피터의 돈으로 설치하면 허가를 해주겠다고 한다. 피터가 주차장을 만들려는 지역에서 최근 강력범죄가 계속 발생하고 있고, 여기에다가 컴컴한 주차장을 만들면 강력범죄가 더 기승을 부릴 것으로 예상되기 때문에 주민들의 안전을 위해 시정부가 조건부 허가를 제시한 것이다. 만약 시정부의 요구대로 피터가 본인의 돈으로 조명장치와 비상호출 장치를 설치한다면, 정부는 피터의 재산을 보상도 없이 박탈한 것이 될 수 있을 것 같다. 하지만 정부가 피터의 주차장으로 인해 지역주민이 받을 고충을 완화하는 방안을 허가의 조건으로 제시했다면, 피터의 재산을 정부가 보상 없이 박탈한 것이 아니라고 해석한다. 즉 피터의 사업으로 인해 지역주민들이 피해를 입을 수 있다면, 정부가 피터에게 한 요구는 상당한 명분이 될 수 있는 것이다.

반면 정부가 테러와의 전쟁이라는 국가의 안보를 거창하게 언급하며, 피터가 소유한 거대한 면적의 농장 중 아주 적은 면적을 수용하더라도 피터에게 정당한 보상을 해야 하는 것은 당연할 것이다. 그것이 아무리 국가의 안보를 위함이라 하더라도 그 대가를 한 개인에게 치르라고 강요할 수 없는 법이다. 앞서 살펴본 피터의 주차장 경우와는 차이가 있다. 피터의 주차장은 그로 인해 인근 주민들에게 피해를 입힌 경우이고, 피터의 농장의 경우는 피터가 누구에게도 피해를 끼친 경우가 아니었다. 테러가 피터의 책임은 아니니까.

Chapter 6

수정헌법 6조

In all criminal prosecutions, the accused shall enjoy the right to a speedy and public trial, by an impartial jury… to be confronted with the witnesses against him… and to have the Assistance of Counsel for his defence.

모든 형사 재판의 피고인은 공정한 배심원에 의해 신속한 공개 재판을 받으며… 본인에게 불리한 증언을 하는 증인과 대면할 수 있고… 본인의 변호를 위하여 변호인의 도움을 받을 수 있다.

16. 범죄자의 수호신, 수정헌법 6조

범죄자에게도 공정한 재판을 보장하라!

수정헌법 6조에서는 미국 국민 중에서도 형사재판을 받고 있는 국민에게 몇 가지 사항을 약속하고 있다. 그 약속의 핵심은 국민에게 공정한 형사재판을 보장해주기 위함이다. 이번에는 수정헌법 6조에 명시된 연방정부의 핵심적 약속 세 가지를 살펴보자.

가장 먼저 형사재판의 피고인은 신속한 공개 재판을 공정한 배심원에 의해 받을 수 있게 하였다. 여기서 신속(Speedy)이라는 의미는 비합리적으로 재판의 시작이 지연되면 판사는 검사의 기소를 기각하면서 수정헌법 6조에 보장된 피고인의 권리를 보장해 준다는 의미이다. 그런데 도대체 얼마나 재판의 시작이 지연되면 신속하지 않아서 국민의 권리를 침해했다고 보아야 할까? 연방대법원은 여러 가지 사항을 고려하지만, 전반적으로 검찰 측에 관대한 해석을 한다. 기소나 체포 후 1년을 기본적으로 넘겨야 신속하지 않은 것으로 판단한다. 그리고 단순한 시간의 지연 외에도 지연의 사유, 지연으로 인한 피고인의 피해까지 고려해서 지연 여부를 판단한다. 반면, "신속한 공개 재판" 중 공개(Public)해야 하는 재판의 기준은 상대적으로 엄격하게 적용한다. 즉 정말 엄중한 사유가 아니라면, 피고인의 공정한 재판과정을 보장해주기 위해 언론을 포함한 국민의 재판 참관을 허용하며 공개 재판의 원칙을 지키려고 한다. 하지만 국가의 안보나 국민의 안전, 피해자 사생활 보호의 이익이 중대하다면 엄중한 사유에 해당될 수 있다. 예를 들어, 성폭력 피해자인 7세 여자 어린이를 언론으로부터 보호해야 할 이익이 피고인의 공개 재판의 이익보다 더 크다면, 판사의 재량에 의해 비공개 재판으로 진행할 수 있다. 또한 피고인이 재판을 받을 범죄의 최대 형량이 6개월을 경과할 경우에는 공정한 배심원단으로부터 유무죄의 여부를 결정받을 수 있는 배심원 재판의 권리를 보장해 준다. 수정헌법 7조에서도 배심원단으로부터 재판을 받을 수 있는 권리를 명시하고 있다. 하지만 이는 민사재판에서의 권리를 명시한 반면, 6조는 형사재판에서 국민이 배심원에게 재판을 받을 권리를 명시한 것이다. 이 두 가지 권리에는 몇 가지 차이점이 있지만 가장 큰 차이는 자동이냐 수동이냐의 차이이다. 민사재판에서는 당사자가 배심원단 재판을 받겠다는 의사를 반드시 표현해야만 배심원단 재판을 받을 수 있는 수동의 의미이다. 하지만 형사재판에서는 기소된 범죄의 최대 형량이 6개월만 넘으면 피고인이 배심원단 재판의 권리를 주장하지 않더라도 자동으로 배심원단에게 재판을 받도록 한다.

두 번째로는 재판을 받고 있는 피고인에게 불리한 증언을 한 증인을 법정의 증언대에 오르게 한 뒤, 피고인이 직접 대면(Confront)하고 그 증인에게 반대 심문의 기회를 부여하여 공정한 재판을 받을 수 있도록 하였다. 피고인이 살인하는 것을 목격했다고 경찰에서 진술한 목격자가 있다면, 그 목격자를 법정에 불러서 "그 어두운 골목길에서 흑인인 피고인의 얼굴을 어떻게 볼 수 있었느냐"와 같은 반대 심문을 피고인이 할 수 있도록 하는 것이다. 이를 통해 피고인은 증인의 증언에 신뢰성이 없음을 배심원단 앞에서 입증할 기회를 가진다. 만약 범죄의 목격자가 경찰에게 진술한 뒤 사망하여 법정의 증언대에 나올 수 없다면 어떨까? 사망한 목격자의 진술을 들은 경찰이 대신 재판에서 증언할 수 있을까? 그렇지 않다. 반드시 현장에서 피고인을 목격한 증인이 증언대에 오를 기회가 주어져야 한다. 만약 경찰이 증언대에 올라가고, 피고인 측 변호인이 "그 어두운 골목길에서 흑인인 피고인의 얼굴을 사망한 목격자가 어떻게 볼 수 있었다고 하던가요?"라는 반대 심문을 한다면, 경찰은 뭐라고 답변을 할 수 있을까? 사망한 목격자에게 그건 물어보지 못했다고 답변을 할 것이다. 정상적인 심문과 증언이 될 수가 없을 것이다. 피고인의 입장에서 이는 재판에서 상당히 중요한 권리이다.

세 번째로는 피고인이 변호인의 도움을 받으며 재판을 받을 수 있도록 하였다. 형편이 넉넉치 않은 피고인의 경우 국선 변호인(Public Defender)을 통해 무료로 도움을 받을 수 있게끔 피고인을 배려한다. 물론 이러한 헌법상의 권리를 포기하고 피고인 스스로 변론(Self-Representation)을 할 수도 있다만, 무조건적으로 가능한 것은 아니다. 피고인의 교육 배경 등을 판사가 고려해서 허용할 수도 있고, 정상적인 자기 변론이 불가능하다고 판단될 경우, 판사가 국선 변호인을 강제로 지정할 수도 있다. 그렇게 해야 재판에 익숙하지 않은 피고인의 공정한 재판을 보장할 수 있다고 판사가 판단하면, 강제할 수 있는 것이다.

250년 전 영국의 식민지 지배를 받았던 당시 미국인들은 억울한 재판을 자주 받았다고 한다. 변론 한번 제대로 못 해보고 감옥으로 향하거나 사형을 당하기도 하였다. 헌법을 만든 미국의 국부(Founding Fathers)들은 억울한 국민이 생기지 않도록, 피고인이 유죄로 밝혀지기 전에는 공정한 재판을 받을 수 있도록 보장해 주어야 한다고 생각하였다. 그 당시로서는 결코 쉽지 않았을 결정이고, 그 덕분에 오늘날 많은 범죄자들이 공정하게 재판을 받을 수 있게 되었다. 하지만 전 세계에서 교도소에 수감된 국민이 가장 많은 국가가 미국인 것은 아이러니하기도 하다.

모든 미국 시민의 의무, 배심원(The Jury)

흑인 남성 짐은 백인 여성 메리를 성폭행한 범죄로 기소되어 재판을 받게 되었다. 그리고 배심원 재판(Jury Trial)을 받기 위해 배심원 선정과정을 먼저 진행하였다. 피고인 짐의 변호사인 피터는 예비 배심원들(Jury Pool)에게 질문을 해가며 배심원으로서 적절한지를 검증하던 중, 제인이라는 백인 예비 배심원이 과거 성폭행 피해자였다는 사실을 알고 나서는 배심원에서 제외시켜 줄 것을 판사에게 요청한다. 피터 변호사의 요청은 적절한 것일까?

수정헌법 6조는 형사재판을 받는 피고인이 공정한 배심원에게 재판받을 수 있도록 하였다. 우리가 미국의 재판을 보면서 혼란을 겪는 점 중의 하나로, 바로 어떤 재판은 배심원단이 앉아 있고(Jury Trial), 어떤 재판은 배심원단 없이 판사 혼자서 재판(Bench Trial)을 진행하기도 한다. 사실 미국에서도 모든 재판을 배심원단 재판으로 진행하는 것은 아니다. 지금 짐의 경우처럼 최대 형량이 6개월 이상인 범죄로 형사재판을 받는 경우, 또는 민사재판에서 금전적 손해배상을 요구하는 재판의 경우로 한정하고 있다. 게다가 형사재판의 경우에도 대부분 피고인들이 검찰과 범죄에 관한 합의를 하고(Plea Bargain) 판사 앞에서 본인의 범죄를 인정(Guilty Plea)하기 때문에 소모적인 형사재판으로 잘 진행되지 않는다. 민사재판도 대부분 소송제기 후 재판 이전 단계(Pre-trial)에서 합의를 하기 때문에 배심원 재판이 일반적이라고 이야기하기는 어렵다. 실제 미국의 전체 재판 중 배심원 재판의 비중은 지속적으로 하락하는 추세이고, 2010년 이후에는 미국에서 제기된 전체 소송 중 배심원 재판으로 이어진 경우가 5% 미만이라고 한다. 검찰과 피고인이 합의를 하는 '형량 조정'(Plea Bargain)에 대해서도 합의 과정이 투명하지 않을 뿐만 아니라 어떻게 범죄와의 타협이 있을 수 있는가 하는 회의가 많다. 하지만 불필요한 형사재판을 줄여가며 사회적 자원을 절감하는 효과가 있는 것은 분명한 사실이다.

수정헌법 6조에서는 공정한 배심원(Impartial Jury)이라는 표현을 쓰고 있다. 미국의 국부들이 배심원 재판을 보장해 준 이유는 무엇일까? 결국 법원의 판사도 정부의 한 축을 담당하는 사법부(The Judiciary) 소속이다. 재판의 당사자인 피고인이 정부의 판사가 아닌 피고인과 같은 국민에게서 공정한 판단을 받게 해주겠다는 의도인 것이다. 하지만 공정한 재판을 위해 배심원 제도를 만들었는데 그 배심원이 본 재판에 선입견을 가지고 있는 공정하지 못한 국민으로 구성된다면 문제가 있지 않을까? 그래서 법원은 지역의 투표인 명부, 운전자 명부 등에서 무작위로 추출한 예비 배심원을 법원에 불러서, 양측이 예비 배심원 각자에게 질문을 해가며 공정하지 못한 것으로 보일 수 있는 사람을 최종 배심원에서 제외할 수 있도록 허용한다. 하지만 흑인 피고인이 본인에게 우호적인 평결을 내릴 가능성이 높은 흑인을 배심원으로 앉히기 위하여 예비 배심원들 중에서 제인을 백인이라는 이유만으로 제외해 달라고 요청하는 것은 불합리할 것이다. 또한 피고인이 남성인 본인에게 우호적인 평결을 내려줄 가능성이 높은 남성을 배심원으로 앉히기 위해, 제인이 여성이라는 이유만으로 제외시켜 달라고 할 수 없다.

하지만 지금 피터 변호사의 요청처럼 제인이 과거 성폭행 피해자였다는 사실을 이유로 배심원단에서 제외해 달라고 요청하는 것은 어떨까? 만약 제인이 최종 배심원으로 선정된다면, 제인은 성폭행죄로 기소된 피고인에게 불필요한 편견을 가지고 재판에 임할 가능성이 상당히 높을 것이다. 피고인이 본인의 무죄를 입증할 결정적 증거나 증언을 제시하더라도, 다른 배심원들과는 달리 쉽사리 편견을 버리지 못할 것으로 생각할 수도 있다. 따라서 제인이 과거 성폭행 범죄의 피해자였다는 사실은 제인이 본 재판의 공정한 배심원이 되지 못하는 이유를 제공하며, 따라서 피고인 측의 요청대로 제인은 배심원에서 제외하는 것이 가능하다.

한국에서도 '국민참여재판'이라는 이름으로 배심원단 재판을 제한적으로 실시하고 있다. 하지만 한국의 헌법에서는 판사에게 재판을 받을 권리를 국민에게 보장하였기 때문에, 미국처럼 배심원단에게 폭넓은 권한을 부여하는데 제약이 있을 수밖에 없다. 그리고 판사에 의한 재판이든, 배심원단에 의한 재판이든 사람이 하는 재판이니 일장일단이 있다. 하지만 법률 전문가가 아닌 일반 국민으로 구성된 배심원단에 의한 재판을, 비전문가가 참여했다는 이유로 불안해할 필요는 없다. 미국의 배심원단도 법률에 대한 문제(Question of Law)를 판단하지는 않는다. 그것은 법률적 경험이 풍부한 재판을 진행하는 판사가 결정한다. 한

편 배심원단은 사실관계의 문제(Question of Fact)를 판단하는 역할을 맡는다. 피고인이 정말 피해자를 살인한 것인지의 사실관계를 증언이나 증거를 통해 판단하기 때문에 법률상의 전문지식이 필요한 것은 아니다. 그래서 배심원 역할의 의무는 합리적인 사회의 구성원이면 누구나 수행할 수 있는, 그리고 수행해야 하는 미국 시민의 의무이다.

17. 배심원과 증인이 만드는 공정한 재판

배심원 11명 유죄 v. 배심원 1명 무죄

성폭행죄로 기소된 짐은 12명의 배심원에게서 재판을 받고 있다. 재판에서 배심원들은 짐의 성폭행을 입증하기 위해 검사가 제시하는 증언과 증거, 피고인 짐이 본인의 결백을 주장하기 위해 제시하는 증언과 증거들을 모두 확인하였다. 그리고 배심원실에서 약 4시간 논의를 거치고는 법정에 다시 등장하였다. 배심원단의 리더인 배심원장이 법정에서 배심원의 결정을 발표하며, 12명의 배심원 중 11명은 유죄, 1명은 무죄라는 결론을 내렸다고 한다. 따라서 배심원단의 최종 결정은 피고인 유죄라고 발표한다. 이에 피고인 짐은 배심원 만장일치 유죄 합의가 이루어진 것이 아니므로, 본인은 유죄가 될 수 없다고 주장한다. 과연 짐의 주장이 맞을까?

형사재판에서 피고인 짐이 수정헌법 6조가 약속한 대로 배심원에게서 재판을 받을 수 있다는 것을 앞서 확인하였다. 그런데 짐이 재판을 받을 때 배심원단만 있는 것이 아니라, 판사도 앉아서 재판에 참여하고 있는데 배심원은 무엇을 하고 판사는 무엇을 하는 것일까?

우리가 배심원에게서 재판을 받는다는 의미는, "피고인 짐이 정말 성폭행 범죄를 저질렀는가?"라는 사실(Fact)을 배심원들이 결정한다는 것이다. 즉 검사가 짐의 범죄를 입증하기 위해 법정에서 제시하는 다양한 증거와 증언을 확인하고 배심원들끼리 토론을 거쳐, 정말 짐이 지난 토요일 밤 파티에서 피해자를 성폭행한 것인가라는 사실관계의 문제(Question of Fact)에 대하여 결정을 내린다. 반면 판사는 그 재판을 공정하게 진행하고 법률적인 문제에 대하여 결정을 내린다. 즉 검사나 피고인 측의 증언이나 증거를 배심원들이 볼 수 있도록 허락할 것인가를 결정하거나, 검사나 피고인 측의 변호사가 재판 진행 중에 주장하는 각종 이의(Objection), 요청(Motion)에 대한 결정을 비롯하여 법률관계의 문제(Question of Law)를 다룬다. 이렇게 각자의 역할이 구분된다. 결국 재판의 당사자인 양측의 다툼을 해결하기 위해서는 법이라는 틀과, 사실이라는 재료가 필요할 것이며, 그중 법은 법률 전문가인 판사가 담당하고, 사실은 법률 전문가가 반드시 필요한 것은 아니니 합리적인 국민으로 구성된 배심원단이 결정을 내리도록 한다. 따라서 법률 전문가가 아닌 배심원단에게 재판을 받는 것이 믿을 만한가에 대하여 걱정할 필요가 없다. 재판 진행 중 법률적 지식과 경험이 필요한 부분은 판사가 배심원단에게 적극적으로 가이드를 하기 때문이다. 예를 들어, 판사는 배심원단에게 다음과 같은 이야기를 적극적으로 해 준다. "피고인 짐이 기소된 성폭행죄는 피해자가 성관계에 동의한 경우에는 성립될 수 없으니, 배심원단 여러분은 증언과 증거를 확인한 뒤 피해자 여성의 동의가 있었다고 사실관계의 결론을 내리면 무죄 평결을 내려야 한다"와 같은 지침에 배심원단은 판사의 이러한 지침을 성실히 따라 공정한 평결(Verdict)을 내릴 수 있다.

형사재판에서의 배심원단은 6명에서 12명 사이로 구성된다. 검사는 배심원들에게 피고인 짐의 성폭행죄가 범죄가 되기 위해서 필요한 법률적 요건들, 예를 들어, 상대방 동의가 없는 상황에서의 강제적 성관계였다는 것을 입증하기 위한 다양한 증언, 증거를 보여준다. 그리고 이를 통해 검사는 피고인 짐이 틀림없이 성폭행을 저질렀다는 확신을 배심원들이 가지도록 한다. 만약 검사의 증언이나 증거를 종합, 검토한 결과, 배심원들이 짐과 피해자는 연인이었고, 예전에도 합의하에 성관계를 가져왔으니, 이번 사건도 합의하에 이루어진 성관계일 수 있으므로 짐이 성폭행을 저지르지 않았을 수도 있다는 합리적 의심(Reasonable Doubt)을 가지게 된다면, 피고인 짐은 유죄가 될 수 없다. 미국의 검사가 힘든 이유가 바로 여기에 있다. 형사재판의 피고인에게 가해지는 재판 결과는 민사재판에서의 피고에게 내려지는 재판 결과인 금전적 배상보다 훨씬 가혹하다. 사회와 고립된 감옥에서 수년간을 지내고, 사회에서 지탄받게 될 피고인 짐에 대한 범죄 입증의 수준이 민사재판에서의 입증 수준보다 훨씬 높아질 수밖에 없다. 따라서 배심원단이 만장일치로 평결을 내려야 유죄가 되는 것이 합리적인 것으로 보인다. 하지만 이런 훌륭한 취지가 무색하게 형사재판의 피고인 측 변호인은 검사의 이러한 약점을 파고든다. 즉 배심원단 중 피고인에게 우호적인 한 명의 배심원만 무죄로 설득하는 재판 전략을 구사한다. 이로 인해 배심원 재판이 사회적 비판을 받기도 한다. 이에 연방대법원은 이러한 문제를 어느 정도 해결할 수 있는, 하지만 피고인에게는 가혹할 수 있는 한 가지 해석을 한다. 6명으로 구성된 배심원단에게서 재판을 받았다면 배심원 만장일치의 유죄 평결이 있어야 하지만, 12명으로 구성된 배심원단에게서 재판을 받았다면 만장일치가 아니더라도 유죄 결론을 내린 배심원이 9명 이상이면 최종 유죄 평결로 인정하는 것이다. 배심원의 숫자가 적은 6명 재판에서는 반드시 만장일치, 숫자가 많은 12명 재판에서는 만장일치일 필요가 없다는 것이다. 합리적인 배심원 12명 중 1명이라도 피고인 짐이 무죄라는 결론을 내렸다면, 나머지 11명 배심원의 유죄 결론을 무시하고, 1명의 무죄 결론 때문에 피고인을 무죄로 결론내리는 것이 합리적이라고 볼 수 없다는 연방대법원의 입장이다. 그리고 이러한 해석 덕분에 검사는 그나마 범죄 입증의 압박에서 조금 벗어나게 된다.

무죄를 증명할 테니 증인을 만나게 해달라고요!

극장에서 아내와 심야 영화를 보고 귀가하던 피터 부부는 골목길에서 누군가에게 살해당한다. 살해 현장을 우연히 목격한 샘은 경찰서에서 5명의 용의자 가운데 짐을 범인으로 지목하고 검사는 짐을 살인죄로 기소한다. 검사는 짐의 살인죄를 입증하기 위해 목격자 샘을 증인으로 부르려고 했으나, 샘은 지금 장기 해외여행 중이다. 어쩔 수 없이 목격자 샘의 범인 지목과 진술을 받았던 형사를 재판에 증인으로 불러 증언을 들으려 한다. 그러자 피고인 짐은 수정헌법 6조를 언급하며 그 형사의 증언을 반대한다. 과연 판사는 짐의 주장대로 형사가 법정에서 증언하지 못하도록 해야 할까?

수정헌법 6조는 형사재판을 받는 피고인의 공정한 재판을 위해 연방정부가 한 약속이다. 이를 위해 배심원이라는 제도를 만들었고 또 다른 안전장치를 하나 더 만들었다. 그것이 바로 형사재판의 피고인이 본인에게 불리한 진술을 하는 증인(Witness Against Him)을 법정에서 대면(Confront)할 수 있도록 한 것이다.

재판에서 피고인은 본인의 결백을 입증해줄 증인의 증언을 배심원에게 들려주는 것도 중요하지만, 상대편 검사의 주장을 뒷받침해주는 증인의 증언을 반박하며, 검사가 범죄를 완벽히 입증하지 못하고 있음을 배심원에게 보여주는 것 또한 중요하다. 살해 현장을 목격했다는 샘이 경찰서에서 용의자 중 짐을 지목했고(Line-Up), 목격한 살해 과정까지 자세히 진술했다면 샘은 피고인 짐에게 불리한 진술을 하는 증인이다. 그렇다면 수정헌법 6조에 따라 짐은 본인에게 불리한 증인인 샘을 법정에서 대면할 권리가 생긴다. 6조에서 명시적으로 표현하지는 않았으나, 연방대법원은 대면(Confront)이라는 것이 결국 반대 심문(Cross-Examination)을 할 수 있는 피고인의 권리라고 해석한다.

만약 이 권리가 없다면 어떤 상황이 생길까? 평소 짐에게 앙심을 품어오던 샘이 경찰서에서 짐이 살해하는 것을 목격했다고 허위 진술을 하고, 검사는 그 진술을 한 목격자 샘을 법정의 증언대에 세우지도 않고 자신이 들은 진술만을 배심원에게 알려준다면, 피고인 짐은 억울한 재판을 받을 수밖에 없을 것이다. 수정헌법 6조 덕분에 피고인 짐은 목격자 샘을 법정의 증언대에 호출해서 심문할 수가 있다. 아마도 피고인 짐의 변호사는 법정에서 목격자 샘에게 이런 질문을 할 것이다.

"증인은 가로등도 없는 어두운 밤 골목길에서 범인이 흑인인 짐이라는 것을 어떻게 알 수 있었나요?" "증인은 피고인 짐과 사업을 함께하며 다툼이 생겨 1년 전 재판을 했고 패소한 적이 있었지요?" 피고인 측의 이러한 질문은 결국 피고인에게 불리한 증언을 하고 있는 증인 샘의 진술이 믿을 만하지 못하다는 것을 배심원단에게 보여주는 것이다. 그리고 "짐이 범인이 아닐 수도 있겠다"라는 합리적 의심을 배심원이 가지게끔 한다.

그런데 만약 지금 경우처럼 목격자 샘이 해외여행 중이라 재판에 출석할 수 없어서 샘의 진술을 들은 형사가 증언대에 올라 "분명히 짐이 살해하는 것을 샘이 봤다고 했고, 용의자 중 짐을 지목했습니다"라고 증언을 한다면 어떤 상황이 전개될 수 있을까? 피고인 짐의 변호사는 "어두운 골목길에서 어떻게 흑인인 피고인의 얼굴을 확인할 수 있었나요?"라고 물을 것이고, 형사는 "목격자 샘이 봤다고 카더라!"라는 답변밖에 하지 못할 것이다. 이는 정상적인 반대 심문이 될 수 없을 것이며, 따라서 피고인 짐의 수정헌법 6조 권리가 침해당하게 되는 것이다.

재판에서 당사자들이 본인들의 주장을 입증하기 위해 증인을 부를 경우, 원칙적으로 사건을 직접 목격한 사람을 불러, 증언대에서 진실만을 말하겠다는 선서를 한 뒤, 진술해야만 유효한 증언으로 인정된다. 경찰서를 포함한 법정밖에서 선서도 하지 않고 한 진술은 신뢰할 수 없다는 것이다. 따라서 검사가 판사에게 증인으로 요청한 형사는 샘을 대신해 법정에서 증언할 수 없고, 해외여행 중인 목격자 샘이 돌아와서 직접 증언해야 한다. 수정헌법 6조의 불리한 증인을 대면할 권리를 포함해서 재판 증거의 규칙에 대해서는 미국의 증거법에서 별도로 규정하고 있다. 어떤 증언이나 증거를 재판에서 배심원에게 보여줄 수 있는 것인지 구체적으로 규정하고 있으며, 결국 그 규정의 핵심은 배심원단에게 불필요한 편견을 만들어 줄 수 있는 증언이나 증거를 재판에서 사용하지 못하게 함으로써 공정한 재판을 진행하겠다는 것이다.

형사재판을 받는 국민에게 수정헌법 6조가 여러 가지 안전장치를 만들어 주었지만, 그중에서도 가장 실질적이고 효과적인 안전장치가 바로 불리한 증인을 대면할 권리이다. 이 권리가 없었다면 피고인 짐을 시기하는 목격자 샘의 허위 진술로 인해 짐은 무고한 옥살이를 했을 테니 말이다.

18. 변호사가 있다고 공정한 재판은 아니다.

공정한 재판을 위해 판사를 믿고 따르라!

살인죄로 기소된 짐은 재판이 시작되기 전에 판사와 처음으로 만났다. 판사는 짐에게 어떤 범죄로 재판을 받을 것이고, 변호인의 조력을 받을 권리가 있음을 친절하게 안내해주며 형편이 넉넉하지 못한 짐에게 국선변호인을 지정해주려 한다. 하지만 짐은 본인이 직접 변론을 하겠다고 주장하고, 판사는 짐의 법률적 지식이 부족하고 재판의 사안이 중대하다는 이유로 이를 거절하였다. 결국, 국선 변호인을 통해 재판을 받은 짐은 살인죄로 30년 형을 받는다. 재판이 끝난 뒤 짐은 본인의 자기 변론 권리가 박탈당했으니 이번 재판은 무효라고 주장한다. 과연 짐의 주장이 맞을까?

수정헌법 6조는 형사재판을 받는 국민에게 변호인의 도움(Assistance of Counsel)을 받을 수 있는 권리를 명백히 보장한다. 그런데 우리가 앞서 살펴본 수정헌법 5조에서도 변호인의 도움을 받을 권리가 있었다. 수정헌법 5조와 6조가 각각 약속해 준 변호인의 도움을 받을 권리에 어떤 차이가 있을까?

사실 수정헌법 5조의 변호인의 도움을 받을 권리는 헌법 어디에도 명시되어 있지 않았다. 앞서 살펴보았듯이, 이 권리는 연방대법원이 수정헌법 5조를 해석하며 만들어 준 것이다. 미국은 헌법의 최종적 해석을 연방대법원이 하며, 연방대법원의 해석 또한 헌법적 효력을 가지고 있다. 수정헌법 5조에 명시되어 있는 본인에게 불리한 증언을 강제받지 않을 권리(Privilege Against Self- Incrimination), 즉 경찰의 구속 심문 중에 불리한 증언을 쏟아 낼지도 모를 피의자 국민에게 안전장치를 마련해 주고자 연방대법원이 만든 것이 미란다 권리였다. 그리고 그 미란다 권리 안에 변호인의 도움을 받을 권리를 명시해준 것이다. 또한 미란

다 경고를 받은 국민은, 미란다 권리를 행사하겠다는 의사의 표시를 명백히 해야만 변호인의 도움을 받을 수 있다. 자동으로 생기는 권리가 아니라는 의미이다.

반면 수정헌법 6조가 약속한 변호인의 도움을 받을 권리는 헌법에 명백히 적혀져 있다. 이 권리는 연방대법원이 아니라 1791년에 수정헌법 6조를 만들어 준 국부들이 헌법에 명시한 권리이다. 기소되어 형사재판을 받을 피고인이 재판과정 중에 변호인의 도움을 받아 가며 변론을 할 수 있는 권리이다. 그리고 수정헌법 5조와는 달리, 국민이 권리 행사의 의사를 굳이 표현하지 않더라도 자동으로 생기는 권리이다. 이 둘의 핵심적 차이는 바로 권리를 만들어 준 목적에 차이가 있다. 수정헌법 5조는 국민이 본인에게 불리한 증언을 하지 않도록 도움을 주기 위해, 수정헌법 6조는 국민이 형사재판에서 정상적인 변론을 할 수 있도록 도와서 공정한 재판을 받도록 해주기 위해서이다. 수정헌법 6조의 변호인 도움을 받을 권리로 인해 국선 변호인(Public Defender)도 탄생한 것이다. 부자들이야 많은 돈을 주면서 유능한 변호인을 고용하겠지만, 가난한 국민도 수정헌법 6조의 권리를 통해 공정한 재판을 보장받을 수 있도록 나랏돈으로 국선 변호인을 대신 고용할 수 있도록 해 준다. 이 또한 국민의 공정한 재판을 위한 조치이다.

공정한 재판을 위해 연방정부가 수정헌법 6조를 만들며 국민에게 해 준 약속들은 국민을 위한 것이다. 하지만 그 국민 스스로가 자신은 필요하지 않다고 하면 포기할 수도 있다. 즉 변호인의 도움을 받을 필요가 없다고 국민이 자발적 의사표시를 하면,

본인 변론(Self-Representation)을 할 수도 있다는 의미이다. 하지만 본인 변론의 권리가 절대적인 권리는 아니다. 지금처럼 짐이 변호인 없이 본인이 스스로 변론하겠다고 자발적으로 의사를 표현하더라도, 판사가 여러 가지 정황을 종합해서 최종적 결정을 내릴 수 있다. 피고인 짐이 정말 정상적인 본인 변론을 할 수 있을 만큼의 교육적 배경이 되는지, 법률적 지식은 충분한지, 이번 재판에 복잡한 법률적 이슈가 있는 것은 아닌지를 살펴보고 판사가 판단하는 것이다. 또한 변호인의 도움 없이 본인이 직접 변론을 했을 때 재판과정에서 어떠한 위험이 존재하는지도 판사는 짐에게 반드시 알려주어야 한다. 만약 본인 변론이 적절치 않다고 판사가 판단하면, 국선 변호인을 지정해준다. 지금의 경우처럼 짐이 초등학교를 졸업하지 못했고, 복잡한 법률적 이슈가 있는 재판이라고 판사가 판단해서 본인 변론을 허용하지 않았다면, 짐의 본인 변론 권리는 박탈당한 것이 아니다. 아마 자기 변론을 했으면 짐은 종신형을 받았을지도 모르니 말이다.

재판에 익숙하지 않은 국민이 앞으로의 어려움을 인지하지 못하고 본인 변론을 주장할 때, 판사가 이를 모르는 체하며 본인 변론을 허락해 주는 것이 정말 국민을 위함은 아닐 것이다. 때로는 국민의 공정한 재판을 위해 판사가 개입하여 주는 것이 바람직할 것이다. 수정헌법 6조의 목적은 형사재판의 공정성을 국민에게 보장해 주는 것이다. 변호인의 도움을 받는다고 해서 무조건 공정한 재판이 보장되는 것은 아니지만, 최소한의 안전장치를 마련해 준 것이다. 따라서 변호인은 피고인의 공정한 재판을 위해 항상 주의를 기울여 성실히 변론해야 할 것이고, 피고인 또한 변호인의 변론을 매의 눈으로 살피며 수정헌법 6조의 권리를 스스로 지켜가야 할 것이다.

매의 눈으로 내 변호사를 감시하라.

살인죄로 기소된 짐은 판사의 권유대로 국선 변호인 피터의 도움을 받아 재판을 받고 있다. 그런데 재판 진행 중에 검사가 살해 현장을 목격한 샘 대신, 샘의 진술을 받은 형사를 법정에 불러서 증언을 듣는다. 그 형사는 "목격자 샘이 피고인 짐이 살해하는 것을 범행 현장에서 분명히 보았다고 경찰서에서 진술했습니다. 그리고 샘은 용의자 5명의 얼굴을 본 뒤 짐을 범인으로 지목했지요"라는 증언을 하였고, 결국 짐은 재판에서 종신형을 받는다. 그러자 짐은 수정헌법 6조가 보장한 변호인의 도움을 받을 권리가 박탈당했다며, 판결이 무효라고 주장한다. 분명히 국선 변호인 피터가 짐을 위해 변론을 했는데 짐의 주장이 맞는 말일까?

사고를 당한 사람의 위독한 생명을 구하는 의사, 그리고 억울한 범죄로 종신형을 눈앞에 두고 있는 사람을 변호하는 변호사는 각자 의학과 법률의 전문적 지식을 가지고 활동하는 사람들이다. 이들은 사적 이익을 위해 활동할 자유도 있지만, 공익을 고려하여 자질이 되는 사람만 활동하도록 정부가 허락한 것이므로 공익적 성격이 더 강한 직업이라고 볼 수 있다. 가수로 활동하려는 사람에게 정부가 인정한 학교에서 3년 교육을 받은 뒤 정부가 주관하는 시험을 통과해야만 가수가 될 수 있다고 규제하는 나라는 없다. 결국, 이러한 전문 직업에 대해서는 정부가 공익적 성격을 크게 부여하고 있는 것이고, 미국 법원은 전문직의 과실(Malpractice)에 대해서는 일반인들의 과실(Negligence)보다 더 엄격하게 책임을 묻는다. 그리고 실제로 많은 고객들이 본인 소송을 담당한 변호사를 상대로 소송을 제기한다.

수정헌법 6조에 있는 변호인의 도움을 받을 수 있는 권리는 단순히 변호사의 도움을 통해 재판을 받을 권리만을 의미하는 것이 아니다. 연방대법원은 그 권리의 의미를 확대하여, 내가 고용한 변호사로부터 정상적인 법률적 도움을 받아 공정한 재판을 받을 수 있는 권리로 해석한다. 만약 피고인이 변호사로부터 정상적인 법률적 도움을 받지 못해서 유죄 판결을 받았다면, 피고인은 수정헌법 6조의 권리를 침해당한 것이고 그 재판은 무효가 될 수 있다.

고객의 사건을 수임한 순간부터 변호사는 자신의 고객에게 여러 가지 의무를 진다. 고객과의 대화를 어디에도 발설하지 않을 비밀 준수 의무가 있고(Duty of Confidentiality), 고객의 이익만을 위해서 활동할 의무가 있으며(Duty of Loyalty), 고객의 소송을 변론할 수 있을 능력(Duty of Competence)을 갖추어야 할 의무가 있다. 이혼 전문변호사가 살인죄로 기소된 고객의 형사 사건을 수임할 수는 있지만, 밤새 판례를 조사하고 소송전략을 기획하며 본 재판의 변호사로서 정상적 능력을 확보해야 하는 것은 당연할 것이다. 그리고 그러한 소송 역량을 바탕으로 고객의 이익을 위해서만 변호해야 한다.

지금 짐의 재판에서 검사가 증인의 자격으로 증언을 한 형사는 법정에서 증언을 할 수 없는 사람이다. 앞서 살펴보았듯이 피고인 짐은 본인에게 불리한 증언을 하는 증인을 대면할 수 있는 권리가 있기 때문에, 목격자 샘이 직접 증언대에서 증언을 하고, 피고인 짐은 샘을 상대로 반대 심문을 할 수 있다. 따라서 검사가 형사를 증인으로 신청할 때 피고인 짐의 변호사 피터는 다음과 같이 판사에게 이의(Objection)를 제기했어야 한다. “판사님, 형사가 증언할 경우 피고인 짐에게 부여된 수정헌법 6조 상의 권리인 목격자 샘을 바로 대면(Confront)할 권리를 침해하는 것이고, 형사는 목격자 샘으로부터 들은 것을 진술(Hearsay)할 것이므로 형사가 증언대에 오르는 것을 허락하지 말아 주십시오”라는 요청을 했었어야 한다. 정상적인 변호사라면 이의제기를 하였을 것이다. 그러나 피터 변호사는 하지 않았고, 그로 인해 짐에게 불리한 핵심적 증언을 배심원들에게 들려주었다. 그 형사의 증언만 없었다면 유죄 판결이 내려지지 않았을 것이라는 합리적 가능성만 짐이 입증한다면, 판사는 어떻게 하는 것이 타당할까? 당연히 짐의 주장대로 정상적인 변호인의 도움을 받지 못해 불공정한 재판이 이루어진 것이니 판결이 무효가 되어야 할 것이다.

변호사의 도움으로 재판을 받았다는 것만으로 공정한 재판을 보장했다고 할 수 없으며, 변호사의 정상적인 도움으로 제대로 재판을 받았을 때만이 피고인에게 공정한 재판을 한 것이라는 해석이다. 피터 변호사가 아무리 열심히 변론을 준비했더라도, 피터 변호사의 실수로 짐이 종신형을 받게 되었다면 이 재판은 짐의 살인죄에 대한 공정한 재판이 아니다. 재판을 다시 해야 짐에게 수정헌법 6조의 목적인 공정한 재판을 보장한 것이 된다. 미국에서는 변호사의 과실을 이유로 소송을 제기하는 의뢰인들이 상당히 많고, 이를 전문적으로 취급하는 변호사들도 있다. 서두에서 언급하였듯이 의사와 변호사도 사적인 이익을 취할 권리가 있으나, 그 어느 직업보다 공익적 윤리의식과 책임이 요구되는 직업이라는 것을 항상 염두에 두어야 할 것이다.

Chapter 7

수정헌법 7조

In Suits at common law, where the value in controversy shall exceed twenty dollars, the right of trial by jury shall be preserved, and no fact tried by a jury, shall be otherwise re-examined in any Court of the United States, than according to the rules of the common law.

보통법 소송에서, 소송금액이 20달러를 초과할 때에는, 배심원에 의해 재판을 받을 권리가 있다. 배심원이 결정한 사실은 보통법의 규칙에 의하지 않고는 연방 내 어떤 법원에서도 재심하지 않는다.

19. 국민에 의한, 국민을 위한 재판

판사도 사람, 배심원도 사람

한국의 재판과 미국의 재판을 보면 직관적으로 차이점 하나를 알 수 있다. 바로 배심원이다. 한국에서도 국민참여재판이 도입되어 특정한 재판의 경우 배심원을 통해 재판이 진행되고 있으나, 아직 한국에서는 보편적인 재판이라고 볼 수 없고 여전히 판사가 최종의 판결 권한을 가지고 있다. 예를 들어, 민사재판과 형사재판 모두 배심원단 재판을 받을 수 있는 것이 아니라, 살인과 같은 중대한 범죄에 대한 형사재판으로 대상을 제한하고 있고, 배심원단이 사실관계에 대하여 내린 결론을 판사가 따라야 할 필요도 없다. 그리고 기소 여부를 결정하는 대배심원 제도는 운영되지 않고 있다.

반면 미국은 어떨까? 미국은 민사재판에서 배심원에게 재판을 받을 권리를 수정헌법 7조에, 형사재판에서 배심원에게 재판을 받을 권리를 수정헌법 6조에서 보장하고 있다. 미국은 이렇게 헌법상 명백하게 배심원 재판의 권리를 국민에게 부여하는 반면, 한국은 배심원 재판에 대한 권리를 헌법상 명시하고 있지 않다. 대신 한국은 공정한 판사에게 재판을 받을 권리를 보장하고 있다. 결국, 한국과 미국 모두 공정한 재판을 국민에게 보장하기 위해 한국은 판사에게, 미국은 배심원에게 재판을 받을 수 있도록 해주는 방식의 차이가 있을 뿐, 그 목적은 동일하다. 그리고 판사에게 재판을 받는 것이 공정한 것인지, 배심원에게 재판을 받는 것이 공정한 것인지, 무 자르듯이 말하기도 어렵다. 두 방식 모두 일장일단이 있기 때문이다. 한국처럼 판사에게 재판을 받으면, 법률 전문가에 의한 재판을 받으니 법률적 해석과 적용에 관한 오류의 가능성이 줄어들 것이라는 장점도 있을 것이다. 반면, 사실관계에 대한 엄격한 적용과 해석을 하다 보니 가끔은 국민이 공감하기 어려운 판결이 내려질 수도 있다. 미국처럼 배심원에게 재판을 받으면, 정부의 직원인 판사가 아닌 여러 명의 국민들로 구성된 배심원단이 내린 결론이니, 재판 당사자 입장에서는 공정성이 더 확보되어 있다고 믿을 수 있겠다. 반면, 변호인들의 재판 전략에 현혹되어 법률 전문가가 아닌 배심원들이 이성을 잃고 감정에 빠져 평결을 내릴 수 있다는 지적도 있다. 그런데 이렇게 지적된 배심원단 재판의 단점을 들여다보면, 그에 대한 보완책도 이미 운영되고 있다. 배심원 재판에서 법률 전문가가 아닌 배심원들은 법률적 문제에 대해서는 결정하지 않는다. 판사의 친절한 안내와 지도를 받으며 사실관계의 문제에 대해서만 평결(Verdict)을 내린다. 심지어 배심원단이 감정에 빠져 사실관계에 대한 어이없는 결정, 명백한 오류의 결론을 내렸다면, 판사가 배심원의 그 결정을 뒤집을 수 있도록 안전장치도 만들어 두고 있다. 판사도 사람이므로 주위의 유혹과 이해관계에 빠질 수 있듯이, 배심원도 사람이므로 감정적 평결을 내릴 수 있다. 하지만 그 사람의 실수를 예방하거나 바로잡고자 어떤 안전장치들을 만들어 놓고 운영할 것인가가 더 중요하겠다.

헌법에 배심원 재판의 권리가 명시된다는 것이 이렇게 중요한 것인가 하는 생각이 들기도 한다. 하지만 앞서 미국 수정헌법에 명시된 다양한 국민의 권리들을 돌이켜보면 그 중요성을 체감할 수 있다. 국민의 권리가 일단 헌법에 명시되고 나서부터 미국 국민은 서로 합의해 가면서 그 권리를 구체화하고 다듬어가며 완성도를 높여 왔다. 그리고 그 헌법상 권리는 점점 더 강력해지고 정교해졌다. 미국은 그 완성도를 높이는 작업을 의회의 입법과 연방대법원의 판결을 통해 지난 250여 년간 꾸준하게 해온 것이다. 반면 헌법에 명시되어 있지 않으면 그 권리의 행사에 다양한 제약들이 생길 수밖에 없다. 의회가 선의를 가지고 배심원 재판 제도를 입법하더라도, 누군가가 그 법이 헌법에 위배된다고 이의를 제기하면 어떻게 될까? 한국의 헌법은 국민이 법관에 의한 재판을 받을 권리가 있다고 명시하고 있으므로, 의회의 국민참여재판법은 헌법을 위반한 것이 될 수 있다. 그래서 헌법적인 근거가 상당히 중요한 것이다. 배심원으로부터 재판받을 권리를 헌법에 명문화한 미국은 배심원단의 결정에 명백한 오류가 없는 한 절대적으로 신뢰하며, 판사가 함부로 배심원 결정을 번복하지 못하게 한다.

수정헌법 7조는 크게 두 문장으로 구성되어 있다. 첫 번째 문장은 배심원에게 재판을 받을 국민의 권리를 명시하며 배심원 재판의 대상을 규정하고 있다. 미국도 모든 재판을 배심원에 의해 하는 것이 아니다. 형사재판은 최대 형량이 6개월 이상인 범죄의 재판, 민사재판은 20달러 이상의 금전적 배상을 요구하는 재판으로 한정되어 있다. 수정헌법 7조의 두 번째 문장에 포함된 재검토(Re-examination) 금지 문구는 배심원이 내린 결정을 법원의 판사가 함부로 번복하지 못하게 못을 박는다. 2심 법원인 연방항소법원(U. S. Court of Appeals)에는 배심원단 없이 판사만 3명이 배정되며, 재판의 관련 증언이나 증거를 듣지 않는다. 그 이유는 수정헌법 7조에 따라 1심 재판에서 배심원단이 결정한 사실관계의 문제(Question of Fact)에 대해서 상급법원이라 할지라도 재검토할 수 없기 때문에, 증언을 들을 필요도 없고 배심원이 필요한 것도 아니다. 그래서 항소법원은 1심 법원의 판사가 내린 법률상의 문제(Question of Law)에 대해서만 서류를 통해 재검토하는 것이다. 물론 배심원단이 어처구니없는 결정을 내렸다면, 비록 사실관계의 문제에 대한 배심원단의 결정이라 하더라도 예외적으로 상급법원이 재검토할 수는 있다. 하지만 그러한 경우에 해당하려면, 누가 보더라도 배심원단의 결정에 명백한 오류가 있어야 한다. 배심원단의 결정에 반대 의견을 가진 국민이 있고, 그로 인해 사회적으로 논란이 되고 있다고 해서 배심원단이 명백한 오류를 저질렀다고 할 수는 없다. 합리적인 국민으로 구성된 배심원들이 숙고하여 내린 결정을 존중하는 것이다.

줄어드는 배심원 재판과 찬반론

40살 피터는 7년 전, 어느 살인범의 형사재판에서 배심원으로 참여했다. 당시 배심원을 처음 맡은 피터에게 장시간 의자에 앉아있는 것이 힘들기는 했지만, 나름대로 보람도 있는 시간이었다. 그런데 어제 법원에서 편지가 한 통 왔다. 피터가 또 다른 재판의 예비 배심원으로 선정되었으니, 다음 주 화요일 오전 10시까지 법원에 출석하라고 한다. 옆집에 사는 70살 샘 할아버지는 평생 배심원으로 출석하라는 명령을 받은 적이 없었다는데, 피터는 왜 이렇게 자주 배심원으로서 의무를 이행하도록 요구받는 것일까?

우리나라도 도입한 국민참여재판, 즉 배심원 제도가 그렇게 좋은 것일까? 미국에서도 배심원 제도에 대한 찬반이 치열하다. 감성에 호소하여 배심원의 이성적 판단을 방해하고, 사건의 본질을 흐리게 하는 변호사들의 재판 전략으로 인해 재판이 스포츠 경기로 변질되었다는 비판도 있고, 재판 중 배심원의 심리를 분석하며 변호사들에게 자문을 해 주는 배심원 컨설턴트(Jury Consultant)까지 등장하다 보니 사회적 손실도 상당한 것은 사실이다. 또한, 배심원 의무는 시민권을 가진 미국 국민의 의무이다. 어떤 시민은 평생 살아도 배심원 역할 한번 못해보고 죽는 사람도 있지만, 어떤 사람은 두세 번씩 하는 사람도 있다. 추첨으로 뽑기 때문이다. 법원은 최종 배심원 12명을 뽑기 위해 지역의 투표인 명부, 또는 운전면허자 명부에서 무작위로 추첨하여 필요한 배심원의 몇 배수 인원을 법원으로 호출한다. 우리는 이 사람들을 예비 배심원(Prospective Juror)이라고 부른다. 그리고는 양측 변호인이 이 예비 배심원들을 검증해가며 공정한 최종 배심원 12명을 선정한다. 예비 배심원에 선정되어 법원 출석 명령(Summon)을 받았다고 해서 무조건 최종 배심원이 된다는 의미는 아니지만, 이 출석 명령에도 불구하고 합당한 이유 없이 법원에 나타나지 않는다면, 벌금을 내거나, 반복적인 경우에는 재판을 받을 수도 있다. 배심원이 재판에 참석하며 배심원으로서 의무를 이행하는 중에는 회사에 출근도 못 하고 사업도 할 수 없다 보니, 입법을 통해 배심원 의무를 이행하는 직원에게 회사가 유급휴가를 주도록 하고, 법원에서 배심원에게 일당을 지급하기도 하지만 금액이 아주 적다. 연방법원의 경우 하루에 약 40달러를 지급하는 수준이고, 어떤 주는 아예 지급하지 않는다. 상황이 이렇다 보니 배심원 의무가 수정헌법 13조에서 금지한 강제노역(Involuntary Servitude)이라는 논란까지 생기는 상황이다.

배심원 제도의 찬성론자들은 공정한 재판을 언급한다. 배심원 재판을 수정헌법 6조와 7조에 담아둔 국부들의 생각은 무엇이었나? 바로 공정한 재판이다. 앞서 살펴본 수정헌법 6조에서는 공정한 형사재판을 위해 피고인과 같은 다수의 국민에게서 판결을 받도록 배심원을 두었고, 피고인에게 불리한 증언을 하는 증인을 반대 심문할 수 있도록 해 주었으며, 변호사의 도움을 받게 해주고, 신속한 공개 재판을 보장해 주었다. 수정헌법 7조 또한 민사재판에서의 공정한 재판을 위해 당사자들에게 배심원 재판을 보장해 준 것이다. 돌이켜보면, 수정헌법 1조에서 10조까지는 국민에게서 강력한 권한을 받은 연방정부에 대한 국민의 불신과 불안에서 만들어진 조항이다. 결국, 정부에게 권한(Power)을 부여해준 것은 국민이고, 그 국민을 판결할 정부의 직원인 판사 옆에, 국민의 대표인 배심원을 앉혀서 판사를 견제하고, 법률적 전문지식이 없더라도 합리적 결정을 내릴 수 있는 사실관계의 문제(Question of Fact)에 대해 배심원이 결론을 내리게 한 것은 정부에게 권한을 잠시 맡긴 국민의 입장에서는 당연한 요구라고 할 수 있다. 의회의 의원을 국민이 뽑고, 행정부의 대통령도 국민이 뽑는데, 왜 사법부의 판사는 국민이 아닌 대통령이 임명하고 의회가 승인해주는 것일까? 재판에 배심원이 참여하여 사법부를 견제하고, 국민이 공정한 재판을 받을 수 있는 여건을 배심원을 통해 만드는 것이다. 이러한 배경에서 일부 주에서는 대법관을 국민이 직접 선출하기도 한다.

오늘날 미국에서도 배심원 재판의 비중이 줄어들고 있는 것은 사실이다. 하지만 그 이유가 배심원 제도에 대한 불신 때문이라고 단정할 수는 없다. 민사재판의 경우 재판 이전 단계에서 당사자들의 합의를 위한 다양한 제도(Mediation, Arbitration)를 통해 법원이 합의를 권장하고 있고, 합의가 활성화되다 보니 변호사 비용이 많이 들어가는 배심원 재판 이전에 대부분의 소송이 합의가 된다.

이러한 합의가 활성화되는 또 다른 이유로는 디스커버리(Discovery)라는 소송 단계를 꼽을 수 있다. 한국도 '증거개시절차'라는 유사한 과정을 운영하고 있지만 미국은 디스커버리 단계에 엄청난 시간을 할애한다. 재판 이전에 판사 없이 양측이 함께 모여 증인과 증거를 서로 요청하고, 공유하고, 검증해 나가며, 원고는 내가 제기한 소송이 얼마나 강력한지 또는 취약한지를 가늠할 수 있다. 피고 또한 자신이 펼치고 있는 방어(Defense)전략을 디스커버리 과정을 통해 검증하면서 배심원 재판에 가더라도 배심원이 나의 손을 들어줄지를 스스로 가늠해 볼 수 있다. 자연스럽게 디스커버리 단계에서 양측의 합의가 이루어져 불필요한 돈이 들어가는 배심원 재판을 진행할 필요가 없어진다.

민사소송에서의 합의 과정처럼, 형사소송에서도 피고인이 검찰과 형량조정(Plea Bargain)을 통해 재판을 받기도 전에 본인의 범죄를 인정해버리고 조금이라도 적은 형량을 받으려는 것이 보편화되다 보니 자연스럽게 배심원 형사재판도 줄어든다. 검사와 피고인이 범죄를 합의의 목적물로 허용하는 것이 과연 타당한가의 논란은 끊이지 않는다. 하지만 전 세계에서 교도소에 수감된 범죄인의 숫자가 가장 많은 나라가 미국이고, 사설 교도소까지 운영하며 범죄 처벌에 엄청난 사회적 비용을 투입하고 있는 상황을 현실적으로 외면할 수는 없다. 검사도 함부로 형량조정 제도를 사용하지는 않는다. 피고인을 1급 살인죄로 만들 자신이 있다면, 굳이 2급 살인죄로 피고인과 합의하지는 않을 것이다. 일반적으로 범죄 입증의 증거가 부족한 경우, 검찰 측이 제안할 것이고, 피고인 또한 범죄를 저지른 것이 맞으므로 범죄를 시인하고 검찰의 제안에 동의하는 것이다. 이를 통해 자연스럽게 배심원 재판 없이, 판사에게서 최종 판결과 형량을 받는 것이다.

결국, 미국의 이러한 재판 환경으로 인해 배심원 재판의 비중이 줄어들고 있는 것이지, 단순히 배심원제의 불신 때문이라고 단정 지을 수는 없다. 배심원 제도의 현실적 문제점이 있다면, 시간을 가지고 제도적으로 보완할 수 있을 것이다. 하지만 1791년 배심원 제도를 헌법에 반영한 국부들의 의도를 정확히 이해한다면, 미국 국민들도 배심원 제도를 함부로 없애지는 못하지 않을까 한다.

20. 배심원 재판의 오해와 편견

배심원이 모든 재판에 참여할 수는 없다.

피터는 잭에게 피터 회사의 상표를 1년간 사용하도록 허락해 주고 매달 사용료를 받는 계약을 체결한다. 하지만 잭이 몇 달간 사용료를 지급하지 않자 피터는 잭을 상대로 민사소송을 제기하며, 더 이상 잭이 피터의 상표를 사용하지 못하도록 법원에 요청한다. 그리고 피터는 배심원 재판을 법원에 요구한다. 하지만 법원의 판사는 피터에게 배심원 재판의 권리가 없다며, 배심원단 없이 판사 본인이 직접 재판하겠다고 한다. 이에 피터는 수정헌법 7조에 명시된 배심원 재판의 권리가 침해당했다고 주장하고 있는데, 과연 피터의 주장이 맞는 말일까? 수정헌법 7조는 두 개의 문장으로 구성되어 있으며 다음과 같다.

> "In Suits at common law, where the value in controversy shall exceed twenty dollars, the right of trial by jury shall be preserved."
>
> "보통법상 소송에서, 소송금액이 20달러를 초과할 때에는, 배심원에 의해 재판을 받을 권리가 있다."

손해배상을 요청하는 금액이 20달러를 초과하는 민사소송의 경우, 배심원 재판을 받을 권리가 있다는 문장은 어렵지 않게 이

해가 될 것 같다. 수정헌법 7조를 만들었던 1791년 당시의 20달러를 지금의 가치로 환산하면 약 300달러가 된다고 하니, 소송금액이 터무니없이 적지만 않다면 배심원 재판을 받도록 해주겠다는 말이다. 하지만 그 앞에 나오는 보통법상 소송(In Suit at common law)이라는 문장이 쉽게 이해가 되지 않을 것이다. 보통법상의 소송, 그중에서도 20달러 이상의 소송만 배심원에게 재판을 받을 권리가 있다는 말인데, 보통법상의 소송이라 함은 금전적 배상을 요구하는 소송을 의미한다. 원고가 소송을 제기할 때는 소장(Complaint)에 여러 가지 사항들을 기입한다. 원고와 피고가 누구인지, 무슨 사건으로 어떤 소송을 제기하는지 그리고 어떤 구제(Remedy)를 바라는 것인지를 명시하도록 되어 있다. 여기서 구제의 방식은 돈으로 보상을 해달라는 방식(Legal Remedy)이 있고, 상대방으로 하여금 강제로 어떤 것을 하지 않도록, 또는 하도록 해달라고 법원에 요청하는 방식(Equitable Remedy)이 있다. 그중 돈으로 배상해 달라는 소송이 바로 보통법상의 소송에 해당하고, 그것이 20달러를 넘으면 배심원 재판을 받을 수 있다는 의미이다. 그렇다면 지금 피터가 요청하는 것처럼 잭이 앞으로 피터의 상표를 사용하지 못하도록 해달라는 소송은, 금전적 배상을 요구하는 것이 아니므로 배심원 재판을 받을 수 없게 되는 것이다.

왜 이런 규칙을 만들었을까? 지금은 두 가지 구제방식 모두를 하나의 법원에서 판결하지만, 과거에는 보통법 법원(Court of Law)과 형평법 법원(Court of Equity)으로 구분해서 재판을 했다. 보통법 법원은 금전적 배상을 요구하는 소송을 재판하고, 형평법 법원은 상대방의 이행금지 또는 강제이행을 요구하는 소송을 재판했다. 형평법 법원에서 처리하는 소송은 단순한 금전적 배상을 요구하는 소송과는 달리 배심원이 결정을 내리기가 어렵다. 금전적 배상은 양측의 주장을 들어보고 실제로 입은 피해 금액을 배심원이 합리적으로 추정하는 것이 가능하지만, 이행금지(Injunction)나 강제이행의 경우에는 과거 판결한 구제의 수준을 고려하여 공평한 구제 수준을 결정해야 하므로, 경험이 부족한 배심원이 결정을 내리기가 쉽지 않았다. 이러한 형평법을 'Equity Law'라고 부르고, 형평법에 따른 구제를 'Equitable Remedy'라고 부른다. 하지만 그 개념이 쉽게 다가오지는 않는다. 형평이라는 것은 공정하다는 의미이다. 공정하다는 의미는 양자가 무조건 5:5로 나누는 것이 아니라, 양자의 상황을 고려해서 8:2로 나누었을 때 양측 모두에게 공정한(Equitable) 결과를 낳을 수 있다면, 비록 2를 받는 당사자에게도 공정한 구제를 한 것이 된다. 예를 들어, 키가 180cm인 아빠와 120cm인 8살짜리 아들이 2m 높이의 담장 너머에서 진행되는 축구 경기를 보고 싶다고 판사에게 요청하면, 판사는 아빠에게는 20cm 높이의 받침대를, 8살짜리 아들에게는 80cm 높이의 받침대를 제공해서 두 사람 모두 담장 너머 축구 경기를 볼 수 있게 해주는 것이 공정(Equitable)하다고 할 것이다.

피터의 사례와 같이, 앞으로 잭이 피터의 상표를 사용하지 못하게 해 달라고 하지 않고 지금까지 잭이 지급하지 않았던 상표권 사용금액을 배상해 달라고 소송을 제기했다면, 피터는 배심원에게서 재판을 받을 수 있었을 것이다. 금전적 배상을 요구하는 것이기 때문이다. 이런 배경으로 원고가 반드시 배심원에게서 재판을 받고자 한다면 전략적으로 금전적 배상을 요구하기도 한다. 예를 들어, 법률 전문가인 판사에게 재판을 받으면 승소할 가능성이 높지 않다고 예상되지만, 배심원들의 합리적 감정에 호소하여 재판을 받을 경우 승소 가능성이 상대적으로 높아진다고 피터가 판단했다면, 금전적 배상을 요구하며 배심원 재판을 받는 전략을 세우기도 한다.

연방정부가 약속한 수정헌법 1조부터 10조(Bill of right, 미국의 권리장전)가 수정헌법 14조로 인해 주정부 또한 국민에게 지켜야 할 약속을 이행하도록 끌어들인다는 것을 앞서 확인한 바 있다. 그렇다면 수정헌법 7조에 따라 주정부의 주법원에서도 20달러 이상의 민사재판을 배심원 앞에서 진행해야 할 텐데 그렇지 않은 경우를 많이 본다. 즉 배심원단 없이 판사가 재판하는 경우를 자주 볼 수 있다. 그 이유는 크게 두 가지 때문이다. 우선 수정헌법 7조의 민사재판에서 배심원 재판을 받을 권리는 주정부가 지키지 않아도 될 권리장전의 약속 두 가지 중 하나이다. 또 다른 약속 하나는 앞에서 살펴본 수정헌법 5조에 나온 대배심원에 의해서만 기소하겠다는 연방정부의 약속이었다. 결국, 연방정부와는 달리 주정부는 20달러 이상의 민사재판이라고 무조건 배심원 재판을 보장해야만 하는 것이 아니라, 주정부가 정한 민사소송 절차에 따라 1,000달러 이상의 재판에 대해서만 배심원 재판을 보장해 줄 수도 있다는 말이다. 따라서 주법원에서 재판을 받을 때 소송 당사자가 수정헌법 7조의 권리를 주장하며 배심원 재판을 요구하더라도 주법원 판사가 주법에 따라 거절할 수 있다.

주법원은 연방법원과 달리 엄청난 양의 재판을 처리한다. 그 수많은 모든 재판에 주민들이 배심원들로 참석해야 한다면 평생에 한두 번이 아니라, 한 달에 한 번씩은 배심원으로 참석해야 하는 현실적 문제가 있는 것이다. 두 번째 이유는 민사재판에서는 소송 당사자가 요구하지 않으면 배심원 재판이 진행되지 않는다. 반드시 소송의 당사자인 원고나 피고가 배심원 재판을 요구해야 배심원 재판이 이루어지는 것이어서 당사자가 별도로 요청하지 않는 경우 판사에 의해 재판을 받도록 되어 있다. 수정헌법 6조가 명시한 형사재판에서 배심원에게 재판을 받을 권리는 자동이지만, 수정헌법 7조가 약속한 민사재판에서 배심원에게 재판을 받을 권리는 수동이라는 것은 앞서 확인해 보았던 내용이다. 결국, 주법에 따라 배심원 재판의 요건이 충족되지 않았거나, 소송 당사자가 배심원 재판을 요구하지 않는 경우라면, 주 법원에서 배심원 없이 판사에게 재판을 받는 경우가 생기는 것이다.

배심원과 판사의 적, 편견(Prejudice)

제인은 회사에서 성차별을 당해 진급에 실패한 뒤, 회사를 상대로 직장 내 성차별 금지법 위반으로 소송을 제기한다. 그리고 배심원 재판을 통해 승소한다. 하지만 재판이 끝나고 20일 뒤, 패소한 회사 측에서 다시 재판해야 한다고 판사에게 주장한다. 배심원장을 맡았던 여성 배심원이 과거 본인의 회사를 상대로 성차별 소송을 제기하여 패소했던 사실을 숨기고 배심원으로 선정되었고, 그로 인해 공정한 재판이 아니었다고 주장하고 있다.

과연 패소한 회사 측의 주장대로 여성 배심원의 거짓말로 인해 다시 재판해야 할까?

수정헌법 6조와 수정헌법 7조에서 배심원을 두는 이유는 국민에게 공정한 재판을 보장해 주려고 한 조치였다. 따라서 배심원으로서의 절대적인 가치는 공정성(Impartiality)이고 이것이 무너지면 소송의 당사자들이 가진 수정헌법 7조의 배심원 재판의 권리가 박탈당한 것이 된다.

그렇다면 배심원의 공정성이라는 것은 도대체 어떤 경우에 무너질 수 있는 것일까? 배심원은 합리적 국민으로서 소송의 양 당사자인 원고와 피고 모두에게 어떠한 편견(Prejudice)이 없어야 한다. "흑인은 늘 범죄를 저지르지!" "여성은 직장에서 항상 무능력해!" "회사는 항상 직원들을 착취하지!" 등과 같은 편견을 가지고, 그 편견이 판결에 영향을 줄 수 있는 재판에 배심원으로 참여한다면 그 재판의 결과는 불을 보듯 뻔하다. 그래서 배심원 선정과정(Voir Dire)이 소송 당사자들에게는 너무나 중요한 것이다. 하지만 재판에 편견을 가진 예비 배심원을 제외시키려는 배심원 선정과정이 헌법의 순수한 취지를 넘어서서, 본인들에게 유리한 배심원을 선정하려는 상황에까지 이르자 배심원 재판에 대한 비난이 더 커지게 된 것이다. 회사 입장에서는 가급적 본인에게 유리한 결정을 내려줄 기업 친화적 성향, 보수적 성향의 배심원을 원할 것이고, 성차별을 당한 직원 제인은 가급적 노동자 친화적 성향, 진보적 성향의 배심원을 원하게 될 것이므로, 배심원의 선정이 '재판의 절반'이라고 하는 것이다. 아이러니하지만 결과적으로 나에게 우호적 편견을 가진 예비 배심원을 상대방이 알아서 제외하고, 양측이 서로에게 이러한 과정을 진행하면서 모두에게 공정한 재판의 환경을 만들어낸다.

배심원이 선정되면 그 배심원들의 대표(Foreperson)를 선정한다. 일반적으로 판사가 지명하거나 배심원들이 투표를 통해 선출한다. 그 배심원장은 배심원실(Jury Room)에서 배심원들끼리 토론을 하며 재판에 대한 만장일치의 합의를 도출하는데 있어서 리더의 역할을 하고, 판사와 배심원들 간의 메신저 역할을 한다. 회사를 상대로 성차별 소송까지 제기했던 예비 배심원이 배심원 선정과정에서, 회사 측 변호인의 "과거에 회사를 상대로 성차별을 당한 적이 있나요?"라는 질문에 "없습니다"라고 거짓말을 했고, 그로 인해 회사에 부정적 편견을 가진 배심원이 선정되었으며, 심지어 배심원단의 리더를 맡았다면 배심원단의 결정에 상당한 영향력을 행사했다고 볼 수 있을 것이다. 따라서 회사는 공정한 재판을 받았다고 볼 수는 없다. 이런 상황에 판사는 본인의 재량(Discretion)으로 재판 무효(Mistrial)를 선언하고 배심원을 다시 선정하여 재판을 할 수 있다.

결국 배심원의 핵심은 공정성에 있고, 그 공정성을 해치는 원인이라는 것이, 앞서 예를 든 배심원장의 경우처럼 본인의 자발적 편견도 있지만, 다른 사람에 의해 만들어진 비자발적인 편견도 있다. 내가 배심원으로 참여하는 재판이 사회적 관심을 받아 언론에서 매일 같이 보도하고 있다면, 그 보도로 인해 나의 편견이 만들어질 수 있을 것이다. 그래서 판사는 배심원이 선정되면 배심원들에게 여러 가지 당부 사항을 말해준다. 재판과 관련하여 본인의 생각을 SNS에 올리지 말라!, 재판과 관련한 기사를 읽지 말아라!, 심지어 아내에게도 재판과 관련한 이야기를 하지 마라!, 판사의 허락 없이 혼자서 사고 현장을 방문하여 조사하지 말아라!, 양측 변호인과 대화를 나누지 말아라! 등의 규제를 받는다. 결국, 이 모든 규제들은 배심원들을 외부의 비자발적 편견으로부터 보호하여 공정한 재판을 하려는 법원의 고육지책인 것이다.

이러한 규제가 과연 배심원의 편견을 예방하는 데 효과가 있을 것인가라는 부정적 견해도 많다. 하지만 재판 전에 선서까지 한 국민의 대표인 배심원에게는 이렇게 강도 높은 예방적 조치까지 해가며 편견을 막기 위해 노력하는 반면, 정부의 대표인 판사에게는 그러한 편견이 없을 것이라고 장담할 수 있을까? 미국도 판사의 편견을 막고자 법조인 윤리규정을 통해 예방적 조치를 한다고 하지만, 배심원단만큼의 수준이라고 할 수는 없다. 하지만 판사가 재판 중에 조금의 편견이라도 보이거나, 그러할 가능성이 보이면, 그 편견으로 피해를 보고 있는 당사자의 변호사는 판사 교체를 요구하고, 그러한 요구를 하는 변호사가 특별하고 별나다고 여기지 않는다. 물론 변호사 입장에서도 고민스럽기는 마찬가지이다. 앞으로도 자주 보게 될 판사에게 교체를 요구한다는 것이 결코 쉽지는 않다. 하지만 이번의 판사 교체 요청으로, 교체된 판사 또는 동료 판사들이 다른 재판에서 해당 변호사에게 편견을 보인다면 더 큰 문제가 만들어지고, 미국의 판사들 또한 그러한 상황을 원하지 않을 것이다. 국민의 권리는 국민 중 누군가가 위험을 무릅쓰고 주장하지 않는 한, 어느 누구도 누릴 수 없다는 것을 변호사와 판사가 가장 잘 알고 있고, 그것을 몸소 실천해 나가야 하겠다.

21. 강력한 견제에도 꿋꿋한 연방법원

어느 법원으로 갈 것인가, 연방법원 v. 주법원

A주에 사는 피터는 야근 후 운전해서 집으로 돌아가던 중, A주로 여행을 온 B주 출신의 잭이 운전하던 차량과 사거리에서 충돌하여 차가 부서지고 머리를 다쳤다. 피터는 잭이 사거리 빨간색 신호를 무시하고 진입하다가 사고가 났다고 믿고, 잭을 상대로 치료비와 차량 수리비 100,000달러 손해배상 소송을 제기하려고 한다. 하지만 소송 경험이 없는 피터는 어떻게 소송을 진행해야 할지 막막한 상황이다. 피터는 앞으로 어떤 과정을 거치며 재판을 받게 될까?

살다 보면 피터처럼, 상대방의 과실로 사고를 당해 재산상의 피해나 신체상의 부상을 당하는 경우가 생기고, 소송을 제기해서 배상을 받아야 할 때가 있다. 우리는 이러한 유형의 소송을 민사소송(Civil Action)이라 부르고, 검찰이 범죄자를 상대로 제기하는 소송을 형사소송(Criminal Action)이라고 부른다. 민사소송의 경우 소송을 제기하는 피터를 원고(Plaintiff), 잭처럼 소송을 당하는 사람을 피고(Defendant)라고 부른다. 피터가 민사소송을 통해 배상을 받으려면 몇 가지 단계를 거친다.

미국에는 연방법원(Federal Court)과 주법원(State Court)이 존재

하고 있기 때문에 어느 법원에서 재판을 받을 것인가를 먼저 결정해야 한다. 주법원은 대부분 유형의 소송을 재판할 수 있지만, 연방법원은 재판할 수 있는 유형에 제약이 있다. 연방법원은 두 가지 유형의 소송에 대해서만 재판을 할 수 있다고 1788년에 만든 연방헌법 본문(Article 3)이 규정하고 있다. 그 두 가지 유형은 다음과 같다. 첫째, 원고가 요구하는 배상 금액이 75,000달러를 초과하면서, 원고와 피고가 다른 주(State)에 거주하는 경우와 둘째, 피고가 연방헌법 또는 연방법을 위반했다며 소송하는 경우이다. 이 두 가지 경우 중 하나라도 해당되면 연방법원이 재판을 할 수 있다.

연방헌법에서 이렇게 연방법원이 재판할 수 있는 유형에 제약을 둔 이유는 무엇일까? 미국의 국부들이 연방헌법의 초안을 만들었던 1787년의 미국은 이미 13개의 주정부가 존재하고 있었다. 이런 상황에서 13개의 주정부를 대표하는 연방정부를 굳이 만들려고 했던 이유는, 13개 주들의 내적 안정(Domestic Tranquility), 공동방어(Common Defense), 복지(General Welfare) 때문이라고 헌법 서문에서 밝히고 있다. 하지만 주정부 입장에서는 연방정부가 분명히 필요하기는 하지만, 그 필요성을 충족시킬 만큼의 최소 권한만 연방정부에게 주고 싶었을 것이다. 특히 미국의 3대 대통령인 토마스 제퍼슨(Thomas Jefferson)과 같이 작은 연방정부를 원했던 반연방주의자(Republican)들은 연방정부가 행정부, 입법부만이 아니라 사법부인 연방법원까지 보유하는 것을 원하지 않았다. 재판의 권한을 연방정부가 가지게 되면, 주정부를 탄압할 핵심적 수단이 될 수 있다고 판단한 것이다. 반면 미국의 초대 재무장관을 지낸 알렉산더 해밀턴(Alexander Hamilton)과 같이 강력한 중앙정부를 원했던 연방주의자(Federalist)들은 연방정부의 사법부인 연방법원이 존재해야 하는 것은 너무나 당연하다고 생각했고, 심지어 모든 형태의 재판을 할 수 있는 권한이 연방법원에게 있어야 한다고 판단하였다.

양측의 팽팽한 줄다리기 끝에 합의된 것이 바로, 연방법원을 만들기는 하되 최소한의 재판 권한만을 연방법원에게 부여하는 것이었다. 즉, 위에서 언급한 두 가지 유형의 재판만을 할 수 있도록 연방헌법에 제약사항을 명시해 둔 것이다. 실제 이 제약으로 인해 미국 내 대부분의 소송은 주법원에서 이루어지고, 연방법원에는 연방법에 기반한 파산이나 특허, 연방헌법에 기반한 소송이 대부분 접수된다. 언뜻 보기에는 토마스 제퍼슨의 의도대로 연방법원에 최소한의 판결 권한을 준 것처럼 보이지만, 현재 미국의 연방대법원은 대통령 못지않은 강력한 영향력을 행사하고 있다. 실제 연방법원의 대법관은 종신직으로서 본인을 임명한 대통령의 눈치를 보지 않고, 중요한 사회적 이슈에 대해 소신 있는 판결을 내리고 있다.

지금 피터가 제기하려는 소송은 연방법원이 재판할 수 있는 첫 번째 경우에 해당된다. 피터가 75,000달러를 초과하는 100,000달러를 배상해 달라고 요청하고 있고, 피터는 A주에 살고 잭은 B주에 살고 있으므로 어느 주에도 속하지 않는 연방법원이 공정하게 재판할 수 있다. 연방법원이 재판할 수 있는 두 가지 형태의 재판을 보면 그 취지가 흥미롭다. 먼저 원고가 요구하는 배상금액이 75,000달러를 초과하면서 원고와 피고가 다른 주(State)에 거주하는 경우에는 연방법원이 재판할 수 있다. 사실 75,000달러라는 요건은 헌법에 명시되어 있지는 않다. 연방대법원이 연방헌법을 해석한 것이다. 즉 연방법원은 사소한 소송이 아니라 75,000달러가 넘는 규모가 큰 소송을 재판하겠다는 것이다. 그리고 다른 주의 주민 간 소송이라고 헌법에 명시한 것은 어느 주에도 속하지 않는 연방법원이 주법원보다 공정하게 재판해줄 것이라고 기대한 것이다. 즉 사소하지 않은 소송을 공정하게 재판해 줄 것이라는 기대로 연방법원에게 재판을 맡긴 것이다. 두 번째로 재판을 할 수 있는 유형은 피고가 연방헌법 또는 연방법을 위반했다며 소송을 제기하는 경우였다. 이것은 연방법원의 판사가 연방의회가 만든 연방헌법과 연방법에 전문가이니 판결할 수 있는 권한을 부여해 준 것이다. 주 법원의 판사는 주법(State Law)의 전문가, 연방법원의 판사는 연방법(Federal Statute)의 전문가라는 논리이다.

법원은 모든 재판을 할 수 있어야 하고, 연방법원이 주법원보다 상위법원처럼 보이므로 당연히 모든 재판을 할 수 있으리라는 우리의 일반적 생각에 반하는 이야기이다. 하지만 미국의 국부들이 연방법원의 판결 권한에 이렇게 많은 제약을 주었음에도, 현재 미국 연방대법원의 영향력은 대통령과 연방의회 못지않게 강력하다는 사실이 사뭇 흥미롭다.

제3의 경기장, 연방법원

A주에 사는 피터는 야근 후 운전해서 집으로 돌아가던 중, A주로 여행을 온 B주 출신의 잭이 운전하던 차량과 사거리에서 충돌하여 차가 부서지고 머리를 다쳤다. 피터는 잭이 사거리 빨간색 신호를 무시하고 진입하다가 사고가 났다고 믿고, 잭을 상대로 치료비와 차량 수리비 100,000달러 손해배상 소송을 피터 본인이 살고 있는 A주의 주법원에 제기한다. 하지만 잭은 오히려 피터가 빨간색 신호를 무시하고 사거리에 진입했음을 주장하며 본인의 80,000달러 차량 수리비를 배상해 달라고 한다. 그리고 잭은 피터가 A주 법원에 제기한 소송을, A주에 위치한 연방법원으로 이관해 달라고 요청한다. 과연 잭의 이러한 주장은 받아들여질까?

앞서 피터는 잭을 상대로 연방법원에서 재판을 받을 수 있다고 확인했다. 이 의미는 연방법원 또한 재판을 할 수 있다는 의미이다. 즉 주법원에서는 특별한 경우가 아니고는 모든 재판을 할 수 있기 때문에, 피터는 주법원에서도 재판을 받을 수 있고 연방법원에서도 재판을 받을 수 있다는 의미이다. 하지만 피터는 가급적 본인이 살고 있는 주의 법원에서 재판을 받고 싶어할 것이고, 역시나 A주 법원에 소송을 제기한 것이다.

피터가 재판을 받을 법원을 결정했다면, 이번에는 '소장(Complaint)'이라는 문서에 무엇 때문에 누구에게 소송을 제기하는 것이고, 어떤 구제를 원하는지 적어서 법원에 제출한다. 법원은 소장을 접수받고 피터에게 '소환장(Summon)'을 발급해 준다.

이 소환장은 피고인 잭, 당신에게 소송이 제기되었으니 언제까지 답변서를 제출하라고 알려주는 법원의 문서이다. 소송을 제기하는 피터는 본인이 작성한 소장과 법원이 발급해 준 소환장을 잭에게 전달해야 한다. 한국에서는 '송달'이라고 부르는 이 절차를 미국에서는 'Service of Process'라고 한다. 'Process'라는 단어를 절차라고 해석하면, 송달이라는 의미와 잘 통하지 않는다. 여기서 'Process'라는 것은 법원이 발급하는 법률문서를 통칭하는 것이고, 지금의 경우에는 '소환장'을 의미한다. 따라서 소환장을 전달(Serve)한다는 송달의 의미로 해석할 수 있다.

이 소장과 소환장의 전달방식은 주마다 다르다. 일반적으로 우편으로도 가능하지만 가장 확실한 방식은 직접 전달하는 것이다. 다만 소송을 제기하는 피터를 제외한 다른 성인이 전달해야 한다. 이렇게 전달하는 사람을 '송달인(Process Server)'이라고 부른다. 피고가 소장과 소환장을 받지 않으려는 경우도 있고, 몸싸움이 생기기도 하니 전문적으로 전달해주는 사설업체가 생겨난 것이다. 물론 '보안관(Sheriff)'을 통할 수도 있지만 사설업체에 비해서 시간이 많이 걸리고, 전달되지 못하는 경우도 많다. 이 송달이 미국에서는 어떤 의미를 가질까? 앞서 수정헌법 5조의 적법절차 조항(Due Process Clause)을 살펴보았다. 연방정부와 주정부가 국민의 생명(Life), 자유(Liberty), 재산(Property)을 빼앗고자 할 때는, 국민에게 사전 '고지(Notice)'를 해 주어 정당한 절차를 보장해야 한다는 의미였다. 소송을 당한 잭에게 정부가 재판하고, 판결을 통해 재산이나 자유를 빼앗으려면, 반드시 잭에게 소송의 고지를 해 주어야 한다. 피고가 송달을 받지 못했다고 주장하며 수정헌법 5조의 권리를 침해당했다고 하는 이유가 여기에 있다.

소장과 소환장을 전달받은 잭은 당황한다. 하지만 이내 이성을 되찾은 잭은 피터의 소장에 '답변서(Answer)'를 작성한다. 답변서를 통해 잭이 빨간색 신호를 무시했다는 피터의 주장을 전면 부인하고, 오히려 답변서에 '반대소송(Counter Claim)'을 담는다. 피터가 빨간색 신호에 진입해서 사고가 났으니 80,000달러를 배상해 달라는 것이다. 이처럼 법원은 이번 교통사고에 대해 잭이 주장할 것이 있으면 반드시 답변서에 담아서 한 번의 재판에서 모든 판결을 받도록 강제하고 있다.

피터는 본인이 사는 A주 법원에 소송을 제기했다. 하지만 B주에 사는 잭은 어떤 생각을 할까? 생전 처음으로 가 본 A주의 법원이 B주의 주민인 나에게 과연 공정한 재판을 해 줄까?라는 걱정을 당연히 할 것이다. 헌법을 만든 국부들은 지금의 경우처럼 다른 주의 주민 간에 생긴 소송을 어느 주에도 속하지 않은 연방법원이 더 공정하게 재판할 것이라고 생각하고 연방법원에게 재판할 수 있도록 해 준 것이다. 따라서 B주의 주민인 잭은 A주의 주법원이 아니라, A주에 위치한 연방법원에서 재판을 받게 해달라고 요청할 수 있고, 이 소송은 잭의 요청대로 연방법원에서 공정하게 진행할 수 있다. 50개의 주가 모여 연방국가를 만들다 보니 지금처럼 다양한 상황이 자주 발생한다.

22. 판사에게는 효자, 디스커버리(Discovery)

디스커버리가 존재하는 이유, 합의

피터는 잭과의 사거리 교통사고로 인해 다친 머리 치료비와 차량 수리비 100,000달러를 배상받으려고 잭을 상대로 소송을 제기했다. 그리고 몇 달이 지난 오늘, 피터와 잭은 각자의 변호사와 함께 피터의 사무실에서 열심히 미팅을 하고 있다. 판사와 배심원단도 없이 사고 목격자인 제인이라는 여성을 불러서 양측이 서로 질문을 하고 있고, 속기사가 미팅 내용을 열심히 기록하고 있으며, 심지어 캠코더로 촬영까지 하고 있다. 이러한 미팅을 두 번 더 하고 나서 원고 피터는 소장에 배상을 요청한 100,000달러가 아닌 30,000달러에 잭과 합의를 해버린다. 판사와 배심원단도 없이, 재판하지도 않고 피터와 잭이 이렇게 둘이서 합의를 할 수 있는 것일까?

미국과 한국의 소송 과정에 중요한 차이를 하나 더 언급하자면, 바로 한국에서 증거개시라고 부르고 미국에서는 '디스커버리(Discovery)'라고 부르는 절차이다. 한국에서도 형사재판에 한하여 허용하고 있지만, 미국에서는 민사, 형사소송 모두 이 과정을 허용하고 있으며 이 과정에 상당한 시간을 할애한다. 소송의 유형에 따라 다르기는 하나 지금의 교통사고와 같은 간단한 소송의 경우에도 최소 몇 개월은 소요가 되고, 의사의 의료과실이나 기업의 제품 하자를 이유로 소송하는 경우 1년 이상이 디스커버리 과정에 소요되기도 한다. 그리고 앞서 언급했듯이 미국의 배심원 재판 비중이 줄어드는 이유 중 하나가 바로 이 디스커버리 때문이다. 이 절차를 통해 재판하기도 전에 양 당사자들이 합의하는 경우가 많다. 도대체 어떤 절차이길래 재판을 하지도 않고 합의가 이루어질까?

디스커버리라는 것은 재판하기 전에 각자의 주장을 입증할 목격자 증언이나 증거를 서로 공유하고 확인해가면서 각자의 주장이 얼마나 강력한지 또는 취약한지를 가늠해보는 절차이다. 소송을 제기한 피터는 상대방 잭이 분명히 사거리 신호를 무시한 채 진입했다고 믿었지만, 디스커버리 과정을 통해 목격자의 진술과 증거를 확인해 보니 내 생각이 잘못되었을 수도 있다는 판단을 할 수 있다. 소송을 당한 잭 또한 같은 과정을 거칠 것이고, 결국 두 사람은 재판에서 비싼 변호사 비용을 써가며 패소할 위험을 감수하는 것보다, 재판 전에 합의하는 것이 유리하겠다고 판단할 수 있다. 그 판단을 하는데 디스커버리 절차가 큰 역할을 한다.

소송 당사자 간의 합의 유도가 디스커버리 절차의 중요한 목적이라고 연방법원은 분명히 밝히고 있다. 디스커버리 과정 중에 양측은 본인들이 필요한 증거를 상대방에게 요청할 수 있고, 요청받은 당사자는 그 요청이 부당하지만 않다면 요청받은 자료를 제출해야 할 의무가 있다. 그리고 디스커버리 절차가 시작되면 상대방의 요청이 없더라도 본인이 알아서 상대방에게 제출해야 할 기본적인 자료도 있다. 예를 들어, 피고는 원고에게 본인이 이번 사고로 보험사에서 받을 수 있는 보험금액을 밝히도록 되어 있고, 원고는 소장에 기입한 손해배상 청구금액의 산정 근거를 피고에게 공개하도록 되어 있다. 즉 원활한 합의를 이루기 위한 자신들의 패를 서로 공개하라는 것이다. 법원은 당사자들의 합의를 유도하고, 그를 통해 불필요한 재판의 사회적 비용을 줄일 뿐만 아니라, 판사의 재판업무도 줄여가는 효과를 얻는 것이다. 디스커버리 절차는 민사소송과 형사소송 모두 적용이 되는 것이고, 앞서 살펴보았던 형량조정(Plea Bargain)이 검사와 피고인 간의 합의에 해당한다고 볼 수 있다.

디스커버리 절차의 두 번째 목적은 공정하고 신속한 재판을 하기 위함이다. 가끔 영화를 보면 상대방이 예상하지 못한 증인이 법정에 등장하며 극적인 반전을 이루지만, 원칙적으로 이러한 상황은 허용되지 않는다. 예를 들어, 잭이 답변서에 담지도 않았고, 디스커버리 과정에서 부르지도 않았던 증인이 등장하며, 피터가 운전 중에 휴대폰으로 문자를 보내고 있었다고 증언한다면 어떨까? 잭은 원고인 피터 또한 이번 사고에 기여한 바가 있다는 것을 입증하려고 하는 것이지만, 피터는 잭의 이러한 주장을 답변서에서 보지도 못했고, 디스커버리 과정에서도 전혀 언급되지 않아서, 그 증인을 검증해 보고 재판에서 반박할 준비를 할 수 없었다. 피터의 입장에서는 공정한 재판 결과를 기대할 수 없게 된다. 마치 스포츠 경기와 같은 드라마틱한 증인의 등장으로 피터에게 공평하지 못한 재판이 되어 버린다면, 판사는 이 증인을 허용하지 않을 것이다. 재판은 공정성이 생명이고, 공정성이라 함은 양측이 충분히 본인의 변론을 준비할 기회를 줘야 할 것이기 때문이다. 다만 피터에게 이러한 시간과 기회를 부여해주어야 할 명분보다, 사건의 실체를 밝히기 위한 명분이 더 크다면 판사의 재량에 의해 잭의 갑작스러운 증인을 허락할 수 있겠지만 쉽게 허용되지는 않는다. 결국, 디스커버리 절차는 재판에서 양측이 다툴 주장과 반론, 그리고 그를 입증할 증언과 증거를 구체화하는 과정이다. 그리고 디스커버리 절차가 종료되면 판사는 재판에서 제기될 주장, 반론, 증언, 증거를 확정한다. 이를 통해 공정하고 신속한 재판을 할 수 있게 된다.

재판이 능사가 아니라는 생각은 어느 국가나 가지고 있다. 하지만 재판을 하지 않고 어떻게 다툼을 해결할 것인가에 대한 제도적 장치로 디스커버리 절차를 강화하고 활성화시킨 미국을 주목할 만하다. 재판이라는 것이 사회적 정의 구현을 위한 장치이기는 하나, 결국은 다툼의 해결 장치이고, 그 해결에 투입되는 수많은 사회적 손실을 어떻게 줄여나갈지에 대한 사회적 고민이 필요할 것이다. 판사들의 과도한 업무, 국민에게 부담이 되는 변호사 비용을 줄인다면 좀 더 효율적이고 공정한 재판은 물론 그 비용을 조금 더 건설적인 곳에 쓸 수 있을 것이다.

믿고 맡기는 디스커버리

잭은 본인의 변호사와 함께 피터의 사무실에 3시간째 앉아있다. 피터의 주장대로 잭이 빨간색 신호를 무시하고 사거리에 진입한 것을 목격했다는 제인이라는 여성을 증인으로 불러, 오후 1시에 심문하기로 약속을 했기 때문이다. 하지만 제인은 나타나지 않고 있다. 사실 이 약속은 오늘이 처음이 아니다. 일주일 전에 만나기로 했지만, 제인에게 급한 일이 생겼다고 해서 그날도 몇 시간을 기다리다가 오늘로 날짜를 바꾼 것인데 결국 나타나지 않고 있다. 마침내 잭의 변호사는 판사에게 연락하여 원고 피터 측이 약속을 지키지 않는다며 조치를 해달라고 요청한다. 판사는 어떠한 조치를 취할 수 있을까?

디스커버리(Discovery) 절차의 기본적 원칙은 양 당사자의 합의에 의한 자율적 운영이다. 즉 판사도, 배심원도 참석하지 않고 원고와 피고가 합의한 원칙에 의해 진행된다. 물론 당사자들이 합의한 내용을 판사에게 알려주고, 판사는 디스커버리 기간이 과도하게 장기간 계획되어 있는 것은 아닌지 등에 대해 판단한다. 하지만 디스커버리 절차의 기본적인 운영 원칙은 당사자들의 자율적인 운영이다. 합의한 대로 운영이 잘 된다면 바쁜 판사 입장에서도 더할 나위 없이 좋겠지만, 둘이서 진행을 하다 보면 지금의 경우처럼 삐걱거릴 경우가 많다. 이런 상황에서는 판사가 등장하여 디스커버리 진행에 관여한다. 예를 들어, 다음에도 피터의 증인이 등장하지 않으면 피터 측이 악의를 가지고 디스커버리 절차를 방해한다고 판단하여, 최악의 경우 피터의 소송을 기각해 버릴 수도 있다.

디스커버리 절차는 여러 가지 방식으로 진행된다. 지금의 경우처럼 목격자 제인을 증인으로 불러서 증언을 들으며 양측이 함께 심문할 수 있는데, 이것을 진술 녹취(Deposition)라고 부른다. 비록 판사가 없더라도 제인은 선서를 하고 증언하기 때문에, 디스커버리 과정 중에 진행한 진술 녹취의 진술은 재판에서도 사용될 수 있다. 그래서 속기사가 기록하고 캠코더로 촬영하기도 한다. 예를 들어, 제인이 디스커버리 중에 한 진술 녹취에서는 피터에게 유리하게 "잭이 빨간색 신호를 어겼다"고 이야기했다가, 실제 재판에서는 오히려 잭에게 유리하게 "피터가 빨간색 신호를 어겼다"고 증언한다면, 제인을 증인으로 부른 피터는 황당할 것이다. 이 경우 피터의 변호사는 증언대의 제인에게 "예전 진술 녹취를 할 때는 지금과 반대로 이야기를 하지 않았나"라고 제인을 공격해가며, 제인의 증언에 대한 신뢰도를 떨어뜨릴 수 있다. 심지어 디스커버리 과정 중 진술 녹취를 한 뒤, 제인이 사고로 사망해 버렸다면, 진술 녹취를 할 때 녹화한 캠코더 영상을 법정에서 방영할 수도 있다. 이미 선서를 하고 한 증언이므로 재판에서도 유효한 증언으로 인정해 준다는 것이다.

디스커버리 과정 중에는 이러한 진술 녹취 방식 이외에도 상대방에게 증거를 요청할 수도 있다. 예를 들어, 피터가 잭에게 차량에 설치되었던 카메라 녹화 파일을 제출해 달라고 할 수 있다는 의미이다. 또는 서면을 통해서 사실관계에 대하여 질문을 하고 답변을 요구할 수 있다. 연방법원에서는 각 당사자가 상대방에게 25개의 서면질의(Questionnaire)를 하고 상대방은 30일 이내에 답변을 제출하도록 하고 있다. 예를 들어, 피고 잭이 원고 피터에게 "사고 당시 몇 마일로 운전하고 있었나요?"와 같은 질문을 할 수 있다. 그리고 잭은 사고로 머리를 다쳤다고 주장하는 피터에게, 잭이 지정한 병원에서 정말 머리를 다쳤는지 검진을 받도록 요구할 수도 있다. 하지만 이 경우에는 반드시 사전에 허락을 받아야 한다. 그리고 판사가 병원 검진을 명령하더라도 정부의 직원인 판사가 국민인 피터의 신체적 의사 결정권을 침해할 수는 없다. 따라서 피터가 판사의 검진 명령을 따르지 않더라도 판사가 검진을 강제할 수는 없다. 하지만 피터가 판사의 검진 명령에 불응한다면, 판사는 원고 피터가 머리를 다치지 않은 것으로 간주할 수 있고, 재판에서 피터에게 불리하게 작용한다.

결국, 이러한 다양한 방식의 디스커버리 절차는 핵심적 증거와 증언을 재판 이전에 확인하여 당사자 간의 합의를 이끌고, 합의가 되지 않아 재판에 넘어가더라도 신속한 재판을 가능하게 함으로써 판사에게 효자 노릇을 제대로 한다.

23. 배심원제의 현실적 고민

진짜 다툼이 있을 때만 허락되는 배심원 호출

A주에 사는 피터는 야근 후 운전해서 집으로 돌아가던 중, A주로 여행을 온 B주 출신의 잭이 운전하던 차량과 사거리에서 충돌하여 차가 부서지고 머리를 다쳤다. 피터는 잭이 사거리 빨간색 신호를 무시하고 진입하다가 사고가 났다고 믿고, 잭을 상대로 치료비와 차량 수리비 100,000달러의 손해배상 소송과 함께 배심원 재판을 요청하였다. 그리고 피터와 잭은 재판 전에 디스커버리(Discovery) 절차를 거치면서 사고 목격자인 제인의 진술 녹취(Deposition)도 함께 진행했다. 그런데 디스커버리 과정이 끝나자, 피고 잭은 진술 녹취를 하였던 목격자 제인이 작성한 진술서를 제출하며, 본인의 승소 판결을 내려 달라고 판사에게

요청한다. 배심원 재판을 해보기도 전에 말이다. 그리고 판사는 그 요청대로 피고 잭의 승소 판결을 내려버린다. 당황한 피터는 수정헌법 7조에 보장된 배심원 재판을 받을 권리를 박탈당했다고 판사에게 주장한다. 과연 피터의 주장이 받아들여질까?

20달러 이상의 민사소송을 제기한 국민은 배심원에게 재판을 받을 권리가 있다고 수정헌법 7조에서 명시하고 있다. 그런데 지금 피터의 소송은 뭔가 어색하다. 피터는 분명히 20달러를 넘는 100,000달러 손해배상 소송을 제기하였고 따라서 배심원 재판을 받을 권리가 있는데도, 배심원 재판을 받기도 전에 판사가 상대편인 피고 잭에게 승소판결을 내려버린 것이다.

배심원 재판에서 배심원과 판사의 역할은 분명히 나뉘어져 있다. 배심원은 피터의 주장대로 정말 "피고 잭이 사거리의 빨간색 신호를 무시하고 진입했는가"라는 사실관계의 문제(Question of Fact)를 결정하도록 되어 있다. 그리고 배심원이 사실관계의 문제를 본인에게 유리하게 결정을 내리도록, 피터와 잭은 다양한 증언과 증거를 법정에서 제시하며 각자의 주장을 입증해 나간다. 그런데 만약 재판에서 배심원이 결정해야 할 사실관계의 문제가 존재하지 않는다면 어떻게 해야 할까? 잭이 정말 빨간색 신호에 진입했는가의 여부에 관한 사실(Fact)에 대해, 피터와 잭의 주장이 서로 달라서 다툼이 있어야 배심원이 각자의 증언과 증거를 들어보고 그 사실에 대한 결정을 내릴 것이다. 하지만 다툼이 없이 "잭은 파란색 신호에 진입했다"고 재판 전에 사실관계가 확인되었다면, 바쁜 배심원들을 불러서 재판해야 할 이유가 없지 않은가! 지금 피터와 잭의 경우가 여기에 해당된다.

소송을 제기한 원고 피터와 소송을 당한 피고 잭이, 법률상 문서인 소장(Complaint)과 답변서(Answer)를 주고 받으며 서로의 주장을 확인하였고, 이후 피터와 잭이 사고 목격자인 제인을 불러 진술 녹취(Deposition)를 해가며 디스커버리(Discovery) 과정을 마무리 지었다. 목격자 제인은 진술 녹취를 통해 잭이 분명히 파란색 신호에 진입하는 것을 목격했다고 진술하였고, 잭은 제인의 그 진술을 서면으로 판사에게 제출하였다. 즉 피고 잭은 신호를 어기고 빨간색 신호에 진입한 사실이 없다고 주장하는 것이고, 그 주장을 입증하기 위해 목격자 제인의 진술서를 판사에게 제출한 것이다. 그렇다면 이제 공은 피터에게 넘어간 것이다. 피터는 목격자 제인이 본 것과는 달리, 잭이 빨간색 신호에 진입했다는 사실을 입증해 줄 다른 목격자의 진술이나 증거를 제시해야만, 사실관계의 문제에 대해 다툼을 만들어 낼 수 있고, 배심원 재판을 받을 수 있다.

즉 수정헌법 7조에서 말하는 배심원 재판의 권리는 피터와 잭의 경우처럼 과연 "잭이 빨간색 신호를 무시하고 진입을 했는가?"라는 사실관계의 문제에 대해 양 당사자의 다툼이 있을 경우에만 보장이 되는 것이다. 피터가 다툼이 있음을 주장할 증언이나 증거를 제시하지 못하면, 재판에서 배심원의 역할이 존재하지 않을 것이므로 판사는 재판 전에 잭의 승소 판결을 내릴 수 있고, 이것을 약식 판결(Summary Judgment)이라고 부른다. 따라서 판사가 약식 판결을 내렸다고 해서, 수정헌법 7조가 피터에게 보장한 배심원에게 재판을 받을 권리를 박탈한 것은 아니라는 결론을 내릴 수 있다. 결국, 수정헌법 7조를 연방대법원은 다음과 같이 해석한다. 아무 때나 바쁜 배심원을 불러 재판할 수 있는 것이 아니라, 사실관계의 문제에 대해 제대로 된 다툼이 있을 때만 배심원을 불러 재판받을 수 있다.

배심원을 불러 놓고, 혼자 판결해 버리는 판사(!)

A주에 사는 피터는 야근 후 운전을 해서 집으로 돌아가던 중, A주로 여행을 온 B주에 사는 잭이 운전하던 차량과 사거리에서 충돌하여 차가 부서지고 머리를 다쳤다. 피터는 잭이 사거리 빨간색 신호를 무시하고 진입하다가 사고가 났다고 믿고, 잭을 상대로 치료비와 차량 수리비 100,000달러 손해배상 소송과 함께 배심원 재판을 요청하였다. 이후 피터와 잭은 재판 전에 디스커버리(Discovery) 과정을 거친 뒤 드디어 재판을 시작하였다. 양측 변호인이 예비 배심원을 한 명씩 검증해 가며 최종 배심원단을 선정한 뒤, 최종 배심원들은 배심원 선서까지 하였다. 그리고 피터의 변호사와 잭의 변호사가 각각 배심원들에게 이번 재판이 어떤 사고로 발생한 재판이고, 본인들이 승소해야 할 이유에 대해 간략히 설명하였다. 먼저 원고 피터의 변호사가 피터를 증언대에 불러 증언을 들으며 상대편 과실, 즉 빨간색 신호를 무시하고 사거리에 진입한 잭의 과실로 인해 사고가 발생하였음을 주장하였다. 이후 피고 잭의 변호사는 사고를 목격한 제인이라는 여성을 증언대에 불러 증언을 듣고, 차량용 녹화 카메라의 영상을 증거로 제시하며, 잭은 분명히 파란색 신호에 진입했음을 입증하였다. 그런데 갑자기 재판 중에 피고 잭의 변호사가 판사에

게 "판사님, 원고 피터는 본인 이외의 어떤 증인도 부르지 못하고, 증거도 제시하지 못하고 있습니다. 반면 피고 잭은 사고를 목격한 증인을 통해 파란색 신호에 사거리에 진입했음을 입증하였고, 특히 차량용 녹화 카메라의 영상을 통해 명백히 파란색 신호에 진입했음을 입증하였으므로, 피고 잭에게 승소 판결을 지금 내려 주십시오"라고 요청한다. 그러자 판사는 피고 잭의 요청대로 피고의 승소 판결을 내린다. 법정 안에 배심원들이 떡하니 앉아 있는데 판사가 지금 이렇게 혼자서 판결을 내려도 되는 것일까?

연방정부는 수정헌법 7조를 통해 국민들은 배심원에게 재판받을 권리가 있다고 이야기했다. 그런데 지금 피터의 재판을 보면 당황스럽지 않은가? 재판을 시작해서 힘들게 배심원을 선정하였고, 배심원들이 열심히 피터와 잭의 주장을 듣고 있는데, 갑자기 판사가 잭에게 승소 판결을 내려버린다고! 배심원들이 사실관계의 문제(Question of Fact)를 결론내려야 할 배심원의 역할이 분명히 있는 재판이고, 판사가 혼자서 판결할 거라면 왜 바쁜 배심원을 불러서 재판을 시작했으며, 판사의 판결로 인해 피터는 배심원에게 재판을 받을 권리를 박탈당한 것이 아닌가 하는 생각이 든다.

맞다. 그래서 미국의 법학자들도 이러한 형태의 판사 판결이 수정헌법 7조에 보장된 배심원 재판권리를 박탈한 것이 아닌가 하는 논쟁을 계속하고 있다. 그리고 판사들도 이렇게 배심원들이 배석한 상황에서, 배심원의 결정 없이 판사가 혼자 판결을 내리는 것을 상당히 꺼린다. 하지만 사실관계가 너무나 명백한 상황이라면, 배심원이 결정을 내릴 때까지 굳이 기다릴 필요 없이, 판사가 사실관계의 문제를 재판 중에 결정할 수 있다고 연방대법원은 연방 민사소송법을 통해 명시하고 있다.

앞서 약식판결(Summary Judgment)을 살펴보면서 사실관계의 문제가 존재하지 않는다면, 굳이 배심원 재판을 하지 않고 판사가 판결을 내릴 수 있다는 것을 확인했다. 하지만 이번 경우는 피고 잭이 빨간색 신호에 사거리 진입을 했는가 하는 사실관계의 문제에 대해, 피터와 잭이 재판 전에 서로 다른 주장을 하며 다툼이 있었고, 따라서 배심원 재판을 통해 그 사실관계의 문제를 배심원단에게 결정해 달라고 맡기려 한 것이다. 그런데 막상 재판을 시작하고 보니 원고인 피터가 본인 이외에는 다른 증인이나 증거를 법정에서 제시하지 못하고 있는 반면, 피고 잭은 제인이라는 증인뿐만 아니라 차량용 녹화 카메라의 영상을 통해 신호를 위반한 적이 없음을 명백히 입증해 버렸다. 이렇게 사실관계가 명백한 상황이라면 피고 잭의 변호사는 배심원단의 결정 없이, 판사가 지금 즉시 판결해 달라고 요청할 수 있다는 의미이다. 요청을 받은 판사 또한 피고 잭이 파란색 신호에 진입했다는 사실이, 증언과 증거를 통해 충분히 입증되었다면 배심원의 결정을 기다릴 필요 없이 피고 잭의 승소 판결을 내릴 수 있는 것이다. 합리적인 배심원단이 이 정도의 증언과 증거를 확인한다면, 판사인 나의 생각과 다르지 않을 것이라는 완전한 믿음이 판사에게 있어야 한다. 우리는 이것을 법률상 판결(Judgment as a Matter of Law, JMOL)이라고 부른다. 이미 재판 중에 피고 잭이 파란색 신호에 진입했다는 사실관계(Matter of Fact)가 명백해졌으니, 배심원단이 결론을 내릴 사실관계의 문제가 없고, 그 명백해진 사실관계를 법률관계(Matter of Law)에 적용해서 판결(Judgment)한다는 의미이다.

하지만 아무리 증언이나 증거가 잭의 주장을 완벽히 뒷받침하고 있고, 합리적 배심원이라면 판사 본인의 생각과 다르지 않을 것이라는 완벽한 믿음을 가졌다 하더라도, 배심원단이 법정에 배석해 있는데 판사가 배심원 결정을 듣지도 않고 판결을 내리는 것이 과연 적절한 것인가에 대해서는 계속적인 논란이 있다. 그래서 판사들도 이러한 논란의 여지가 있는 법률상 판결을 함부로 하려고 하지 않는다. 그리고 이를 허용해 준 연방대법원 또한 수정헌법 7조의 배심원의 재판권리를 신경 쓰지 않을 수 없으므로 절차적으로 다양하게 보완하고 있다.

앞서 살펴보았듯이, 미국의 법원은 의미 없는 재판을 가급적이면 하지 않으려고 한다. 소송으로 인해 생기는 막대한 사회적 손실을 줄이기 위해 다양한 방식으로 합의를 유도하기도 하고, 지금 피터의 재판처럼 사실관계가 너무나 명백하다면 굳이 소송당사자들의 시간과 돈을 써가며 배심원단의 결론을 기다리지 않고, 판사가 직접 판결을 할 수 있도록 한다. 재판에 대한 경제적 해석이 재판을 통한 정의 실현이라는 사회적 의미를 넘어서는 안 되겠지만, 현재 미국의 현실은 경제적 해석이 우선해야 할 만큼 소송에 막대한 사회적 자원이 투입되고 있는 것이다.

국민을 위한 배심원제로 피곤한 국민

피터는 야근 후 운전을 해서 집으로 돌아가던 중, 잭이 운전하던 차량과 사거리에서 충돌하여 차가 부서지고 머리를 다쳤다. 피터는 잭이 사거리 빨간색 신호를 무시하고 진입하다가 사고가 났다고 믿고, 잭을 상대로 치료비와 차량 수리비 100,000달러의 손해배상소송을 주법원에 제기하며 배심원 재판을 신청하였다. 하지만 주법원의 판사는 배심원 재판의 요건을 만족하지 못한다는 이유로, 배심원단 없이 판사 혼자서 재판을 진행한다. 그러자 피터는 수정헌법 7조에 보장된 배심원에게 재판을 받을 권리를 박탈당했다고 주장한다. 과연 피터의 주장이 받아들여질까?

수정헌법 6조와 수정헌법 7조는 비슷한 내용을 담고 있다. 수정헌법 6조에서도 공정한 배심원(Impartial Jury)에게 재판을 받을 권리가 있다고 연방정부가 약속해 주었고, 수정헌법 7조에서도 배심원에게 재판(Trial by Jury)을 받을 권리가 있다고 명시하고 있다. 하지만 수정헌법 6조는 연방법원 형사재판에서, 수정헌법 7조는 연방법원 민사재판에서 배심원으로부터 재판받을 권리를 의미한다. 이번에는 수정헌법 6조와 7조를 비교해가며 연방법원과 주법원에서의 배심원단 차이, 형사재판과 민사재판에서의 배심원단 차이를 살펴보자.

앞에서 이야기했지만 수정헌법 1조부터 10조까지는 연방정부가 국민들에게 한 약속이었다. 주정부의 약속은 아니라는 뜻이다. 주정부가 그 주의 주민들에게 한 약속은 각 주가 가지고 있는 주 헌법(State Constitution)에 담겨 있다. 그래서 수정헌법 1조부터 10조까지를 주정부 또한 주민들에게 약속하라고 강요할 근거가 1868년 이전까지는 없었다. 하지만 1865년 남북전쟁의 승리를 통해 연방정부의 위상이 정점에 다다르자, 1868년에 수정헌법 14조를 연방의회가 만들어 낸다. 그리고 그 수정헌법 14조를 통해 주정부 또한 수정헌법 1조부터 10조까지를 주민들에게 보장하도록 강제한다. 미국의 헌법에서 수정헌법 14조가 중요한 역사적 의미가 있는 이유이다. 미국의 국부들이 미국인의 권리를 보장해 주려고 힘들게 만든 1791년의 수정헌법 10개 조항을 주정부가 지키지 않아도 될 명분은 전혀 없었다. 다만 연방정부가 주정부에게 잔소리하며 관여할 수 있는 힘이 남북전쟁 이전까지는 없었고, 주정부 자치의 명분이 연방정부 통합의 명분보다 컸을 뿐이었다.

이렇게 수정헌법 14조를 통해 1조부터 10조까지 명시된 국민의 권리를 주정부도 주민들에게 보장하게 되었지만, 두 가지 예외 조항이 있다고 연방대법원은 이야기한다. 바로 수정헌법 5조에 명시되었던 대배심원(Grand Jury)에 의해서만 국민을 기소하겠다는 약속과, 수정헌법 7조에 명시된 20달러 이상 소송의 경우에는 배심원에게 재판을 받을 수 있게 해주겠다는 약속이다. 이 두 가지 약속은 연방정부는 지켜야 하지만, 주정부는 지키지 않아도 된다는 의미이다. 이 두 약속 모두 배심원이라는 공통점이 있다.

연방대법원은 왜 이런 해석을 했을까? 배심원 제도는 국민의 공정한 재판을 위해 만들어 놓은 국민의 권리이다. 하지만 바쁜 국민들이 생계를 포기하고 재판에 배심원으로 참여하는 것이 말처럼 그리 쉽지가 않다. 직장인들이야 유급휴가를 받으니 편하게 참석할 수 있겠지만, 자영업자들은 생계를 포기하고 일당 40달러를 받으며 배심원으로 참여하라고 하면 불만이 생길 수밖에 없을 것이다. 게다가 재판에 배심원으로 참여하는 것도 쉽지 않은데, 재판 이전에 범인을 기소할지를 결정할 대배심원 역할까지 강요하는 건 더 쉽지 않았던 것이다. 실제 남서부의 많은 주들은 이러한 이유로 형사소송에서 대배심원 운영의 현실적 어려움을 겪었고, 민사소송 또한 20달러 이상의 재판에 배심원을 참여시키기가 쉽지 않았다. 그래서 연방대법원은 주법원에서 재판할 경우 배심원에 관해서는 주정부가 자체 기준을 만들고 운영할 수 있도록 배려해 준 것이다. 지금 피터의 경우처럼 수정헌법 7조에 20달러 이상의 소송은 배심원 재판의 권리가 있다고 하던데, 왜 우리 주법원은 배심원 재판을 하지 않느냐고 주장할 수 없는 것이다.

수정헌법 6조의 형사배심원과 수정헌법 7조의 민사배심원에도 몇 가지 차이가 있다. 먼저 배심원 재판을 받기 위한 요건이 다르다. 형사소송에서 배심원 재판을 받기 위해서는 재판을 받을 범죄의 법정 최대 형량이 6개월을 넘어야 한다. 반면 민사소송의 경우 20달러 이상의 금전적 배상을 요구하는 소송이기만 하면 된다. 그리고 형사소송의 경우에는 배심원 재판을 받을 권리를 피고인이 요구하지 않아도 자동으로 배심원 재판을 받도록 보장한다. 하지만 민사소송은 배심원 재판을 받겠다고 당사자가 법원에 요청해야 한다. 요청이 없으면 그냥 배심원 없이 판사가 재판을 진행해 버린다. 또 다른 차이가 하나 더 있다. 민사재판의 배심원들은 반드시 만장일치의 결정(Verdict)을 내려야 한다. 만약 12명의 배심원 중 1명이라도 원고 승소에 동의하지 않으면, 그 재판은 무효가 된다. 그래서 민사소송의 경우, 피고 측 변호인은 1명의 배심원만을 집중적으로 설득하여 배심원단이 만장일치의 평결을 하지 못하도록 하는 전략을 가지고 재판에 임하기도 한다. 형사재판에서도 기본적인 원칙은 배심원단이 만장일치의 평결을 하여야 하지만, 배심원의 수가 많은 12명으로 구성된 배심원단 경우에는 유죄 평결이 반드시 만장일치일 필요는 없다. 유죄 9명, 무죄 3명으로 배심원단 만장일치가 되지 않더라도 피고인이 유죄가 될 수 있다는 것이 연방대법원의 해석이다. 피고인 입장에서는 불리해지고, 검사 입장에서는 범죄 입증의 부담이 줄어들며 재판에 유리해지는 상황이다.

민사재판과 형사재판의 가장 핵심적 차이는 입증의 수준이다. 1994년 미국의 유명한 미식축구 선수인 오 제이 심슨(O. J. Simpson)이 아내를 살해한 범죄로 재판을 받은 유명한 사건이 있었다. 먼저 진행된 형사재판에서는 심슨이 무죄를 받았지만, 민사재판에서는 심슨이 아내의 유족에게 엄청난 금액을 배상하라고 판결을 내린다. 피고인 심슨이 아내를 죽인 것이 아니라고 형사재판에서 밝혀졌는데, 왜 민사재판에서는 피고 심슨이 패소하며 배상명령을 받았을까? 사망의 원인을 제공한 사람인 피고 심슨을 상대로, 사망한 아내의 유족들이 제기한 민사소송에서는, 피고의 책임에 대한 원고의 입증 수준이 그리 높지 않다. 반면 살인죄로 기소된 형사재판에서는 피고인 심슨이 범인이라는 것을 검사가 완벽하게 입증하여야 한다. "심슨이 범인이 아닐 수도 있겠다"라는 합리적 의심을 배심원이 해버리면 배심원은 유죄 평결을 내릴 수 없다. 국민의 재산을 박탈하는 결과를 만드는 민사재판보다, 국민의 자유를 박탈하는 결과를 만드는 형사재판에 더 엄격한 입증을 요구하는 것은 당연하겠으나, 이로 인해 아이러니한 상황이 자주 만들어지게 된다. 사람을 죽이지는 않았으나, 책임은 있다는 심슨의 경우처럼 말이다.

Chapter 8

수정헌법 8조

Excessive bail shall not be required, nor excessive fines imposed, nor cruel and unusual punishments inflicted.

과도한 금액의 보석금을 요구하거나, 과중한 벌금을 부과해서는 안 되며, 잔혹하고 비정상적인 형벌을 부과해서도 안 된다.

24. 안락하게 사형당할 권리, 수정헌법 8조

죄에 상응할 만큼만의 벌

지금까지 살펴본 수정헌법 1조부터 7조까지의 내용을 보면, 연방정부 운영하기가 정말 쉽지 않아 보인다. 국민들에게 종교의 자유를 보장해 주어야 하고, 총기사고의 논란 속에 무기 소지도 허용해주어야 하며, 범인을 앞에 두고도 압수수색을 함부로

해서도 안 되고, 공정한 재판을 보장하기 위해서도 연방정부가 하지 말아야 할 것들이 참 많았다. 1789년 연방정부가 탄생하고 불과 2년 뒤 만들어진 수정헌법 1조부터 10조는, 연방정부에게 강력한 권한을 부여해 주고 나서 불안해하는 국민을 위해 연방정부가 한 약속이었다. 그러다 보니 연방정부가 이런저런 것들을 하지 않고, 국민의 권리를 침해하지 않겠다는 조항이 많았다. 이번에 살펴볼 수정헌법 8조 또한 마찬가지이다.

앞에서도 이야기했지만 주 정부는 새롭게 탄생하는 연방정부가 사법부인 연방법원을 통해 판결 권한을 보유하게 되는 것을 상당히 불안해하였다. 심지어 연방정부에게 반드시 필요했던 입법부, 행정부를 두고서도, 어느 정도의 권한을 부여하여야 할지 연방주의자들과 반연방주의자들은 치열한 줄다리기를 하고 있었다. 이런 상황에서 연방정부에게 판결 권한까지 준다는 것은 최소한의 연방정부를 원했던 반연방주의자들에게는 받아들이기 힘든 것이었다. 토마스 제퍼슨을 비롯한 반연방주의자들은, 연방정부가 판결 권한을 가지게 되면 재판을 통해 주정부를 정치적으로 탄압할 수 있고, 결국 13개의 주정부를 흡수해버릴 수도 있다고 우려하였다. 당시 유럽 국가의 국왕들이 펼치는 폭정을 지켜보며, 새로운 국가를 만들려던 미국인들 입장에서는 충분히 할 수 있는 걱정이었다. 그리고 결국 1788년의 연방헌법 본문 3장을 통해 연방정부에게 사법권을 부여해 주기는 하지만 상당한 제약을 두었다. 앞서 살펴보았던 것처럼 특정한 유형의 소송만 연방법원이 재판할 수 있도록 하였고, 연방정부의 법원을 우선은 연방대법원 하나만 만들되, 이후에 필요하면 하위 법원을 만들 수 있도록 하였다. 심지어 그 하위 법원의 필요 여부에 대한 판단도 국민의 대표로 구성된 연방의회가 하도록 하였다. 사정이 이렇다 보니 연방정부 사법부인 연방대법원의 출범은 지금의 위상과는 달리 상당히 초라하고 궁핍하였다.

이렇게 연방헌법 3장을 통해 연방법원의 권한에 상당한 제약을 두었으면서도, 각 주의 대표들인 국부들은 수정헌법 8조를 통해 다시 한번 연방정부의 연방법원에게 3가지 경고를 한다. 첫째, 정부가 기소한 범인이 도망가지 않고 재판에 충실히 참석할 수 있게끔 담보하고자 만든 보석금(Bail)을 법원이 과도하게 책정하여, 가난한 국민이 어쩔 수 없이 구속된 상황에서 재판을 받도록 만들지 말라. 둘째, 국민이 저지른 죄의 수준에 비해 비정상적으로 높은 벌금(Fines)을 매기지 말라. 셋째, 죄를 저지른 것으로 판결이 내려진 국민에게는 그에 합당한 벌을 내려야 하겠지만 잔인(Cruel)하거나 비정상적(Unusual)인 방식의 벌을 가하지 말라고 한다. 수정헌법을 만든 당시의 국부들이 연방정부의 사법권에 얼마나 신경을 쓰고 있었는지를 잘 보여주는 대목이 바로 수정헌법 8조이다.

수정헌법 8조에서는 과도한 보석금 이야기가 가장 먼저 언급된다. 연방정부가 처음 수립된 초기에는 보석금을 얼마로 정해야 할 것인가에 대해 판사가 판단할 수 있도록 재량권을 부여해 주었다. 범죄의 수준, 도주의 우려 등을 고려해서 피고인의 충실한 재판 참석이 담보될 수준으로 판사가 판단해서 결정하게끔 하였다. 하지만 판사의 재량에 논란이 끊이지 않았고, 결국 연방의회가 입법을 통해 연방법원 재판의 보석 기준을 만들게 되었다. 현재의 연방법에는 피고인에게 도주의 우려가 없다 하더라도, 재판을 받는 중에 피고인이 다시 범죄를 저질러 사회에 위협을 가할 가능성이 있으면 보석을 허락하지 않는다고 규정한다. 과거에는 단지 도주의 우려만을 고려했으나 논란이 계속되자 결국 잠재적 위험까지도 고려하게 된 것이다. 그리고 지금 이렇게 보석의 기준이 강화되는 추세를 보면, 수정헌법을 만든 당시 국부들의 걱정이 절대 과하지 않았음을 다시 한번 보여준다. 그들이 우려한 대로 지금의 연방정부는 강력한 공권력을 행사하고 있고, 수정헌법 8조의 경고에도 불구하고 보석의 기준을 엄격하게 적용해가고 있으니 말이다.

수정헌법 8조의 두 번째 문구에서는 과도한 벌금을 국민에게 과하지 말라고 하였다. 예를 들어, 피터의 회사가 A주의 검찰에 의해 반독점법 위반으로 기소를 당하고, 주법원이 주법에 따라 백만 달러의 벌금 판결을 내렸다고 해보자. 백만 달러의 벌금이 너무 과도하다고 생각한 피터의 회사는, A주의 주법이 수정헌법 8조를 위반한 것이라고 주장할 수 있다. 이 경우 연방대법원은 여러 정황들을 고려한다. 만약 피터의 회사가 반독점법 위반으로 천만 달러의 이익을 가져갔다면 백만 달러가 과도한 벌금(Excessive Fines)이라고 볼 수는 없을 것이고, 수정헌법 8조를 위반한 주법이라고 판단하지 않을 것이다. 하지만 음주운전을 한 피터에게 백만 달러의 벌금을 부가하는 주법이 있다면, 그것은 명백히 과도한 벌금이며 수정헌법 8조를 위반한 주법이 된다.

우리에게 이미 익숙해진 징벌적 손해배상(Punitive Damage)이라는 것이 있다. 맥도날드의 뜨거운 커피를 마시던 할머니가 커피를 쏟아 화상을 입고는, 맥도날드를 상대로 2만 달러의 치료비를 요구하는 손해배상 청구 소송을 제기하며 화제가 되었던 것이 바로 징벌적 손해배상이다. 맥도날드의 커피를 마셨던 다른 고객들 또한 할머니와 같은 화상을 입은 경우가 있었고, 맥도날드는 과거의 그러한 사고들을 알고 있었으며, 그럼에도 사고예방의 조치를 하지 않았던 맥도날드에게 배심원단은 징벌적 손해배상 270만 달러의 결정을 내렸다. 물론 판사가 최종 금액을 64만 달러로 줄여서 판결했지만, 당시로서는 엄청난 금액의 판결이 내려진 것이었다. 이 재판의 배심원단은 할머니의 화상이 맥도날드의 단순 과실이 아니라고 보고, 징벌적 성격의 손해배상 금액을 결정한 것이다. 하지만 맥도날드 입장에서는 치료비 2만 달러를 요청한 할머니에게 270만 달러를 보상하라고 명령하는 것은 너무 과도하다고 생각할 수 있다. 그래서 이 재판의 판사는 배심원이 결정한 배상금액이 맥도날드의 재산을 적법하지 않게 비합리적으로 박탈한 과도한 평결(Excessive Verdict)이라고 보고, 징벌적 손해배상 금액을 줄여서 최종 판결을 내렸던 것이다. 하지만 맥도날드는 판사가 조정해준 배상금액마저도 받아들이지 않고 상급 법원에 항소하여 재판을 계속하던 중 판세가 불리하게 돌아가자 결국 할머니와 합의를 하였고, 당사자들의 약속대로 합의 금액은 지금까지도 밝혀지지 않고 있다.

인도적 방식의 사형을 고민하라!

학교에서 총기를 난사하여 고등학생 열 명을 살인한 죄로 재판을 받은 짐은 사형을 선고받고 집행을 기다리고 있다. 사형은 약물을 주입하여 진행하기로 되어 있다. 하지만 짐의 사형을 집행하던 날, 긴장한 의사가 짐의 혈관을 제대로 찾지 못했고, 몇 차례 주사 바늘을 찌르다가 결국 사형집행이 실패로 끝이 난다. 하지만 일주일 뒤로 사형 집행일이 다시 잡히게 되었다. 그러자 짐의 변호를 맡았던 피터 변호사는 수정헌법 8조의 권리를 주장하며 사형집행 취소를 요청한다. 과연 피터 변호사의 주장대로 짐의 사형집행은 취소되어야 할까?

미국의 50개 주 가운데 뉴욕, 일리노이, 미시간을 포함한 21개의 주는 입법을 통해 사형제를 폐지하였지만, 여전히 29개의 주는 폐지하지 않고 있다. 물론 그 29개 주들 가운데는 사형제를 폐지하지 않았을 뿐, 실질적으로 운영하지 않는 주들도 있다. 하지만 텍사스, 오클라호마, 버지니아 같은 남부의 주들은 여전히 사형제를 적극적으로 운영하고 있다. 실제 1970년 이후 약 1,500건의 사형이 미국 내에서 집행되었으며 그중 절반 이상을 이 세 개의 주에서 집행하였다고 하니, 남부의 주들이 범죄에 대해 얼마나 엄격하게 대응하는지 알 수 있다. 연방정부 또한 사형제를 여전히 운영하고 있고 2000년 이후 3건의 사형이 집행되었는데, 3건 모두 텍사스 출신인 조지 W 부시(George W. Bush) 대통령 시절에 집행이 되었다. 사형제를 운영하는 연방정부나 주정부 모두 사형을 최종결정할 때는 여러 가지 사항들을 고려한다. 예를 들어, 피해자가 저항할 수 없는 상황에서 살해한 것인지, 계획적 살해였는지 등을 고려하고, 특히 피해자가 어린이 또는 경찰이거나 대통령을 포함한 정부 고위 관리인 경우라면 사형 결정에 무게가 더 실린다.

수정헌법 8조의 마지막 문구에 등장하는 잔인(Cruel)하고 비정상적인(Unusual) 형벌을 내리지 않겠다고 한 약속은 미국의 사형제도와 함께 논란이 있어 왔다. 과연 수정헌법 8조가 금지하는 잔인하고 비정상적인 형벌의 기준은 무엇이며, 비록 그 기준이 불명확하다 하더라도 사형이라는 형벌은 수정헌법 8조가 금지하는 잔인한 형벌에 명백히 해당하므로 사형제를 폐지해야 한다는 논란이다. 이러한 논란에 연방대법원은 어떤 생각을 하고 있을까? 연방대법원은 8조에 보장된 잔인한 방식으로 형벌을 내리지 않겠다는 문구의 의미를 사형제 자체의 부정으로 해석하지는 않는다. 즉 수정헌법 8조는 사형을 집행하는 방식이 잔인하지 않고 인도적이어야 한다는 의미이지, 사형집행 자체가 잔인한 형벌을 과하지 않겠다는 수정헌법 8조의 위반이라고 보지 않는 것이다. 결국, 연방대법원의 이러한 해석으로 인해 수정헌법 8조가 보장해 주게 된 것은 사형제의 금지가 아니라 사형의 인도적 방식이다. 고통 없이 인도적으로 순식간에 사형을 당할 권리가 보장된 것이다. 현재 사형제를 운영하는 미국 대부분의 주는 약물 주사를 통해 사형을 집행한다. 현재로서는 가장 인도적 방법이라고 판단을 하는 것이다. 하지만 그 이전에는 전기의자에 고압의 전류를 흘려 사형을 집행했다. 최고의 발명품이라는 전기가 사형집행에서도 최고의 인도적 방법으로 선택을 받아왔던 것이다. 흔한 일은 아니지만, 전기의자를 통해 사형을 집행하던 시절, 전기가 제대로 흐르지 않아 사형집행에 실패하자 사형수가 두 번 전기의자에 앉게 되는 고통스러운 상황이 생기기도 하였다. 당시 사형수의 변호사는 정부가 두 번 사형을 집행하는 것이 수정헌법 8조의 위반이라고 주장하며 사형집행의 취소를 요청하였다. 하지만 연방대법원은 전기의자를 이용한 사형집행 방식이 잔인한 방식이라고 볼 수 없으므로, 수정헌법 8조의 위반이 아니라고 판결한다. 그리고 사형 재집행을 명령하였다. 앞에서 예를 든 사형수 짐의 변호사인 피터가 주장하는 상황과 동일하다. 약물주입 방식이 다른 사형방식에 비해 잔인하고 비인도적인 방식이라고 볼 수는 없으므로 피터 변호사의 주장은 받아들여지지 않을 것이다.

1791년 미국의 국부들이 수정헌법 8조를 통해 잔인하고 비정상적인 형벌을 금지하고자 했을 때, 과연 그 잔인하고 비정상적인 형벌에 사형제도 자체를 포함시킬 생각이 없었을까 하는 의구심이 드는 것은 어쩔 수 없다. 하지만 연방대법원의 이러한 판결로 인해 미국의 사형제도는 잔인한 방식만 아니라면 주정부의 선택 사항이 된 것이고, 사형이 없는 21개 주와 사형이 있는 29개의 주가 서로 다른 생각을 침범하지 않으며 살아가고 있다.

Chapter 9

수정헌법 9조

The enumeration in the Constitution, of certain rights, shall not be construed to deny or disparage others retained by the people

헌법에 특정권리를 열거한 사실이 국민이 보유하는 다른 여러 권리를 부정하거나 경시하는 것으로 해석되어서는 안 된다.

25. 170년간 잠들었다 깨어난 공주

또 하나의 안전장치

1783년 파리조약을 통해 8년에 걸친 영국과의 독립전쟁에서 미국이 승리하기는 하였지만, 여전히 유럽의 강국들은 호시탐탐 신대륙인 미국을 손에 넣고 싶어 하였다. 실제로 미국 연방정부가 탄생한 1789년으로부터 불과 23년 뒤인 1812년에 영국이 다시 미국을 침공하였고 백악관과 의사당이 불타면서 또다시 힘든 시절을 겪기도 했으니까. 프랑스 또한 미국의 연방정부가 출범하던 해인 1789년에 발생한 시민혁명만 없었더라면 미국을 가만히 내버려 두지는 않았을 것이다. 영국과의 독립전쟁과 당시 유럽의 정세를 훤히 알고 있던, 미국 13개의 주 대표들로 구성된 건국의 아버지들은 당대 최고 지식인이자 실용주의자들이었다. 하지만 이들은 미국이 국가로서의 모습을 갖추기 위해 어떤 방식으로 나라를 운영해야 하고, 어떤 성장의 과정을 거쳐야 할지에 의견이 서로 달랐다.

강력한 정부, 엘리트 중심, 상공업 중심의 성장을 주장하던 북부의 연방주의자들. 최소의 정부, 대중 중심, 농업 중심의 성장을 주장하던 남부의 반 연방주의자들. 이들은 건국과정 특히 헌법을 제정하던 과정에 치열한 논쟁을 하며 다투었다. 연방주의자들의 리더이자 초대 재무장관을 지낸 알렉산더 해밀턴, 2대 대통령 존 애덤스 같은 연방주의자들과, 반 연방주의자들의 리더였던 3대 대통령 토마스 제퍼슨은 실제로 정치적 앙숙 관계였고, 당시 이들의 정치적 또는 개인적 에피소드가 영화나 뮤지컬의 소재로 자주 사용되기도 한다. 독립 이후 국가 운영에 있어 서로 생각이 다른 건국의 아버지들이 있었고, 그 중 어느 한 사람의 독단적 생각이 아닌 13개 주 대표들이 모두 모여 고민하고 토론하는 과정이 있었기에, 현재 미국이라는 강국이 만들어질 수 있었다는 사실을 미국인들은 실제로 자랑스럽게 생각한다. 이렇게 수많은 영역에서 다툼과 논란이 있었지만, 유일하게 연방주의자들과 반연방주의자들이 다툼 없이 공감하는 부분이 있었다. 뭉치지 않으면 죽는다는 사실이다. 각 주의 자치도 중요하지만 13개 주들이 생존하기 위해서는 하나의 연방정부를 통한 공동 방위가 필요하다는 사실을 독립전쟁을 통해 절감하였다. 그리고 이렇게 절실한 연방정부를 어떻게 구성하고, 어떠한 권한을 부여할지를 정리한 것이 1788년부터 효력이 생긴 연방헌법이며, 이를 통해 1789년 연방정부가 처음으로 탄생하였다. 하지만 이 연방헌법에는 치명적 약점이 하나 있었다. 바로 정부가 박탈할 수 없는 국민의 권리를 하나도 명시하지 못했다는 약점이다. 그래서 1789년 연방의회 첫 회기에 의원들이 모이자마자 논의한 것이 바로 국민의 권리이고, 이 권리를 수정헌법 1조부터 10조에 자세히 명시해 두었다. 그리고 우리는 이 수정헌법 1조부터 10조를 미국의 권리장전(Bill of right)이라고 부른다.

그런데 이 미국의 권리장전을 들여다보면 특징이 하나 있다. 먼저 지금까지 살펴본 수정헌법 1조부터 8조까지의 핵심적 권리를 정리해 보자. 수정헌법 1조의 종교, 표현, 언론, 결사의 자유, 수정헌법 2조의 무기 소지의 자유, 수정헌법 3조의 주인허락 없이 사유지에서 군부대 숙영 금지, 수정헌법 4조의 불합리한 압수수색 금지, 수정헌법 5조의 본인에게 불리한 진술 강요 금지, 수정헌법 6조의 공정한 형사재판을 받을 권리, 수정헌법 7조의 배심원 재판을 받을 권리, 수정헌법 8조의 잔인한 형벌 금지가 그것이다. 살펴본 것처럼 1조부터 8조까지는 상당히 구체적인 국민의 권리를 규정하였다. 하지만 수정헌법 9조와 10조는 이렇게 구체적이지 않다. 상당히 두리뭉실하고 일반론적인 이야기를 적

어두었다. 즉 수정헌법 1조부터 8조까지에 국민의 핵심적인 권리를 이미 모두 구체적으로 명시하였던 것이고, 지금부터는 원칙적이고 일반론적인 이야기를 통해 다시 한번 연방정부에게 주의를 주는 것이다.

수정헌법 9조에서 국민들은 연방정부에게 다음과 같이 이야기한다. "수정헌법 1조부터 8조까지 상당히 구체적인 우리의 권리를 명시해 두었다. 그런데 여기에 적혀 있지 않았다는 이유로 연방정부가 함부로 박탈할 수 있는 국민의 권리라는 착각을 하지 말아라." 즉 국민은 일요일에 늦잠 잘 수 있는 자유도 있고, 달밤에 체조를 할 수 있는 자유도 있지만, 이러한 수천 가지의 자유를 헌법에 모두 담을 수가 없어서 수정헌법 1조부터 8조까지 대표적인 것만 적어 두었으니, 여기 적혀 있지 않다고 국민의 권리가 아니라는 착각하지 말라고 연방정부에게 경고하는 것이다. 다시 한번 연방정부에게 약속을 받아내는 조항이고, 그러다 보니 구체적이지 않고 원칙론적인 조항이라고 하는 것이다.

최소한의 연방정부를 원했던 토마스 제퍼슨 같은 반 연방주의자들은, 연방정부가 가지게 된 막강한 권한의 칼끝이 국민들에게 향하지는 않을지 늘 걱정하였고, 그러한 경우를 대비해 수정헌법 9조라는 안전장치를 하나 더 만들어 둔 것이다. 그리고 실제 170년 뒤, 토마스 제퍼슨의 의도대로 헌법에 담겨 있지 않았던 국민의 권리를 보호하는데 수정헌법 9조가 중요한 역할을 하게 된다.

두리뭉실해서 효과적인

얼마 전 A주 정부는 결혼한 성인의 피임을 금지하는 법을 만들어 운영하기 시작하였다. 그러자 A주의 주민인 피터와 메리 부부는, 피임을 금지하는 A주의 법이 국민의 기본적 권리를 침해하므로 A주의 피임 금지법은 위헌이라고 주장한다. 하지만 A주 정부는 수정헌법 어디에도 국민들이 피임할 수 있는 권리가 명시되어 있지 않으므로 A주의 피임 금지법은 위헌이 아니라고 주장한다. 양측 모두 일리 있는 주장을 하는 것 같다. 과연 A주의 피임 금지법은 피터 부부의 주장대로 위헌일까?

수정헌법 9조는 1791년에 만들어진 이후, 1965년까지 170여 년간 사실상 사용되지 않아 아무런 의미가 없어 보였던 조항이다. 즉 연방대법원이 헌법에 기반하여 판결할 때, 판결의 근거로 언급된 적이 없었다는 의미이다. 토마스 제퍼슨이 힘들게 싸워가며 만들어 놓은 수정헌법 9조가 어느 누구에게도 관심받지 못하던 1965년, 연방대법원이 역사적인 판결을 하나 내리면서 드디어 수정헌법 9조가 등장한다. 피터 부부의 주장처럼 피임할 수 있는 권리를 국민의 기본권(Fundamental Right)으로서 연방대법원이 인정해 주며, 처음으로 수정헌법 9조를 판결의 근거로 제시하였다(Griswold v. Connecticut, 1965). 지금의 우리가 보기에는 피임할 수 있는 권리를 기본권으로 인정하겠다는 연방대법원의 판결이 참으로 어색하기만 하다. 너무나 당연한 것을 연방대법원이 왜 시간을 써가며 판결을 했을까 싶다. 하지만 종교적 신념이 강했던 동부의 많은 주에서는 1960년대까지도 피임을 금지하는 주법을 운영하였고, 이 법으로 인해 곤란을 겪는 주민들이 많았다.

하지만 피터 부부의 주장대로 A주의 피임 금지법이 위헌이 되려면, 피임할 수 있는 권리가 국민의 권리로 먼저 인정을 받아야 했다. 그래야 국민의 피임할 권리를 박탈하는 A주의 법이 헌법을 위반한 효력 없는 법이 될 수 있으니까 말이다. 하지만 문제는 연방헌법 어디에도 피임을 국민의 권리로 명시한 문장이 없었다. 명시되지 않은 권리를 국민의 권리라고 인정해 줘야 할까? 이때 연방대법원은 수정헌법 9조를 주목한다. 국민의 권리를 1조부터 8조까지 상세히 열거했으나, 여기에 적혀 있지 않다고 해서 국민의 권리가 아니라는 착각을 하지 말라고 연방정부에게 당부한 수정헌법 9조가 드디어 빛을 발하기 시작한 것이다. 1조부터 8조까지 연방헌법 어디에도 피임할 수 있는 권리가 명시되어 있지는 않았으나, 그렇다고 해서 국민 스스로 신체에 관한 결정을 내린 피임이 국민의 권리가 아니라는 착각을 하지 말라고 주정부에게 당부하며, 피임을 국민의 기본권으로 해석을 하게 된다. 물론 피임이 국민의 기본권으로 인정받아야 하는 근거로서 다른 여러 가지 수정헌법 조항들이 함께 언급되었다. 하지만 수정헌법 9조가 드디어 신체적 결정 및 사생활과 관련된 수정헌법 1조, 3조, 4조 등과 어깨를 함께 하며 언급이 되었다는 사실이 중요하다. 그리고 무엇보다 이 판결의 기본적 근간을 수정헌법 9조가 제공해 주었다. 헌법에 명시되어 있지 않더라도 인정받아야 할 국민의 권리가 존재하고 있음을 처음으로 연방대법원이 확인해 준 것이다.

1791년 수정헌법을 만들 당시에는 수정헌법 9조와 10조가 굳이 필요하지 않다는 의견도 많았다. 특히 수정헌법 9조의 내용이 구체적이지 않고 일반적이며 원칙론적인 내용을 담고 있다 보니, 연방주의자인 알렉산더 해밀턴 같은 사람은 불필요한 조항이라고 주장하기도 하였다. 하지만 반 연방주의자인 토마스 제퍼슨 같은 사람들은, 헌법에 명시되지 않은 나머지 권리들에 대해서도 언급해 두어야, 이후 정부와 국민 간에 다툼이 생기더라도 해결을 위한 헌법적 근거가 될 수 있다고 믿었다. 아울러 급격히 변화하는 미국을 경험해 본 국부들이 보기에도, 국민의 모든 권리를 섣불리 헌법에 명시하는 것보다, 두리뭉실하게 표현하여 수백 년 뒤 후손들이 꼭 필요로 할 권리, 하지만 지금은 알 수 없는 그 권리까지도 보장해 주는 것이 효과적이라고 판단한 것이다. 그리고 그들의 예상이 적중하였다.

170년간 잠들어 있다가 1965년이 되어서야 깨어난 수정헌법 9조는 지금도 여전히 판결문에 자주 등장하지는 않는다. 하지만 한 번 등장했을 때 큰 역할을 하였고, 이후 묻혀 있던 국민의 권리를 찾고 만들어 내는데 든든한 기반이 되어 주었다. 지금은 너무나 당연한 것으로 받아들여지는 권리들이, 불과 50년 전에는 감히 주장할 수 없는 권리들이었고, 이렇게 묻혀 있던 권리를 살려낸 것이 바로 수정헌법 9조이다.

Chapter 10

수정헌법 10조

The powers not delegated to the United States by the Constitution, nor prohibited by it to the States, are reserved to the States respectively, or to the people

헌법에 의해 연방정부에 위임되지 않았고 주정부에게도 금지되지 아니한 권한은 각각의 주 또는 국민이 보유한다.

26. 힘의 균형은 이미 연방정부로, 수정헌법 10조의 한계

빛 좋은 개살구

1791년에 만들어진 권리장전의 맨 마지막 조항들인 수정헌법 9조와 10조는 다른 수정헌법 조항들과 달리 상당히 일반적인 이

야기를 하고 있다. 앞서 수정헌법 9조에서 살펴보았듯이 최소한의 연방정부를 원했던 반 연방주의자들은 수정헌법 9조를 통해 수정헌법 1조부터 8조에 적지 못한 국민의 권리에 대해서, 다시 한번 연방정부에게 경고와 당부를 하기 원했다. 수정헌법 10조 또한 마찬가지 취지이다. 다만 이번에는 국민의 권리(Rights)에 관한 것이 아니라 정부의 권한(Power)에 관해 다음과 같은 경고와 당부를 한다. "국민이 가진 많은 권한 중에 일부를, 1788년에 효력이 생긴 연방헌법 본문을 통해 너희 연방정부의 행정부, 입법부, 사법부에게 각각 위임하였다. 하지만 너희에게 위임하지 않은 나머지 권한은 여전히 주정부와 국민들이 가지고 있음을 명심하여라."

연방헌법을 만들어 연방정부를 탄생시키고자 했던 당시 국부들이 벌였던 논쟁의 핵심은 바로 연방정부가 가진 권한의 수준이었다. 엄연히 주의 자치정부가 존재하는 상황에서 또 다른 연방정부가 탄생하면, 어떤 권한을 연방정부가 가져가고 어떤 권한을 주정부가 가져가야 할지에 대한 선을 확실히 그을 필요가 있었다. 이런 상황에서 많은 권한을 연방정부에게 넘겨주어서 강력한 중앙정부를 탄생시키자는 연방주의자들(Federalists), 반면 작은 연방정부를 탄생시키자는 반 연방주의자들(Anti-Federalists) 간의 줄다리기는 수정헌법의 마지막 10조까지도 팽팽하게 전개된다. 결국 반 연방주의자들의 희망대로 수정헌법 10조를 만들어 헌법 본문에 명백히 명시된 권한만을 연방정부가 가져가고, 나머지 명시되지 않은 권한은 여전히 주정부와 국민이 가진다고 못을 박으며, 주정부의 자치영역을 인정받는다. 하지만 토마스 제퍼슨이 주도하던 반 연방주의자들의 희망과는 달리, 수정헌법 10조는 주정부의 든든한 버팀목 역할을 제대로 하지 못한다.

1791년 수정헌법 10조가 만들어지기 3년 전인 1788년에 국부들이 만들었던 연방헌법 본문에 적힌 연방정부의 권한들을 보면, 이미 권력의 무게 추는 연방정부에게 넘어간 상황이라고 볼 수 있다. 그 첫 번째 이유는, 연방헌법 본문 1장(Article 1)을 통해 연방정부의 연방의회에게 넘겨준 주간 통상에 관한 규제 권한(Interstate Commerce Power) 때문이었다. 이 권한이 국부들의 처음 생각과는 달리 상당히 광범위하고 강력한 권한이 되어버린다. 주의 경계를 넘어서 다른 주와 거래되는 물건, 거래를 위한 교통 등의 수단뿐만 아니라, 주간의 거래에 영향을 끼치는 국민들의 행위까지도 규제하면서 연방정부는 막강한 권한을 확보하게 되었다. 두 번째 이유는 연방헌법 본문 6장(Article 6)의 최고법조항(Supremacy Clause) 때문이었다. 본 연방헌법이 미국 최고의 법이므로, 각 주의 판사들은 앞으로 재판을 함에 있어 주법과 연방법이 충돌하는 상황에 놓이면, 연방법을 우선 적용하여 판결하라고 한 것이 최고법조항이다. 이로 인해 주의 일반적인 법뿐만 아니라 주의 헌법도 연방헌법을 준수해야만 하는 상황에 놓이게 되었다. 이렇듯 1788년의 연방헌법으로 인해 상당한 권한이 연방정부에게 이미 넘어간 상황이었고, 1791년의 수정헌법 10조 만으로 전세를 역전하기에는 역부족이었다.

수정헌법 10조를 보고 있으면 계약 검토가 얼마나 중요한지 다시 한번 느낄 수 있다. 국민과 연방정부가 꼼꼼히 먼저 체결한

계약서인 연방헌법. 국민과 연방정부가 두리뭉실하게 나중에 체결한 계약서인 수정헌법 10조. 연방헌법에 적혀져 있지 않은 모든 권한은 국민 것이라는 멋지고 위엄있는 문구만 읽어보면 수정헌법 10조는 국민들에게 절대적으로 유리한 계약으로 보일 수 있다. 하지만 이미 과거에 꼼꼼히 체결했던 계약서인 연방헌법으로 연방정부는 실리를 모두 챙긴 상황이었고, 수정헌법 10조는 제대로 힘을 써 볼 수 없는 빛 좋은 개살구 신세가 된 것이다.

주정부의 마지막 자존심을 지킨다.

최근 전국의 미세먼지가 기승을 부리자 연방의회는 긴급히 연방법을 하나 만든다. 이 연방법에는 각 주정부가 디젤 자동차의 미세먼지를 규제하는 주법을 6개월 내로 만들 것을 의무화한다. 그러자 A주 정부가 발끈하며 이 연방법은 수정헌법을 위반한 법이라고 주장한다. 과연 주정부의 주장이 맞을까?

앞서 살펴본 것처럼 수정헌법 10조는 반 연방주의자들의 희망과 달리, 주정부의 강력한 버팀목이 되어 주지는 못하였다. 즉 연방정부가 특정한 연방법을 통해 각 주들을 규제하려 할 때, 주정부가 수정헌법 10조를 주장하며 이건 주정부의 권한 영역인데 왜 연방정부가 간섭하냐는 이야기를 하더라도, 연방대법원은 주정부의 손을 잘 들어주지 않는다는 말이다.

예를 한번 들어보겠다. A주의 법은 개인이 의료용 대마초를 재배하는 것을 허용하고 있다. 하지만 연방의회가 연방법을 만들면서 어떤 목적이라도 개인이 대마초를 재배하는 것을 전면 금지한다. 이 상황에서 주정부가 수정헌법 10조를 주장하며 주정부의 영역에 연방정부는 관여하지 말라고 할 수 있을까? 그렇지 않다. 연방의회는 연방헌법 본문 1장을 통해 주간의 통상에 관한 규제 권한(Interstate Commerce Power)을 국민들로부터 위임을 받았다. A주의 주민이 개인적으로 사용할 목적이라 하더라도, 대마초는 미국 전역의 대마초 시장으로 유입될 가능성이 충분히 있다. 즉 주의 경계를 넘어서 거래될 수 있는 주간 통상의 목적물이 될 수 있고, 연방의회는 그러한 주간 통상의 목적물을 규제할 권한이 있다. 게다가 연방헌법 6장의 최고법조항(Supremacy Clause)은 지금처럼 연방법과 주법의 충돌이 일어날 경우, 연방법이 우선한다고 명시하고 있으므로 개인의 대마초 재배를 금지하는 연방법이 우선 적용되어, 개인의 의료용 대마초 재배를 허용하는 주법은 무효가 된다. 결국 연방정부의 권한을 명시적으로 담은 연방헌법 1장과 6장이, 주정부의 권한을 두리뭉실하게 표현한 수정헌법 10조를 무력화시켜 버린다. 애석하게도 국부들의 희망과는 달리, 수정헌법 10조는 주정부를 제대로 지켜주지 못하게 된다.

하지만 제한적이나마 주정부가 수정헌법 10조를 통해 주의 자치권 침해라고 주장할 때 연방대법원이 주정부의 주장을 인정해주는 경우도 있다. 바로 연방정부가 연방법을 통해 특정한 주법을 만들 것을 주정부에게 강요할 때이다. 연방의회가 직접 '대마 재배 전면금지 연방법'을 만들어, 주정부의 '의료용 대마 재배 허용 주법'과 충돌이 일어나는 상황이 아니라, 주정부에게 '대마재배 전면 금지 주법'을 만들 것을 강요하는 연방법을 제정했을 때는, 주정부가 수정헌법 10조를 통해 그 연방법이 위헌임을 주장할 수 있다는 의미이다. 지금 사례처럼 연방정부가 주정부에게 디젤 차량의 미세먼지를 규제하는 주법을 만들도록 강요하는 연방법은 수정헌법 10조를 위반한 법이고 무효가 된다. 하지만 연방정부가 반드시 디젤 차량의 미세먼지 규제를 전국에 시행하고 싶다면 다른 방식을 통해서 가능하다. 주간 통상의 목적물인 차량에 관한 주간통상 규제권한을 연방의회가 가지고 있으므로, 연방의회가 직접 디젤 차량 미세먼지 배출기준에 관한 연방법을 만들어 주정부를 규제하는 방법이다. 하지만 주정부에게 이러한 디젤 차량 미세먼지 규제 주법을 만들라고 강요할 수는 없는 것이다.

1996년 연방정부가 본인들의 업무를 주정부에게 한시적으로 맡기려 한 적이 있었다. 주민이 총기를 구매하려 할 때 구매자의 배경조사(Background Check)를 연방정부의 경찰들이 해야 하지만, 한동안만 각 주의 경찰들이 진행할 것을 명령하는 연방법을 연방의회가 만들었다. 제대로 된 총기관리 시스템을 연방정부가 수립할 때까지만이라는 연방법 제정 배경과 기간을 언급했음에도, 주 경찰들은 발끈하며 위헌 소송을 제기했다. 그리고 연방대법원은 연방정부가 본인들의 업무를 주정부에게 수행하라고 강제할 권한이 없음을 못 박았고, 그 근거로 수정헌법 10조를 제시하였다. 비록 수정헌법 10조가 반 연방주의자들의 희망대로 주정부의 든든한 버팀목이 되지는 못했지만, 주정부의 마지막 자존심을 지켜주는 역할은 여전히 수행하고 있다고 보아야 하겠다.

사실 수정헌법 9조와 10조는 정부와 국민 간에 맺은 불공정한 갑·을 계약이라고도 볼 수 있다. 국민이 절대적 갑의 위치에서 맺은 계약이다. 헌법에 명시되지 않은 권리도 국민의 것이라면서 맺은 9조, 헌법에 명시되지 않은 권한도 국민 것이라면서 맺은 10조. 누가 보아도 국민에게 유리하고 정부에게 불리한 불공정거래이다. 하지만 중요한 사실은 이 계약이 국민의 권리와 권한을 정부에게 믿고 잠시 맡긴 신탁이라는 것이다. 언제든 다시 돌려받을 수 있는, 원래 국민의 권리였고, 원래 국민의 권한이었다는 것을 수정헌법 9조와 10조는 다시 한번 일깨워 주고 있다.

Chapter 11

수정헌법 11조

The Judicial power of the United States shall not be construed to extend to any suit in law or equity, commenced or prosecuted against one of the United States by Citizens of another State, or by Citizens or Subjects of any Foreign State.

연방정부의 사법 권한은, 한 개 주를 상대로 다른 주의 시민 또는 외국 시민에 의해 개시되거나 기소된 보통법상 또는 형평법상의 어떤 소송에도, 미치지 않는 것으로 해석한다.

27. 연방대법원의 굴욕

줬다가 뺏는 연방의회, 말도 못 하는 연방대법원

1783년 영국과의 파리조약을 통해 8년간의 힘들었던 독립전쟁은 미국의 승리로 끝이 났다. 당시 최강이었던 영국군과의 전쟁에서 미국이 승리했다는 소식을 들은 유럽의 많은 나라들이 깜짝 놀랐을 만큼 미국의 독립은 놀라운 결과였다. 독립전쟁 당시에 미국을 둘러싼 내외부적 환경들을 살펴보면 미국의 독립이 순전히 미국만의 힘으로 이룬 결과라고 단정하기는 어렵다. 독립전쟁 당시 프랑스, 스페인과 같은 유럽 강국들의 지원도 있었고, 당시 영국과 유럽의 복잡했던 정세 또한 미국이 승리할 수 있었던 요인이 된 것은 사실이니까. 하지만 미국 독립의 과정을 자세히 살펴보고 나면, 미국의 독립이 미국인들의 피와 열정으로 만들어낸 것임을 부인할 수 없을 것이다. 마을에 있던 건장한 주민들이 자발적으로 조직한 민병대(Militia)를 중심으로 전쟁이 시작되었고, 이 민병대를 조직화해 나가며 조지 워싱턴(George Washington) 장군이 이끄는 대륙군(Continental Army)이 구성되었다. 그리고 국민들은 그 민병대를 위해 음식이나 숙소를 대가 없이 제공해 주기도 하고, 전쟁물자를 외상으로 공급해 주기도 하였다.

숙소나 음식이야 국민들이 가지고 있던 것을 대륙군과 나누는 것이니 돈을 받지 않고 제공할 수도 있었겠지만, 엄청난 양의 군수물자를 무상으로 제공하기란 쉽지 않았다. 전쟁의 결과가 어찌 될지 모르는 전쟁 중인 상황에, 외상으로 주정부에게 전쟁물자를 공급해 준 것만으로도 애국자라 불러야 할 것이었다. 그런데 문제는 독립 이후에 발생하였다. 독립전쟁 당시 애국심 하나로 많은 양의 군수물자를 외상으로 주정부에게 제공한 상인들이, 독립전쟁이 끝난 뒤에도 주정부에게서 돈을 받지 못하고 있었다. 사우스 캐롤라이나(South Carolina) 주의 주민이었던 파쿼(Farquhar)라는 사람도 독립전쟁 중 조지아(Georgia)주 정부에게 전쟁 물품을 외상으로 공급했지만, 전쟁이 끝난 1783년 이후에도 외상값을 받지 못하다가 결국 사망하였다.

그렇게 시간이 흘러 1788년에 연방헌법이 만들어졌다. 그런데 사망한 파쿼의 유산관리인인 치솜(Chisholm)이라는 사람이 1788년에 만들어진 연방헌법 3장(Article 3)을 자세히 읽어보고는, 조지아주 정부를 상대로 외상값을 갚으라는 소송을 연방법원에 제기한다. 연방헌법 3장에서는 연방법원이 어떠한 유형의 소송에 대해 재판할 수 있는지 판결 권한(Jurisdiction)을 규정하고 있었는데, 그 내용 중에 "다른 주의 주민이 주정부를 상대로 연방법원에 소송을 제기하면 연방법원이 판결할 수 있다"고 적혀 있었던 것이다. 즉 사우스 캐롤라이나 주의 주민인 치솜이, 조지아라는 다른 주 정부를 상대로 연방법원에서 재판을 받을 수 있게 해 놓았던 것이다. 독립전쟁 당시의 외상값을 주정부들에게서 받지 못하고 있던 치솜과 같은 상황에 처한 국민들이 실제 전국에 많이 있었고, 국민들이 외상값을 요구하는 소송을 주법원에 제기해도 진행조차 되지 않던 상황에, 치솜이 발견한 연방헌법 3장의 문구는 국민들에게 단비 같은 것이었다. 주정부의 주법원과는 달리, 연방정부의 연방법원은 외상값을 받을 수 있게끔 공정한 재판을 해줄 것이라는 기대를 국민들은 하게 되었고, 치솜의 재판에 관심을 가지기 시작했다.

치솜이 주정부를 상대로 연방법원에 소송을 제기했다는 소식을 들은 조지아주 주정부뿐만 아니라 다른 주정부들도 크게 놀

라게 된다. 조지아주 주정부가 이번 재판에서 승소해야, 다른 주정부들도 유사한 소송을 피할 수 있을 테니, 모든 주정부들이 오랜만에 하나로 뭉치게 된다. 이 재판은 계약 내용만을 가지고 연방법원에서 다투면 조지아주 주정부가 패소할 것이 뻔하였다. 이러한 상황에서 조지아주 주정부는 발상의 전환을 하게 된다. 이 재판을 연방법원이 아닌 주법원으로 가져가려는 것이었다. 조지아주 주정부의 홈그라운드에서 재판할 수만 있다면, 조지아주 주법원이 치솜의 소송을 기각해 버리거나, 조지아주 주정부의 입맛에 맞게 판결할 수 있다고 믿었을 것이다.

그리하여 조지아주 주정부는 연방법원이 이 소송을 판결할 권한이 없다고 주장하기 시작한다. 주정부가 자치권을 가지고 있는데, 왜 연방정부의 연방법원이 주정부가 소송의 당사자인 재판의 판결을 하냐는 논리였다. 하지만 연방대법원은 조지아주 주정부의 주장을 받아들이지 않았다. 연방헌법 3장 2조(Article 3, Section 2)에 연방법원이 판결할 수 있는 소송이라고 명백히 적혀 있으므로, 연방법원의 재판 진행에 문제가 없다는 것이었다. 13개의 주의회가 동의한 연방헌법 3장을 연방대법원은 있는 그대로 해석 적용할 뿐이니 우리 연방대법원보고 뭐라고 하지 말라는 의미였다. 그리고 연방대법원은 원고인 치솜의 승소 판결을 내리며, 조지아주 주정부는 치솜에게 외상값을 갚으라고 명령한다. 1793년의 이 판결로 인해 각 주의 대표들이 모인 연방의회는 발등에 불이 떨어졌다. 본인들이 만들고 13개 주의 주의회가 자발적으로 동의해준 연방헌법 3장 2조의 내용대로 한다면, 앞으로도 주정부를 상대로 제기되는 국민들의 소송을 연방법원이 판결할 것이고, 각 주의 자치권이 계속적으로 위협받는 상황에 놓이게 되기 때문이었다.

이에 연방의회는 연방헌법 3장 2조에서 문제가 되었던 "다른 주의 주민이 주정부를 상대로 연방법원에 소송을 제기하면 연방법원이 판결할 수 있다"는 부분을 전면 부인하고 삭제해버리는 효과를 담은 수정헌법 11조를 1795년에 만든다. 그리고 이 수정헌법 11조로 인해 앞으로는 다른 주의 주민이 주정부를 상대로 소송을 제기해도 연방법원이 판결하지 못하게 된 것이다. 미국의 권리장전, 즉 수정헌법 1조부터 10조는 1789년에 연방의회에서 통과된 뒤 13개의 주정부로부터 승인받을 때까지 2년이 넘게 걸렸다. 하지만 수정헌법 11조는 13개의 주정부와 연방의회가 보기 드물게 하나가 된 경우였다. 1793년 치숌 판결이 내려지고 바로 다음 해인 1794년에 수정헌법 11조를 연방의회가 통과시키고, 1년이 채 되지 않은 1795년에 13개 주정부들이 모두 승인하였으니, 전체 27개 수정헌법 조항 중 손에 꼽을 만큼 초단기간에 만들어진 조항이 바로 수정헌법11조이다.

1793년 치숌의 승소 판결을 확인한 뒤, 전국에 있는 치숌과 같은 상황의 국민들이 벌떼처럼 주정부를 상대로 연방법원에 소송을 제기했다. 하지만 연방의회와 주정부의 발 빠른 대처로 만들어진 수정헌법 11조로 인해, 주정부를 상대로 연방법원에 접수된 소송은 모두 기각되었다. 수정헌법 11조의 가장 큰 피해자는 누구일까? 외상값을 못 받고도 연방법원에 소송조차 할 수 없는 국민들도 피해자이지만, 재판할 수 있는 권한을 적법하게 받아 소신 있게 판결 한번 내려보고는 다시 재판 권한을 뺏겨버린 연방대법원. 자존심에 큰 상처를 입은 연방대법원이 가장 큰 피해자가 아닐까?

주정부와 연방정부는 동등하다.

연방정부는 A주 정부에게 유치원 어린이를 대상으로 실시하는 미술교육 프로그램 비용을 지원하고 있다. 연방정부는 A주 정부에게 교육비용을 지원하며 한 가지 조건을 걸었다. 반드시 흑인 어린이와 백인 어린이를 함께 교육하는 조건이었다. 하지만 A주 정부가 이 조건을 어기고 백인 어린이들에게만 미술교육을 진행하는 것을 확인한 연방정부가 연방법원에 A주 정부를 상대로 지원금 반환 소송을 제기하였다. 이 소송을 과연 연방법원이 판결할 수 있을까?

1795년에 만들어진 수정헌법 11조는 B주의 주민이 A주 정부를 상대로 연방법원에 소송을 제기할 수 없다고 하였다. 이 수정헌법 11조는 어떤 의미를 가지고 있는 것일까? 주정부는 누구에게도 소송을 당할 수 없다는 특권적 의미가 아니다. 주정부의 사법부인 주법원이 아닌, 연방정부의 사법부인 연방법원로부터 주정부가 재판을 받지 않을 권리를 명시하였으며 주정부의 주권을 담은 조항인 것이다. 당시 연방정부의 위상이 주정부를 압도할 만큼이 아니다 보니, 주정부 입장에서는 주권을 가지고 있는 우리가 왜 연방정부의 법원에서 재판을 받아야 하느냐는 입장이었다. 결국 수정헌법 11조가 만들어질 당시의 미국은 연방정부와 주정부가 동등한 위치에 있다고 생각했기 때문에 이런 조항이 만들어질 수 있었다. 누가 주정부를 상대로 소송을 제기하느냐 보다, 누가 주정부를 판결하느냐가 더 중요한 문제였던 것이다. 반 연방주의자들이 늘 걱정했던 것처럼 연방정부가 연방법원을 통해 광범위한 판결 권한을 가져가면, 결국 연방정부 사법권의 칼끝이 주정부를 향하고, 주정부가 연방정부에 통합될 수 있을 것이라는 우려가 수정헌법 11조에도 깔려 있었다.

하지만 그렇다고 해서 주정부가 연방법원에서 절대 재판을 받지 않는다는 것은 아니다. 연방정부의 사법부인 연방법원의 판결 권한을 정리해 놓은 연방헌법 3장(Article 3)을 보면, 연방정부가 주정부를 상대로 소송을 제기할 때는 연방법원에서 재판을 받아야 한다. 지금의 사례처럼 연방정부가 A주 정부를 상대로 이미 지원한 어린이 미술교육 프로그램 자금의 반환 소송을 할 경우, A주 정부는 연방법원에서 재판을 받아야 한다. 그리고 A주 정부가 B주 정부를 상대로 소송을 제기하는 경우에도 마찬가지로 연방법원에서 재판을 받아야 한다. 주정부 간의 분쟁은 어느 주에도 소속되지 않은 연방정부의 사법부가 판결하는 것이 가장 공정하고 뒷말도 없을 것이다.

1795년의 수정헌법 11조는 주정부가 연방정부에게 재판을 받아야 할 하등의 이유가 없다고 생각해서 만든 조항이긴 하나, 73년이 흘러 수정헌법 14조를 만든 1868년에는 상황이 많이 바뀌게 된다. 남북전쟁이 끝나고 만들어진 수정헌법 14조에는 주정부가 주민의 생명, 자유, 재산을 박탈하지 않겠다는 약속과 함께 어떠한 이유로도 주민을 차별하지 않겠다는 약속을 한다. 그런데 주정부가 이 약속을 어길 경우에는 어떻게 해야 할까? 강제할 어떠한 수단이 있어야 할 것이다. 그래서 이러한 경우 연방의회가 연방법을 만들어 주정부가 약속을 지키게끔 강제할 수 있다는 내용을 수정헌법 14조에 넣어두었다. 예를 들어, "주정부가 흑인을 차별할 경우, 그 흑인은 주정부를 상대로 연방법원에 소송을 제기할 수 있다"라는 연방법을 연방의회가 만들게 되면 주정부는 연방법원에서 재판을 받아야 한다. 결국 수정헌법 14조가 만들어진 남북전쟁 이후의 1868년은, 수정헌법 11조가 만들어졌던 1795년의 분위기와는 사뭇 달랐다. 남북전쟁에서 승리한 연방정부의 권위가 정점에 달했고, 주정부가 마냥 본인들의 주권만을 주장할 수는 없는 상황이었다.

수정헌법 11조는 주정부의 주권이라는 큰 명분을 가지고 있다. 분명 큰 틀의 명분은 주권이 맞기는 하나, 수정헌법 11조가 만들어진 동기가 주정부들의 외상값 때문이라는 사실은 훌륭한 그림에 생긴 큰 흠집이었다. 하지만 이보다 더 서글픈 사실은 연방대법원이 연방헌법 3장을 통해 국민들에게서 받았던 주정부에 대한 판결 권한을, 수정헌법 11조를 통해 다시 뺏겼다는 사실이었다. 초기 연방대법원이 주정부와 연방의회에게 얼마나 견제를 받아왔으며, 얼마나 무시를 당해왔는지 보여주는 대표적 사례이다. 하지만 연방대법원에게 굴욕을 안겨준 수정헌법 11조가 만들어지고 불과 8년 뒤 극적인 반전이 일어났다.

28. 연방대법원의 화려한 귀환

위기를 기회로 만들다.

전국에서 계속적으로 민간인에 의한 총기사고가 발생하자 연방의회는 한층 강화된 총기규제법을 얼마 전 입법하였다. 그러자 총기소매상 피터는 연방의회의 총기규제법이 위헌이라고 주장하며 소송을 제기하였다. 그리고 연방대법원은 피터의 주장대로 총기규제법이 수정헌법 2조의 위반이라고 판결하며 연방의회가 힘들게 만든 총기규제법을 무효로 만들어 버린다. 연방 상원의원 잭은 이 상황이 이해되지 않는다. 연방헌법 어디를 찾아봐도 연방의회가 만든 법을 무효라고 판단할 권한을 연방대법원에게 준 사실이 없기 때문이다. 과연 연방대법원은 이러한 판결을 내릴 권한이 있을까?

1795년의 수정헌법 11조가 만들어진 과정을 살펴보면, 연방대법원에게 연민마저 생긴다. 1788년의 연방헌법 3장 2조(Article 3, Section 2)를 통해 연방법원이 판결할 수 있는 유형의 재판이라고 명백히 권한을 받았음에도 불구하고, 주정부 패소 판결을 한 번 내렸다는 이유로 수정헌법 11조를 통해 즉시 재판 권한을 빼앗겼다. 연방정부가 탄생했던 1789년 당시의 연방대법원 위상은 이렇게 초라하였다. 그리고 애당초 연방대법원을 이렇게 초라하게 만든 장본인은 토마스 제퍼슨과 같은 반 연방주의자들이었다. 반 연방주의자들의 실질적 견제 대상은 연방 행정부나 입법부가 아니라 사법부인 연방대법원이었다. 연방정부의 재판 권한이 폭정의 도구로 사용되지 못하게 철저하게 권한을 축소시키려 하였고, 사법부의 권한을 명시한 연방헌법 3장(Article 3)을 통해 그 목적을 달성하였다. 연방법원이 모든 유형의 재판을 할 수 있는 것이 아니라 다른 주 주민들 간의 소송 또는 연방법에 기반한 소송일 경우에만 재판할 수 있도록 제약하였고, 연방법원의 조직을 연방대법원 하나만 만들고 하위 연방법원은 필요할 때 연방의회가 판단하여 만들도록 하였다. 즉 연방대법원의 하위 조직 또한 연방의회가 결정할 수 있도록 하였다. 이를 통해 국민의 대표인 연방의회가 연방법원을 철저하게 통제하고 견제할 수 있었던 것이다. 이러다 보니 당시 연방대법원의 권위라는 것이 지금과는 비교할 수 없을 정도로 초라할 수밖에 없었다.

1789년에 이렇게 초라하게 출범한 연방대법원은 1795년에 수정헌법 11조의 굴욕을 겪은 뒤 1803년에 극적인 반전을 이룬다. 바로 1803년에 내려진 마버리 대 매디슨 판결을 통해서이다(Marbury v. Madison). 이 재판을 빼놓고 연방대법원을 이야기할 수 없을 만큼 미국에서는 역사적인 판결이었다. 마버리(William Marbury)는 2대 대통령인 존 애덤스가 대통령직에서 퇴임하기 전 연방법원 판사로 임명을 받고 부임을 준비 중이던 사람이었다. 연방주의자인 애덤스 대통령이 반 연방주의자인 토마스 제퍼슨과의 1800년 대통령 선거에서 패배하고 물러나기 전에 연방주의자들을 사법부에 심어 두려고 퇴임 전에 서둘러 임명하였지만, 당시 국무장관이었던 존 마샬(John Marshall)이 임명장을 미처 교부하지 못한 상황에서 정권이 바뀐다. 사실은 존 마샬 국무장관 또한 애덤스 대통령으로부터 차기 연방대법원장으로 임명을 받고 바쁜 상황에서 마버리에게 임명장을 교부하지 못했던 것이다. 이렇게 임명장을 받지 못해 연방법원으로 출근도 하지 못하는 상황에서 정권은 바뀌었고, 현직 대통령인 제퍼슨은 마버리에게 임명장을 교부해 주지도 않았다. 제퍼슨 대통령은 연방주의자인 애덤스 전 대통령이 임명한 마버리를 판사로 임명하기 싫었던 것이다. 그러자 마버리는 본인에게 임명장 교부 업무를 하지 않았던 전 국무장관이자 현 연방대법원장인 존 마샬이 수장으로 있는 연방대법원에 소송을 제기하며 현 정부가 본인에게 임명장을 교부하게 해달라고 요청한다. 소송의 상대방은 제퍼슨 대통령 정부에서 임명장 교부의 업무를 담당하던 국무장관 제임스 매디슨(James Madison)이었다. 매디슨 국무장관은 제퍼슨을 이어 미국의 4대 대통령이 되는 사람이다. 이 재판과 관련된 출연진들은 정말 화려하다. 마버리를 임명했던 애덤스 2대 대통령, 마버리 임명을 거절한 제퍼슨 3대 대통령, 본 재판의 피고이며 현직 국무장관이자 차기 4대 대통령 제임스 매디슨, 전직 국무장관이자 현직 대법원장 존 마샬.

이렇게 권력의 정점에 있는 사람들이 모두 관련된 재판의 열쇠를 쥐게 된 존 마샬은 입장이 곤란하였을 것이다. 본인을 대법원장으로 임명해준 애덤스 전 대통령과 연방주의자를 위하여 마버리 승소 판결을 내리고 싶었겠지만, 연방 대법원이 마버리 승소 판결을 내리며 임명장 교부를 피고 매디슨에게 명령한들 따르지 않을 것이 확실했다. 그렇게 되면 가뜩이나 존재감이 없던 연방대법원 위신은 더 추락할 것이 불을 보듯 뻔했다. 이렇게 진퇴양난의 상황에서 존 마샬 연방대법원장은 중도의 길을 선택하였다. 하지만 이 중도적 판결로 인해 연방대법원은 연방헌법 본문에 명시되지 않은 위헌심사권을 득하는 큰 성과를 득하게 된다.

존 마샬 대법원장은 다음과 같이 판결을 내렸다. "첫째, 마버리는 임명장 교부를 받을 법적 권리가 있다"고 판결하였다. 애덤스 전 대통령이 본인의 권한에 따라 임명하였고, 연방의회의 승인을 적법하게 받았기 때문이었다. 여기까지는 연방주의자들의 손을 들어주는 것 같았다. 그렇지만 다음과 같이 두 번째 판결을 한다. "하지만 애석하게도 우리 연방대법원은 국무장관 매디슨에게 임명장을 교부하라고 명령할 권한이 없다." 그 논리는 다음과 같다. 마버리는 연방의회가 입법한 연방법원 조직법(Judiciary Act)에 명시된 대로 연방 하위법원을 거치지 않고, 바로 연방대법원에게 업무집행 명령서(Writ of Mandamus)를 발부해 달라고 요청하였으나, 그 연방법원 조직법에 문제가 있다는 것이다. 연방헌법 3장을 보면 타국의 외교관 또는 주정부들 간의 소송에 대해서만 하위 연방법원을 거치지 않고 연방대법원이 즉시 판결을 할 수가 있는데, 연방의회가 만든 연방법원 조직법에서는 연방대법원이 연방 하위법원을 거치지 않고도 업무집행 명령서를 바로 발행할 수 있는 것으로 규정하고 있었다. 따라서 연방법원 조직법은 연방헌법과 정면으로 충돌이 발생하는 연방법이고, 이렇게 연방헌법과 연방법이 충돌하면 연방헌법 6장(Article 6)의 최고법조항(Supremacy Clause)에 따라 연방헌법이 우선하므로, 연방법원 조직법은 무효이고 연방대법원은 업무집행 명령서를 발행할 수 없다고 결론을 내린 것이다.

결국 연방대법원의 이야기는 이것이다. "원고 마버리 당신이 임명장 교부를 받아야 하는 것은 맞다. 하지만 마버리 당신이 요청한 대로 우리 연방대법원이 국무장관에게 임명장 교부를 명령할 권한은 없다." 어떻게 보면 양측의 손을 모두 들어주는 모호한 판결이다. 그런데 여기서 주목한 부분은 바로 연방대법원이 연방의회가 만든 연방법을 무효화해 버렸다는 사실이다. 우선 연방 행정부는 임명장 교부 명령을 받지 않아 안도했지만, 연방의회는 당황할 수밖에 없었다. 본인들이 만든 연방법인 연방법원 조직법이 연방대법원에 의해 무효화되어 버렸기 때문이다. 그것도 존재감조차 없던 연방대법원에 의해서.

미국의 입법부와 사법부 간의 견제의 도구가 애당초 헌법상에 모두 녹아져 있었던 것은 아니다. 입법부인 의회가 만든 법률을 사법부인 대법원이 견제하며 무효화해 버릴 수 있는 위헌심사권은 이러한 과정을 통해 만들어진 것이다. 1789년 탄생 이후 1803년까지 존재감이 없었던 연방대법원은 마버리 판결을 통해 연방의회가 만든 법을 무효화할 수 있는 강력한 위헌심사권을 확보하게 되었고, 지금의 연방대법원이 가지고 있는 권위는 이때부터 시작되었다고 해도 과언이 아니다. 그야말로 위기를 기회로 만든 연방대법원의 화려한 귀환이다.

Chapter 12

수정헌법 12조

… they shall name in their ballots the person voted for as President, and in distinct ballots the person voted for as Vice-President, …

…선거인은 투표용지에 대통령으로 투표할 자를 지명하고, 다른 투표용지에 부통령으로 투표할 자를 지명하여야 한다…

29. 애덤스와 제퍼슨의 갈등이 만든 수정헌법 12조

대통령과 부통령은 국정의 동반자

수정헌법 12조는 반 연방주의자이면서 미국의 3대 대통령인 토마스 제퍼슨이 대통령으로 재임하던 시절인 1804년에 만들어졌다. 1788년에 만든 연방헌법 2장 1조(Article 2, Section 1)에 대통령 선거 절차에 대한 규정이 있었으나 수정헌법 12조를 통해 일부 개정된다. 수정헌법 12조의 탄생 과정을 한번 살펴보도록 하자.

미국에서는 국민들이 직접 투표를 하지 않고, 국민이 선출한 선거인(Elector)이 국민들을 대신해서 대통령을 선출한다. 물론 선거인은 대통령 선거에서 어느 후보에게 투표할 것인지를 선거인으로 선출되기 전에 미리 공개하고 약속한다. 그리고 선거인은 본인이 지지한다고 공개한 대통령에게 한 표, 그리고 대통령의 러닝메이트인 부통령에게 한 표를 투표한다. 그런데 수정헌법 12조가 만들어지기 전에는 지금처럼 같은 당의 대통령과 부통령 후보가 러닝메이트로 함께 선거에 출마하지 않았다. 즉 대통령 후보만이 있었다. 그리고 대통령 선거에서 선거인단의 과반수 이상을 득한 후보가 대통령이 되고, 2등을 한 후보는 부통령이 되었다. 미국의 첫 대통령 선거에서 조지 워싱턴(George Washington)이 가장 많은 득표를 해서 대통령이 되고, 2등을 한 존 애덤스(John Adams)가 부통령이 되었다. 이 당시 초대 대통령인 조지 워싱턴과 부통령인 존 애덤스는 아무런 문제 없이 초기 연방정부를 잘 운영했지만, 문제는 2대 대통령 존 애덤스 때부터 생겨났다.

조지 워싱턴 대통령이 재선에 성공하며 8년의 임기를 마치고 자발적으로 퇴임하자, 다음 대통령 선거가 1796년에 있었다. 이때 존 애덤스가 최다 득표로 대통령이 되고 토마스 제퍼슨(Thomas Jefferson)이 2등으로 부통령이 된다. 이 두 사람은 정치적 성향이 완전히 달랐다. 대통령인 존 애덤스는 강력한 연방정부를 원하던 연방주의자, 부통령인 토마스 제퍼슨은 작은 연방정부를 원하던 반 연방주의자이다 보니 사사건건 충돌이 일어나게 되었다. 부통령이 국정의 동반자가 아니라 반대 세력으로서 연방정부의 국정 운영에 걸림돌이 되고 있으니, 존 애덤스의 통치가 제대로 될 리가 없었다. 결국, 존 애덤스는 4년 임기 후 1800년에 실시된 두 번째 선거에서 토마스 제퍼슨에게 패배하였다. 사실 1800년 선거에서 토마스 제퍼슨이 1등을 한 것이 아니라, 애런 버(Aaron Burr)라는 후보와 공동 1등을 하였다. 이런 경우 헌법에 따라 국민의 대표인 하원에서 재투표하도록 되어 있었고, 이때 연방주의자들의 리더였던 알렉산더 해밀턴이 토마스 제퍼슨을 지지해주며 힘들게 대통령에 당선되었다.

부통령으로서 사사건건 존 애덤스 대통령을 괴롭혀 온 토마스 제퍼슨은 대통령과 부통령의 정치적 성향이 반드시 같아야 한다는 것을 뼈저리게 느끼고 있었다. 그래서 1804년 수정헌법 12조를 통해 대통령 후보와 부통령 후보를 별도로 두고 선거인은 본인이 지지하는 대통령에게 한 표, 부통령에게 한 표를 투표하도록 선거 절차를 개정하였다. 이를 통해 대통령과 부통령이 같은 당에서 자연스럽게 배출되어 국정의 동반자가 되도록 만들어 준 것이다. 존 애덤스와 토마스 제퍼슨의 앙숙 관계가 결국 지금의 대통령 선거방식을 만들었다고 볼 수 있다. 미국 독립전쟁 당시 독립 선언문을 주도적으로 함께 만들었고, 대통령과 부통령을 함께 하였으며, 정치적 반대파의 거물로서 한평생 미국의 독립과 국민을 위해 일한, 정치적 동반자이자 경쟁자였던 존 애덤스와 토마스 제퍼슨은 미국인들이 존경하는 대표적 건국의 아버지이다. 이 둘은 죽는 날도 같았다. 독립선언문을 함께 만들었던 1776년 7월 4일로부터 정확히 50년이 지난 1826년 7월 4일에 함께 사망하며 미국인들에게 묘한 여운을 남기기도 하였다.

국민이 아니라, 주정부가 대통령을 뽑는다.

이번 대통령 선거에 출마한 민주당의 A후보와 공화당의 B후보는 마지막까지 결과를 예측할 수 없는 박빙의 승부를 펼치고 있다. 현재까지의 개표 상황을 보니 A후보가 B후보 보다 21명의 선거인단을 더 확보하여 근소하게 앞서고 있다. 하지만 마지막 X주의 개표가 상당히 중요해졌다. X주의 선거인단이 25명이나 되어서, 만약 B후보가 X주에서 승리한다면 선거인단 4명을 더 확보하게 되어 역전승이 가능하기 때문이다. 그리고 X주 개표 결과 B후보가 가까스로 300표 차이로 승리하고 X주 선거인단 25명을 모두 가져가며 역전에 성공한다. 결국 B후보가 대통령에 당선된다. 하지만 A후보는 이 상황을 받아들이기 어렵다. 왜냐하면 전체 국민 투표자 수 기준으로는 A후보 본인이 더 많은 지지를 받았는데도, 선거인단 4명을 더 확보했다는 이유로 B후보가 당선되는 대통령 선거 절차가 납득이 되지 않기 때문이다. 국민 투표자 수 기준으로는 A후보가 승리했지만, 각 주를 대표하는 선거인단 수 기준으로 B후보가 승리하여, B후보가 대통령으로 당선되는 것이 과연 타당한 선거일까?

앞서 보았듯이 수정헌법 12조는 미국의 대통령 선거절차를 수정한 조항이다. 미국의 대통령 선거는 국민이 직접 투표하는 직접선거가 아니라 간접선거이다. 국민은 대통령을 직접 투표할 각 주의 선거인단(Electoral college)을 11월 첫 번째 화요일에 선출하고, 그 선출된 선거인단이 12월에 직접 대통령 투표를 한다. 각주마다 선거인단의 수는 다르며, 50개 주의 선거인단을 합한 수는 538명이다. 이 숫자는 50개 주 상원의원의 수 100명에, 하원의원의 수 435명을 더하고, 어느 주에도 속하지 않는 수도 워싱턴 DC의 선거인단 수 3명을 합해서 나온 숫자이다.

상원의원의 수는 인구가 가장 많은 캘리포니아주도 2명이고, 인구가 가장 적은 와이오밍(Wyoming)주도 2명이다. 인구가 많든 적든 공평하게 주마다 2명씩의 상원의원을 배정한 것이다. 반면 하원의원 수는 인구수에 비례한다. 그래서 인구가 가장 많은 캘리포니아주는 하원의원의 수도 가장 많아서 53명이지만, 인구가 가장 적은 와이오밍주 하원의원은 1명이다. 헌법은 10년에 한 번씩 인구조사를 해서 인구가 늘어난 주는 하원의원 수를 늘리고, 인구가 줄어든 주는 하원의원 수를 줄이도록 하고 있다. 하지만 실제로는 특정 주의 늘어난 하원의원 수만큼, 다른 주에서 줄이는 방식으로 하원의원 435명을 유지하고 있다. 결국 이렇게 되면 인구가 가장 많은 캘리포니아주는 상원의원 2명, 하원의원 53명을 합한 55명의 선거인이 배정되고, 인구가 가장 적은 와이오밍주는 상원의원 2명, 하원의원 1명을 합한 3명의 선거인이 배정된다. 그리고 수도 워싱턴 D.C. 또한 가장 인구수가 적은 와이오밍주처럼 3명의 선거인단을 배정하여 준다. 결국, 최종 선거인단 수는 50개 주 전체 535명 선거인단과 워싱턴 D.C.의 선거인단 3명을 합한 538명이다. 그리고 이 538명의 절반인 269명에서 1표를 더 얻은 270표를 득표하면 대통령에 당선된다. 지금까지 살펴본 선거인단 수 결정에 관한 기준은 나름 합리적으로 받아들일 수 있다. 하지만 미국 대통령 선거 논란의 핵심은 다른 곳에 있다.

위 사례에서 본 것처럼, 더 많은 국민의 지지를 받은 A후보가 낙선되는 아이러니한 이유는 바로 50개 주 중에서 48개 주가 채택하고 있는 승자독식 룰이라는 것 때문이다. 예를 들어, 캘리포니아주의 유권자 가운데 51%가 A후보를 지지하고, 49%가 B후보를 지지한다면, 선거인단 55명을 비율대로 A후보, B후보로 나누는 것이 아니라, 캘리포니아주 선거인단 55명 모두를 A후보가 가져간다는 것이 승자독식 룰이다. 그리고 대부분의 주가 운영하는 이 승자독식 룰로 인해 다음과 같은 논란이 생기고 있다. 인구가 많아 선거인단 수도 많은 캘리포니아 같은 대형주에서, 많은 국민의 지지를 얻고도 수백 표 차이로 패하여 선거인단을 모두 놓쳐버리면, 2016년 힐러리와 트럼프, 2000년 고어와 부시의 경우처럼 당선자보다 더 많은 국민의 지지를 얻고도 패배할 수 있는 상황이 생긴다. 미국의 대통령 선거가 왜 간접선거인지 그리고 왜 이런 승자독식 룰을 적용하는지에 대해 많은 논란이 있다. 선출된 선거인이 주민들과 약속한 대통령 후보에게 투표하지 않는 경우가 실제 발생하고 있고, 승자독식제(Winner-take-all system)로 인해 미국 역사상 4번에 걸쳐 국민 다수의 지지를 받은 후보가 낙선하는 사례가 발생하기도 하였다. 특히 2000년 이후 2번이나 이런 경우가 발생하다 보니 대통령 선거방식에 대한 회의적인 시각이 많다.

하지만 우리가 주목해야 할 미국 대통령 선거제도의 핵심은 미국이 한국과는 다른 연방주의 국가라는 사실에 있다. 건국 당시 연방정부를 늘 견제해오던 주정부는 연방정부와 동등한 존재이지 열등한 존재가 아니었다. 즉 주정부가 연방정부의 대통령을 뽑는다는 생각을 한 것이지, 국민이 대통령을 뽑는다는 생각을 한 것이 아니었다. 우리 주의 주민 51%가 B후보를 지지하면 우리 주정부는 B후보를 지지하는 것이고, 우리 주의 전체 선거인단은 주정부를 대표해 B 후보에게 모두 투표하는 것이다. 엄밀히 이야기하면 연방정부의 대통령은 미국 국민 전체의 지지가 중요한 것이 아니라, 50개 주 주정부가 어느 후보를 지지하느냐가 중요하다. 각 주를 대표하는 선거인단은 주정부가 주법에 따라 알아서 선출하는 것이고, 선출된 선거인단은 우리 주의 의사를 전달하는 사람일 뿐이다. 즉 우리 주의 주민 대부분이 지지하는 A후보에게 우리 주의 선거인단들이 투표하는 것이다.

국민이 직접 선택한 후보를 대통령으로 뽑을 것인가, 아니면 주민이 택한 후보를 주정부가 뽑을 것인가라는 방식의 선택은 지금의 미국처럼 큰 차이를 만든다. 미국의 방식을 한국에 굳이 적용한다면, 경기도는 A후보, 경상도는 B후보, 전라도는 A후보를 선택하여 투표하는 것이다. 다만 인구가 많은 경기도에 더 많은 투표권을 주는 것이다. 이 방식을 택하려면 경기도, 경상도, 전라도 등과 같은 지방정부의 자치권에 대한 상당한 수준의 존중과 권한이 부여되어 있어야 가능하다. 미국은 건국의 과정이 한국과는 다르다. 13개의 지방정부가 이미 존재하는 상황에서 중앙정부가 만들어진 미국과, 중앙정부가 만들어지고 지방정부가 만들어진 한국이 다르다는 것을 먼저 인정해야만 미국의 대통령 선거제도가 이해될 수 있겠다. 결국 미국 대통령 선거는 50개주 주정부의 주권을 다시 한번 확인시켜 주는 중요한 정치적 이벤트인 것이다.

Chapter 13

수정헌법 13조

Neither slavery nor involuntary servitude, except as a punishment for crime whereof the party shall have been duly convicted, shall exist within the United States, or any place subject to their jurisdiction. Congress shall have power to enforce this article by appropriate legislation.

노예 및 본인의 의사에 반하는 노역은 당사자가 범죄에 대한 형벌로서 정당하게 유죄 선고를 받은 경우를 제외하고는 미국 또는 그 관할에 속하는 어느 곳에서도 존재할 수 없다. 연방의회는 적절한 법률의 제정에 의하여 본 조항을 강제할 권한이 있다.

30. 노예라는 시한폭탄을 제거하다.

연방 균열의 조짐과 링컨의 결단

미국의 수정헌법 13조는 남북전쟁이 끝난 1865년에 만들어졌다. 미국에서 더 이상의 노예는 존재하지 않는다고 헌법에 못 박은 조항이다. 대통령 선거절차를 수정한 수정헌법 12조가 만들어진 때가 1804년이고, 수정헌법 13조가 만들어진 때가 1865년이니 거의 60년간 헌법에 손을 대지 않았다. 헌법에 손을 대지 않았다는 것은 이 60여 년간 미국이 상당히 바빴다는 것을 의미한다. 1812년에 영국이 미국을 다시 침공해오고 백악관까지 불타는 혼란스러운 상황이 펼쳐졌으며, 전쟁이 끝난 1815년 이후부터 미국은 본격적인 국가의 틀을 다진다. 동부의 애팔래치아 산맥을 넘어 서부 캘리포니아로 금을 찾아 사람들이 몰리고, 멕시코와의 전쟁을 통해 서부의 영토가 확장되는 등 기존 동부 중심에서 서부로의 본격적인 이동이 시작되었다.

하지만 이 시기를 거치면서 미국은 시한폭탄을 하나 만들어가게 된다. 바로 북부와 남부의 갈등이었다. 그리고 이 갈등은 미국이 탄생하던 시기부터 존재하고 있었다. 유럽 대륙에도 수십 개의 국가가 존재하는데, 넓은 북미 대륙에 미국이라는 하나의 국가가 갈등 없이 존재한다는 사실이 오히려 이상하게 느껴지고, 건국 당시 13개 주들의 갈등은 어찌 보면 당연한 것이었다. 미국인들은 이러한 당연한 갈등을 잘 봉합하고 통합해나간 영웅

들을 존경한다. 미국 국민들이 가장 존경하는 대통령 순위에서 항상 1~2등을 하는 조지 워싱턴과 에이브러햄 링컨 대통령의 가장 큰 업적과 공통점이 무엇일까? 워싱턴 대통령은 독립과 건국의 공이 있었고, 링컨 대통령은 노예해방의 공이 있었지만, 이 두 사람의 가장 큰 업적은 혼란과 위기의 시기에 미국을 연방국가로 유지한 것이다. 건국 초기 혼란의 시기에 13개 주들이 분열되지 않게끔 연방을 유지해 나간 워싱턴 대통령, 미국 역사상 가장 많은 전사자를 남긴 남북전쟁을 승리로 이끌며 미국을 연방국가로 유지한 링컨 대통령. 이들이 없었다면 미국은 지금 50개의 국가로 쪼개어져 있지 않을까! 13개 주로 시작하여 지금의 50개 주로 덩치를 키운 미국에게 있어, 자치권을 가지고 있는 주들 간의 갈등은 존재할 수밖에 없었고, 그 갈등을 잘 봉합하여 통합한 인물들이 존경을 받고 있는 것이다.

미국을 탄생시킨 건국의 아버지들은 국가의 비전과 정치적 성향에 따라 연방주의자와 반 연방주의자로 구분된다. 그리고 이러한 성향의 차이는 살아온 환경의 차이로 인한 자연스러운 결과였다. 알렉산더 해밀턴, 존 애덤스 같은 연방주의자들은 척박한 땅에서 상공업을 중심으로 살아가던 북부의 주를 대표하는 인물들이었다. 반면 토마스 제퍼슨과 제임스 메디슨 같은 반 연방주의자들은 비옥한 땅에서 대형 농업을 중심으로 살아가던 남부의 주를 대표하는 인물들이었다. 북부와 남부의 서로 다른 자연환경과 그로 인해 다를 수밖에 없었던 생존방식의 차이는 자연스럽게 그 지역을 대표하던 의원들의 이해 충돌로 이어진다. 전에 없던 경제적 도약을 위한 기반을 다지던 시기이니, 국가의

정책 결정에 있어 북부와 남부의 이해관계가 일치할 수 없었다. 그리고 그 이해관계의 충돌에는 항상 흑인 노예 문제가 빠지지 않았다. 면화나 담배 같은 대형 농업을 중심으로 살아가던 남부 주들에게 흑인 노예의 노동력은 남부의 생존과 직결된 문제였지만, 기독교적 신념이 강하고 상공업 중심의 생활을 해온 북부 주들의 입장에서는 그저 비인간적인 행위에 지나지 않았다.

당시 흑인 노예 문제가 의원들의 지루한 정치적 논쟁거리가 아닌, 전 국민의 사회적 관심을 받게 된 몇 가지 사건이 있었다. 한국인에게도 친숙한 소설인 톰 아저씨의 오두막집(Uncle Tom's Cabin) 소설이 베스트셀러가 되면서 남부 흑인 노예들의 비참한 생활 모습을 알게 된 북부의 주민들이 노예제도 폐지에 힘을 실어 주었다. 그리고 존 브라운(John Brown)이라는 인권 운동가가 폭력적 노예해방 운동을 선동하다가 체포되어 사형에 처해지자, 그의 사형에 남부와 북부가 상반된 입장을 보이면서 노예 문제로 다시 한번 들썩거렸다. 이 혼란스러운 상황에 연방대법원은 흑인을 인간이 아닌 백인들의 재산으로 인정해버리는 미국 역사상 최악의 판결을 내리며, 남부와 북부의 갈등에 기름을 부어버렸다. 그리고 마지막으로 이러한 일련의 사건에 방점을 찍어버리는 정치적 이벤트가 있었으니, 바로 노예제도를 반대하던 링컨의 대통령 당선이다. 이에 링컨의 대통령 당선을 반대해오던 남부의 7개 주들은 일제히 연방에서 탈퇴하며 남부연합(Confederacy)을 창설하였다. 이들의 연방 탈퇴가 단순히 노예제도만의 문제라고 이야기할 수는 없다. 건국 초기부터 다른 환경에서 출발하여, 각자의 환경에 맞는 그들만의 방식으로 생존

해온 남부와 북부에게 노예제도는 수많은 갈등 중 하나일 뿐이었다.

당시 링컨 대통령에게는 흑인 노예의 해방도 중요했지만, 그보다 더 중요한 것은 연방의 붕괴를 막는 것이었다. 그리고 이를 위한 남북전쟁은 1861년에 시작되어 미국 역사상 가장 많은 60만 명의 전사자를 만들며, 1865년의 수정헌법 13조, 1868년의 수정헌법 14조, 1870년의 수정헌법 15조를 탄생시켰다.

60만 명의 희생으로 만든, 수정헌법 13조

남부 A주에 사는 흑인 짐은 백인인 주인을 따라 북부에 있는 B주로 이사를 한다. B주는 흑인 노예제도를 인정하지 않았다. 북부의 B주에서 생활하던 짐의 주인이 1년 뒤 고향인 남부의 A주로 다시 돌아갔다. 그리고 짐도 주인을 따라 A주로 다시 이사했다. 남부의 A주는 흑인 노예제도를 인정하고 있었다. 짐이 주인에게 이제는 노예 생활을 그만하고 떠날 수 있게 허락해 달라고 했지만, 주인은 허락하지 않았다. 그러자 짐은 법원에 소송을 제기하며 본인이 북부의 B주에 살면서 이미 자유인 신분이 되었음을 인정해 달라고 하였다. 법원은 어떤 판결을 내렸을까?

미국 연방대법원 역사상 최악의 판결 순위를 매기면, 드레드 스콧(Dred Scott) 판결이 항상 1등을 한다. 남부와 북부가 흑인 노예 문제로 첨예하게 갈등하던 1857년에, 연방대법원은 드레드 스콧이라는 흑인이 제기한 소송에 최악의 판결을 내리며 노예 문제에 기름을 부어버렸다. 드레드 스콧의 상황은 위에 보는 짐의 상황과 같았다. 드레드 스콧이 자유인으로 인정해달라며 주인을 상대로 법원에 소송을 제기하자, 연방대법원은 헌법이 인간에게 여러 가지 권리를 보장하고 있으나 그 인간에 흑인은 포함되지 않고 따라서 흑인은 소송을 제기할 권리가 없다고 판결하였다. 그리고 수정헌법 5조가 정부는 국민의 생명, 자유, 재산을 적법절차에 의하지 않고는 박탈할 수 없다고 명시했음에도 불구하고, 흑인이라는 백인의 재산을 박탈하는 북부의 주법은 수정헌법 5조를 위반한 무효인 법이라고 판결하였다. 당시 이 판결에 북부는 강력히 반발하고, 남부는 찬사를 보냈다. 이후 남부와 북부의 팽팽한 긴장감 속에 진행된 1860년의 대통령 선거에서 노예제를 반대하던 링컨이 당선되자, 결국 남부의 7개 주들이 연방에서 탈퇴해 버리며, 그들만의 남부연합을 결성하였다.

이렇게 시작된 1861년의 남북전쟁은 초반에는 남부군에 유리한 상황으로 전개되었다. 하지만 산업화를 기반으로 한 북부의 막대한 군수물자 공급과 철도 및 전보를 통한 신속한 군사작전으로 북부군은 반전의 기회를 잡게 되고, 메릴랜드주의 앤티텀(Antietam) 전투에서 승리한 후 링컨 대통령은 1862년 9월 노예해방을 선언하였다. 이로 인해 약 350만 명의 남부 흑인 노예들이 자유인이 되었으며, 노예해방 이후 많은 수의 흑인들이 북부군에 자발적으로 참여하였다. 드디어 1865년 남부군이 항복하면서 약 60만 명의 사망자를 낸 최악의 남북전쟁이 끝났다. 미국 연방정부의 탄생만큼이나 미국 역사에서 중요한 사건으로 인식되는 남북전쟁은, 전쟁 무기들이 급속히 발전한 상황이었음에도 예전과 별반 차이가 없는 전쟁 전술로 인해 미국 역사상 최고의 전사자가 발생하였으며, 특히 남부지역은 이전과 비교할 수 없을 정도로 폐허가 되어버렸다.

미국 남북전쟁은 흑인 노예해방이라는 명분으로 치른 내전이었지만, 그 이면에는 남부와 북부의 지역적 이해관계 충돌이 끝내 폭발한 사건이었다. 그리고 링컨 대통령은 노예해방이라는 인도적 업적도 이루었으나, 무엇보다 남북으로 영원히 분열되었을 뻔한 미국을 하나의 미국으로 만든 업적은 미국 내에서 더 높은 평가를 받고 있다. 1789년 출범 이후 늘 주정부의 견제를 받아오던 연방정부는 남북전쟁을 승리로 이끌며 드디어 전세를 역전시키게 되었다. 남북의 갈등을 봉합하며 하나의 미국을 만든 연방정부의 권위는 최고조에 이르게 되고, 남북전쟁이 끝난 1865년 수정헌법 13조를 통해 노예제를 폐지하게 된다. 여기에 그치지 않고 1868년 수정헌법 14조를 통해 인종을 이유로 차별하지 않겠다는 법의 평등한 보호를 약속했으며, 1870년 수정헌법 15조를 통해 흑인 투표권을 보장하며 연방정부는 그 권위를 확인하였다.

Chapter 14

수정헌법 14조

… nor shall any State deprive any person of life, liberty, or property, without due process of law; nor deny to any person within its jurisdiction the equal protection of the laws. The Congress shall have power to enforce, by appropriate legislation, the provisions of this article.

어떤 주정부도 법의 정당한 절차에 의하지 않고는 국민의 생명, 자유, 재산을 박탈하지 아니한다. 또한 사법 관할 내에 있는 어떠한 사람에 대해서도 법의 평등한 보호를 거부해서는 안 된다. 연방의회는 적절한 법률 제정에 의해 본 조항을 강제할 권한이 있다.

31. 매의 눈으로 주정부를 감시하다.

연방정부의 비상, 주정부의 추락, 아! 옛날이여

미국의 권리장전이라고 부르는 수정헌법 1조부터 10조는 1791년에 연방정부가 국민들에게 한 약속이었다. 수정헌법 1조의 종교의 자유를 시작으로 국민들이 가진 다양한 권리들을 연방정부가 함부로 뺏지 않겠다고 한 약속이었다. 건국 당시 이미 존재하던 13개의 주정부가 하나의 연방정부를 만들다 보니 자연스럽게 주정부의 연방정부에 대한 견제가 철저했고, 그 결과 만들어진 것이 수정헌법 1조부터 10조였다. 그리고 이러한 견제로 인해 초기 연방정부의 지위와 힘은 주정부를 압도할 만큼 되지를 못하였다. 이런 상황에서 미국의 영토가 서쪽으로 확장되어 가고, 산업화가 진행되며 태생적으로 다를 수밖에 없던 남부와 북부의 이해관계가 충돌한 것이 바로 남북전쟁이었다. 만약 이 시기에 연방정부가 강력한 권한과 리더십으로 주정부들을 통솔하고 있었다면 남북전쟁이 생기지는 않았을 것이다. 하지만 건국 이후 지속적으로 견제만 당해오던 연방정부에게 그러한 리더십을 기대하기란 불가능했고, 이렇게 어려운 상황이었음에도 남북전쟁을 승리로 이끈 연방정부가 드디어 주정부에 대한 견제를 시작한다.

남북전쟁 이전까지 연방정부의 가장 큰 불만은 연방정부가 주정부를 강제할 헌법적 근거가 어디에도 없었다는 것이다. 수정헌법 1조부터 10조까지는 국민에게서 받은 권한을 연방정부가 함부로 남용하지 않겠다는 연방정부의 약속이었지, 주정부의 약속은 아니었다. 만약 주정부가 주민들의 생명, 자유, 재산을 함부로 침해하고 빼앗는다면 연방정부가 제재할 수 있어야 할 텐데, 연방정부가 주정부를 통제하고 규제할 근거가 헌법 어디에도 없었던 것이다. 이에 연방의회는 남북전쟁에서 승리한 이후 수정헌법 14조를 통해 연방정부가 국민들에게 했던 1조부터 10조까지의 약속을 주정부 또한 지키도록 만든다.

수정헌법 14조가 5개의 절로 구성되어 있어 복잡해 보이긴 하나, 핵심적인 것은 첫 1절과 마지막 5절에 담긴 3가지의 내용이다. 먼저 1절의 적법절차 조항(Due Process Clause)을 통해 주정부가 국민의 생명, 자유, 재산을 정당한 절차 없이 함부로 박탈하지 못하도록 하였다. 이 폭넓은 약속으로 인해 연방정부가 국민에게 했던 약속인 수정헌법 1조부터 10조를 주정부 또한 모두 지켜야 하는 상황에 놓였다. 두 번째는, 1절에 명시한 법의 평등한 보호 조항(Equal Protection Clause)을 통해 주정부는 국민이 흑인이라는 또는 여성이라는 등의 이유로 차별하지 않겠다고 약속하였다. 주정부가 모든 국민들을 평등하게 대우하고, 법의 보호를 동등하게 받게 하겠다는 의미이다. 세 번째는, 5절에서 강제 조항(Enforcement Clause)을 명시하며 앞선 두 가지 약속을 주정부가 지키지 않으면 연방정부가 입법을 통해 주정부를 강제할 수 있다고 못 박아 버린다.

연방정부의 입장에서 수정헌법 14조의 의미를 찾는다면 주정부가 국민의 생명, 자유, 재산을 박탈하거나 국민을 차별할 경우, 연방의회가 연방법을 통해 국민을 구제해 줄 수 있게 된 것이다. 앞서 수정헌법 11조를 통해 확인했지만, 특별한 경우가 아니고는 연방법원이 주정부를 재판할 수 없었다. 하지만 이제는 수정헌법 14조 덕분에 주정부가 국민의 권리를 침해하거나 차별하면, 연방의회가 연방법을 만들어 주정부를 강제하거나 연방법원에서 주정부를 재판을 할 수 있게 된 것이다. 그리고 이제는 주정부가 연방 수정헌법을 통해 약속했기 때문에 국민들이 주정부로부터 권리를 침해당하면, 연방헌법 위반의 이슈가 되는 것이고, 따라서 연방법원이 판결할 수 있는 권한을 자연스럽게 확보하게 되는 것이다. 수정헌법 11조가 만들어졌던 1798년의 연방정부가 가졌던 권위에 비하면, 남북전쟁에서 승리하고 수정헌법 14조를 만든 1868년의 연방정부의 권위는 비교할 수 없을 정도로 커져 버린 것이었다.

미국 국민들은 연방정부가 만든 연방법도 지켜야 하고, 주정부가 만든 주법도 지켜야 한다. 하지만 국민들이 일상생활 속에서 더 자주 접하게 되는 것은 사실상 주정부와 주법이다. 국민들이 이렇게 빈번히 접하게 되는 주정부의 행위와 주법에 관한 위헌성을 이제는 연방법원을 통해서도 구제받을 수 있게 되었으니, 국민들 입장에서는 좀 더 공정한 재판을 기대할 수 있게 되었다.

반면 주정부의 입장에서는 수정헌법 14조로 인해 상당한 부담을 가지게 되었다. 주의 헌법뿐만 아니라 연방헌법을 통해서도 국민들의 권리에 관한 약속을 한 것이 되고, 그 약속을 지키고 있는지 연방정부의 감시를 받게 된 것이다. 무엇보다도 수정헌법 11조를 통해 연방법원에서 그토록 재판을 받지 않으려 했던 주정부의 과거 노력이 수포로 돌아가 버리며, 주정부의 자치권에 큰 상처를 입게 되었다. 앞으로는 주 정부가 국민의 생명, 자유, 재산을 침해하거나 국민을 차별한 경우, 연방정부는 좌시하지 않을 것이었다. 연방의회가 즉시 연방법을 만들어 주정부의 위헌적 행위를 금지하고, 연방법원에서 재판까지 받도록 할 수 있게 되었으니까 말이다. 주정부는 과거 연방정부에게 큰 소리치던 시절을 그리워하게 되었다.

우리도 설명할 기회를 달라!

피터는 A주 정부가 발급한 의사면허를 가지고 종합병원에서 근무하는 성형외과 의사이다. 최근 피터는 마약류로 분류되는 마취용 의약품을 병원에서 몰래 반출하다가 병원의 내부감사에서 발각되어 해고되었고, 병원은 A주 의료위원회에 이 사실을 전달한다. 그러자 A주 정부 소속의 의료위원회는 A주의 의사면허법에 따라 피터의 의사면허를 다음날 즉각 취소해 버린다. 피터는 너무 순식간에 일어난 면허 취소에 황당하다. 과연 피터의 의사면허를 취소한 의료위원회의 행위에 문제가 없는 것일까?

수정헌법 5조와 14조에 담긴 적법절차 조항(Due Process Clause)은 정부가 국민의 생명, 자유, 재산을 박탈하려 할 경우, 그전에 반드시 국민에게 고지(Notice)해주고 청문회(Hearing)를 받을 기회를 부여해 주기로 약속하였다. 정부는 이렇게 정당한 법적 절차를 통해서만 국민의 권리를 유효하게 박탈할 수 있다.

지금 피터의 의사면허를 취소한 A주 정부 소속 의료위원회의 행위가 적절했는지를 검토하려면 두 가지를 살펴보아야 한다. 첫째 정부가 국민의 무엇을 빼앗은 것인지, 그리고 빼앗은 명분과 절차가 타당했는지 여부이다.

먼저 정부가 피터의 무엇을 빼앗은 것인지부터 살펴보자. 수정헌법 14조의 적법절차 조항에서는 정부가 국민의 생명(Life), 자유(Liberty) 그리고 재산(Property)의 박탈에 대한 제한을 명시하고 있다. 그런데 정부가 국민의 재산을 박탈하려면, 국민은 빼앗길 본인의 재산을 당연히 가지고 있어야 할 것이다. 여기서 재산이라 함은 물리적인 실체가 있는 것뿐만 아니라, 비록 물리적 실체가 없더라도 국민이 법에 의해 특정한 혜택을 누릴 것으로 합리적 기대를 할 수 있는 자격이나 직업도 재산이라고 볼 수 있다. 피터가 의사임을 인정하는 의사면허증은 A주 정부의 의사면허법에 근거하여 A주 정부 소속의 의료위원회가 발급한 것이었다. 즉 피터는 주법을 통해 주정부로부터 의사면허증을 발급받았고, 의사면허를 통해 지속적으로 생계를 유지할 수 있을 것이라는 합리적 기대를 해오고 있었다. 따라서 그 의사면허는 피터의 재산이고, A주 정부가 피터의 의사면허를 취소한 것은 국민의 재산을 박탈한 것이 된다.

그렇다면 이제는 국민인 피터가 정부로부터 자신의 재산을 박탈당했으니, 수정헌법 14조가 약속한 대로 그 절차가 타당했는지를 한번 살펴보겠다. 즉 주정부가 피터에게 고지와 청문회의 기회를 합리적으로 부여했는지를 살펴보자. A주 정부 소속의 의료위원회는 사설 병원으로부터 피터의 불법행위를 전달받고는 다음 날 즉시 면허를 취소하였다. 의사면허라는 피터의 재산을 박탈하면서도 면허 취소의 고지를 피터에게 주지도 않았고, 본인의 불법행위에 대하여 변론할 수 있는 어떠한 기회도 피터에게 주지 않았다. 의료위원회는 사설 병원의 감사결과, 마취용 의약품 절도 사실을 전달받고 의사면허를 박탈하긴 했으나, 그 병원 감사결과의 근거에 대해 의료위원회가 별도로 조사를 하지도 않았고 피터의 이야기를 들어보지도 않은 채 면허를 취소하였다. 이 과정에 심각한 오류가 있을 수 있다. 예를 들어, 마취용 의약품을 피터가 아니라 간호사가 훔쳐 갔으나, 그 간호사를 사랑하던 피터가 본인은 다른 병원에서 쉽게 일자리를 구할 수 있다는 생각에, 변명도 한마디 하지 않고 병원에서 해고당했을 수도 있다. 따라서 주정부의 의료위원회는 의사면허를 취소하기 전에 반드시 피터에게 "A주의 의사 면허법에 따라 면허취소 사유에 해당되어 다음 주 목요일에 의료위원회가 주관하는 청문회를 진행하겠으니 반드시 참석하시오"라는 안내를 해주며 청문회 기회를 부여해야 한다. 그리고 그 청문회에서는 피터가 정말 마취용 의약품을 절도한 것이 맞는지, 증거와 증인을 통해 확인하며 피터의 변론을 들어보고 나서야 피터의 면허를 취소할 수 있는 것이다. 이러한 과정을 절차상의 적법절차(Procedural Due Process)라고 부른다.

만약 피터가 사설 병원의 내부감사 결과가 아니라, 주검찰에 의해 마취용 의약품 절도죄로 형사 재판을 받고 유죄 판결을 받았으며, 그 판결에 근거해서 의료위원회가 면허를 즉각 취소했다면 어떻게 될까? 이런 경우에는 피터에게 청문회의 기회를 주지 않고, 면허 취소 전에 고지만을 해주어도 충분할 것이다. 왜냐하면 이미 형사재판을 통해 피터는 법정에서 충분히 본인을 변론할 기회를 가졌기 때문에, 의료위원회가 또다시 시간과 돈을 들여가면서 청문회를 해야 할 필요는 없겠다. 이미 피터는 형사재판을 받으며 본인의 변론 기회가 충분히 있었고 범죄의 실체가 밝혀졌기 때문이다.

32. 내 가족에 관한 문제는 내가 결정한다.

내 아이를 학교에 보내지 않을 권리

피터에게는 10살이 된 아들 잭이 있다. 학교에서 따돌림을 당하며 힘들어하는 잭을 위해 피터는 아들을 학교에 보내지 않고 집에서 직접 가르칠 결심을 한다. 하지만 피터가 살고 있는 A주의 법을 보니, 10살 어린이는 의무적으로 학교에서 교육을 받도록 되어 있다. 피터는 잭을 학교에 반드시 보내야 할까?

미국에서는 전체 학생의 3%에 달하는 약 2백만 명의 아이들이 학교에 다니지 않고 집에서 부모로부터 교육을 받고 있다. 미국에서는 이것을 홈 스쿨링(Homeschooling)이라고 부른다. 한국은 의무교육제를 통해 일정한 나이가 된 자식을 반드시 학교에 보내야 하지만, 미국에서는 부모의 선택 사항이다. 부모의 자식 교육 방식에 대한 선택의 권리를, 정부의 공교육 명분보다 높은 곳에 두고 있다. 물론 미국도 예전에는 자식들을 반드시 학교에 보내야 했다. 하지만 학교의 교육 환경이나 교육 방식 그리고 종교적 신념 등의 이유로 학교 교육을 불신하며, 아이를 집에서 직접 교육시키려는 부모가 늘어났다. 이런 현상은 부모 본인들이 교육을 받으며 느껴왔던 불만이 표출된 것이었고, 실제 미국 홈 스쿨링 학생들의 대부분이 상당한 교육을 받은 백인 부모의 아이들이다. 반면 정부는 국가의 미래를 위해 아이들을 교육시키는 것이 정부의 당연한 기능이라고 생각하고 있었다. 결국, 이러한 정부와 홈 스쿨링을 원하는 부모들 간에 충돌이 발생하여 소송으로 이어진다. 그리고 1972년에 연방대법원은 부모가 자식의 교육 방식을 선택할 권리를 국민의 기본권(Fundamental Right)으로 인정하며, 홈 스쿨링을 원하는 부모들의 손을 들어주게 되었다(Wisconsin v. Jonas Yoder, 1972).

수정헌법 5조와 14조에 담긴 적법절차 조항(Due Process Clause)에서는 정부가 국민의 생명, 자유, 재산을 박탈하려면, 반드시 법의 정당한 절차를 거쳐야 한다고 했다. 여기서 정당한 절차라 함은 앞서 살펴본 피터의 의사면허 취소처럼 고지와 청문회의 과정을 보장해야 한다는 절차상의 적법절차(Procedural Due Process)를 의미하였다. 하지만 이러한 절차상의 문제보다 더 중요한 것이 있으니 바로 명분과 정당성이다. 정부가 국민의 생명, 자유, 재산을 박탈하려면 그 박탈의 명분과 정당성이 있어야 한다는 실체적 적법절차(Substantive Due Process)를 빼놓을 수 없다. 아무리 사전에 고지를 해주고 청문회 기회를 주었다 하더라도 국민의 권리를 박탈하는데 명분과 정당성이 없다면 아무런 의미가 없을 것이다. 그리고 신으로부터 받은 국민의 생명, 자유, 재산을 정부가 함부로 박탈하려 할 때는 그 명분에 대해 엄격한 수준의 검증을 해야만 하겠다. 즉 얼마나 중차대한 정부의 목적이 있길래 국민의 생명, 자유, 재산을 빼앗으려 하는지 그리고 그 목적을 달성하기 위해서는 정말 이 방법밖에 없는 것인지 정부가 직접 입증해야만 하는 것이다.

피터가 10살짜리 아들 잭을 집에서 교육시키기로 결정할 수 있는 것은 신으로부터 받은 자유(Liberty)이다. 그것도 가장 높은 수준의 자유인 기본권(Fundamental Right)이다. 피터의 이 기본권을 주정부가 홈 스쿨링을 금지하며 박탈하려 한다면, 법원은 엄격한 수준의 검증을 해가며 꼼꼼히 살펴본다. 그리고 주정부는 법원의 그 검증을 통과하기 위해, 기본권 박탈의 명분과 정당성을 직접 입증해야 한다. 주정부는 아마도 다음과 같은 주장을 펼칠 것 같다.

주정부는 국가의 미래를 위해 아이들을 합리적 성인으로 교육시켜 사회로 배출해야 할 중차대한 목적이 있으며, 그 목적을 달성하기 위해 아이들을 학교에서 의무적으로 교육시키는 것이 반드시 필요하다고 판사에게 주장한다. 정부의 기능 중에서도 중요한 교육 기능을 주장하고 있으니, 부모들이 딱히 할 말이 없어질 수도 있다. 하지만 아이들을 합리적인 성인으로 교육시켜 사회로 배출하려는 그 중차대한 목적을 달성하기 위해서는, 반드시 학교에서만 교육을 받아야 가능한 것일까? 그렇지 않을 것이다. 부모인 피터가 집에서 학교 못지않게 교육시켜 잭을 합리적 성인으로 키워 사회로 배출할 수도 있다. 그래도 주정부가 피터의 직접 교육을 믿지 못하겠다면, 1년에 두세 번 피터의 집을 방문하며 제대로 교육시키고 있는지 감독할 수도 있겠다. 결국, 주정부의 이런 훌륭한 목적을 달성하기 위해 꼭 학교에서 교육을 받아야만 한다는 것을 주정부는 입증하지 못하고 있는 것이다. 따라서 홈 스쿨링을 금지하는 주법은 피터의 자식 교육방식 선택의 기본권을 박탈하면서도, 그 명분과 정당성을 제대로 입증하지 못하여 수정헌법 14조의 적법절차 조항을 위반한 것이 된다.

미국도 사회적, 경제적 이유로 의무교육이 반드시 필요했던 시기가 있었다. 그리고 그 의무교육 덕분에 미국의 동력이 만들어진 것도 사실이다. 하지만 지금의 미국은 교육의 양보다 질이 더 중요해진 시기이고, 그 교육의 질을 국민인 부모가 결정할 수 있게 연방대법원이 인정해 준 것이다.

피임을 금지할 명분을 말하라!

피터는 A주에 있는 가족계획 협회에서 직원으로 근무하고 있다. 지역 주민들이 피터가 일하는 가족계획 협회 사무실로 찾아오면 계획을 세워 자녀를 출산하는 방법에 대해 상담을 해주기도 한다. 가끔은 상담 중에 피임하는 방법을 설명해 주기도 하였으며, 사무실에서 함께 근무하는 의사가 피임약을 처방해서 주기도 하였다. 하지만 A주에는 결혼한 성인의 피임을 금지하는 법이 있다. 얼마 뒤 주검찰은 피임을 권장한 혐의로 피터를 기소하고, 피임약을 처방한 혐의로 사무실에 함께 근무하는 의사를 기소한다. 그러자 피터와 의사는 본인들이 위반한 A주의 피임

금지법이 연방헌법을 위반한 무효인 법이라고 주장한다. 이에 주검사는 연방헌법 어디에도 피임을 국민의 권리라고 명시한 조항이 없으므로, 피임 금지법은 연방헌법을 위반한 것이 아니라고 주장한다. 과연 누구의 말이 맞을까?

지금은 사람들이 피임을 당연한 권리로 여기지만, 1960년대까지도 미국 동부의 많은 주에서는 피임을 금지하는 주법이 실제로 존재하고 있었다. 그래서 피터의 경우처럼 피임을 권장하거나 피임을 했다는 이유로 형사재판을 받는 경우가 있었다. 하지만 1965년에 연방대법원은 피임할 수 있는 권리를 국민의 기본권(Fundamental Right)으로 인정하였다(Griswold v. Connecticut, 1965).

이 판결이 주목을 받는 이유는 두 가지이다. 우선은 미국의 연방헌법 어디에도 피임을 국민의 권리라고 명시한 대목이 없었음에도 연방대법원이 국민의 권리로 인정을 해주었다는 사실이다. 그리고 그러한 해석의 근거로 연방대법원이 제시한 것이 바로 오랜 잠에서 깨어난 수정헌법 9조였다. 수정헌법에 적혀 있지 않다고 해서 국민의 권리가 아니라는 착각을 하지 말라고 연방정부에게 당부한 수정헌법 9조가 오랜만에 역할을 한 것이다. 이로써 헌법에 적혀져 있지 않은 피임도 권리로 인정받을 수 있다는 해석이 본격적으로 시작된다. 두 번째 주목받는 이유는 정부로부터 침해받지 않아야 할 사생활의 권리(Right to Privacy)를 폭넓게 해석하기 시작했다는 것이다. 이미 수정헌법 3조에서 군부대가 허락 없이 국민의 집에서 숙영하지 못하게끔 사생활을 보장하였고, 수정헌법 4조에서도 영장 없이 함부로 국민의 집을 수색하지 못하도록 하였다. 이렇게 수정헌법에 적혀진 국민의 물리적 공간에서의 사생활 말고도, 피임과 같은 본인의 신체에 관한 결정 영역을 국민의 사생활로 인정하며 이 또한 정부가 침범할 수 없다고 연방대법원이 해석한 것이다. 이로써 피임은 국민의 사생활로서 권리가 되었고, 이러한 피임의 권리를 박탈하는 A주의 법이 수정헌법 14조의 적법절차 조항을 준수하려면 권리박탈의 명분과 정당성을 주정부가 직접 입증하여야 할 것이다.

이제 주정부가 그 명분과 정당성을 입증하려면, 주정부의 목적이 얼마나 중차대(Compelling)한 것이며, 그 목적을 달성하기 위해서는 피임을 금지할 수밖에 없다는 것을 입증하여야만 한다. 하지만 당시 피임을 금지하던 주정부의 목적은 종교적 신념일 뿐이었다. 생명이 이미 잉태된 상황에서의 낙태와는 다른 차원의 문제였다. 연방대법원은 당시 주정부가 피임이라는 국민의 권리를 박탈하는 명분과 정당성을 입증하지 못했다고 판단하고, 주정부의 피임 금지법을 위헌으로 결론내렸다.

피임을 국민의 권리로 인정한 이 재판은 단순히 피임 하나의 문제로 끝나지 않았다. 연방대법원이 내린 이 판결로 인해 국민의 신체에 관한 결정의 문제들이 하나둘 표면으로 떠오르기 시작하였다. 이후 낙태, 출산, 결혼의 자유가 국민의 권리로 인정받는데 이 피임 재판이 큰 역할을 하였다.

33. 낙태, 여성의 결정권 v. 정부의 생명 보호

연방대법원의 무승부 판정

피터와 메리는 최근에 이혼하였다. 하지만 이혼 후 얼마 지나지 않아 메리는 임신한 사실을 알게 되고 낙태를 결심한다. 하지만 어느 병원에서도 낙태 수술을 해주려 하지 않는다. 왜냐하면 메리가 살고 있는 A주의 법은 낙태 수술을 어떠한 경우에도 허용하지 않기 때문이었다. 메리는 A주 정부가 만든 낙태금지법이 연방 수정헌법 14조를 위반한 무효인 법이라고 주장한다. 과연 메리의 주장이 맞을까?

2019년 4월 한국의 헌법재판소가 낙태죄의 헌법 불합치 결정을 내리자, 그 결정에 지지와 비판의 목소리로 온 나라가 떠들썩했다. 미국도 과거 낙태에 관한 판결이 내려졌을 때 한국과 마찬가지였고, 심지어 지금도 논란은 계속되고 있다. 미국은 이미 1973년에 연방대법원의 판결을 통해 낙태를 합법화하긴 했지만, 이후 1992년에 연방대법원이 의미 있는 판결을 다시 내리며 낙태 규제에 일부 변화가 있었다. 이 두 가지 판결 중 1973년 최초 판결의 내용부터 먼저 살펴보도록 하자.

로(Roe)라는 임신한 여성이 텍사스주의 낙태 금지법이 수정헌법에 보장된 국민의 신체에 관한 결정권을 침해한 법이라고 주장하며 위헌 소송을 제기한다. 더 자세히 표현하자면, 텍사스주의 낙태 금지법이 수정헌법 14조에 명시된 어떤 주정부도 법의 정당한 절차에 의하지 않고는 국민의 생명, 자유, 재산을 박탈하지 아니한다는 적법절차 조항(Due Process Clause)을 위반한 법이라고 주장한 것이다.

이 논쟁의 핵심은 두 가지였다. 첫째, 낙태의 권리가 과연 신으로부터 받은 누구에게도 넘길 수 없는 기본권인가? 둘째, 만약 국민의 기본권이라면 정부가 기본권을 박탈할 정당한 명분이 있는가? 이 두 가지에 대해 당시 연방대법원의 논리를 하나씩 살펴보자. 먼저 낙태의 권리가 기본권인가의 질문에 연방대법원은 기본권이 맞다고 판결한다. 앞서 살펴본 바와 같이 이미 1965년에 연방대법원은 피임과 같은 국민의 신체에 관한 결정 권리를, 정부가 침해할 수 없는 사생활의 일부로 인정해 주었다. 그렇다면 낙태 또한 피임처럼 신체에 관한 국민의 결정이므로, 정부의 간섭을 받지 않을 기본권이라고 못 박는다. 그렇다면 두 번째 질문이다. 낙태가 국민의 기본권이라면 정부가 기본권을 박탈할 때는 반드시 명분과 정당성이 있어야 한다. 낙태 금지법을 통해 국민의 기본권을 박탈한 주정부의 명분은 배 속에 있는 태아와 임신한 여성의 생명 보호이다. 정부는 국민의 생명을 보호할 중차대한 의무가 있으니 당연히 받아들일 수 있는 정부의 타당한 명분이다.

하지만 두 번째 질문의 답변인 태아와 여성의 생명 보호라는 정부의 명분과첫 번째 질문의 답변인 여성의 신체에 관한 결정 권리에 충돌이 일어난다. 양측 주장 모두 일리가 있고 명분이 있는 주장이었다. 그렇다면 결국 두 가지 주장 중 어느 것을 더 우선해야 할 것인가의 문제로 귀결된다. 미국의 연방대법원은 고민 끝에 정부의 생명 보호라는 명분과 여성의 기본권 간의 다툼을 임신 기간별로 나누어서 판결하였다. 즉 전체 임신 기간을 세 기간으로 나누는 것이다.

첫 번째 기간인 임신 첫 세 달은 배 속의 태아가 완전한 생명체라고 보기는 어려우며 이 초기 기간의 낙태 수술은 임신한 여성의 생명을 위협할 가능성이 현저히 낮다고 언급한다. 따라서 태아와 임신한 여성의 생명 보호라는 정부의 명분보다, 신체에 관한 결정권을 가진 여성의 기본권이 우선한다고 결론내리며 여성들의 손을 들어주었다. 이로 인해 임신 첫 세 달은 여성의 낙태 기본권을 완전히 인정해 주는 결과를 만들었다.

그리고 두 번째 기간인 4~6개월까지는 태아와 여성의 생명 보호라는 정부의 명분과 여성의 기본권을 절반씩 인정해 주며 무승부 판정을 내렸다. 즉 이 기간에 낙태 수술을 할 경우, 임신한 여성의 건강이 위험하다고 의사가 판단한다면, 정부가 낙태를 금지할 수 있도록 정부의 손을 절반만 들어주었다. 하지만 의사가 우려하는 그러한 위험이 없다면, 여성이 낙태할 수 있도록 여성의 손도 역시 절반을 들어주었다. 결국, 임신 두 번째 기간은 무승부 판정을 내려준 것이었다.

그리고 마지막 세 번째 기간에는 정부의 완승 판결을 내렸다. 즉 이 기간의 배 속 태아는 완전한 생명체로 볼 수 있고, 이 기간의 낙태 수술은 임신한 여성에게도 상당히 위험하다는 과학적 근거가 입증되었으니, 정부의 생명 보호라는 명분이 여성의 기본권보다 우선 한다고 결론 내렸다. 즉 임신 마지막 기간에는 주 정부가 낙태를 전면 금지할 수 있도록 하였다.

결국, 임신 기간을 모두 펼쳐 놓고 보면, 첫 번째 1/3 기간은 여성 기본권의 승리, 두 번째 1/3 기간은 무승부, 세 번째 1/3 기간은 정부 측 생명 보호 명분의 승리라고 볼 수 있다. 연방대법원은 양측 모두에게 무승부 판결을 내린 것이나 다름없다. 한국 헌법재판소의 낙태에 관한 결정을 기다리며 50년 전 미국 연방대법원의 판결과는 다른 한국판 솔로몬의 판결을 기대했으나, 사실상 미국 연방대법원의 판결과 다름이 없었다. 물론 국민들의 생각이 찬성과 반대로 나누어질 수밖에 없는 이러한 낙태 문제에 관한 획기적 해결책과 정답은 존재할 수 없겠지만 말이다. 하지만 50년 전 미국 연방 대법관들 또한 판결하기가 참으로 곤혹스러웠을 것이다. 양측의 주장이 모두 타당하고 명분이 있었기에 연방대법원이 어떠한 판결을 내리더라도 반대편의 거센 비난을 감수해야 하는 상황이었다. 하지만 임신 기간을 셋으로 나누어서 무승부라는 결론을 내렸고, 그 결론을 내린 근거들을 살펴보면 솔로몬 못지않은 지혜로운 결정이 아니었나 싶다.

금지는 안 해도 규제는 하겠다.

피터와 메리는 최근 이혼을 염두에 두고 별거를 시작했다. 하지만 별거 후 얼마 지나지 않아 임신한 사실을 알게 된 메리는, 피터와 상의 없이 낙태를 결심하고 병원을 찾았다. 그런데 의사가 낙태 수술 전에 남편의 동의를 받아오라고 한다. 사실 메리가 살고 있는 A주의 법에는 낙태 수술 전에 반드시 남편의 동의를 받도록 하고 있다. 당황한 메리는 A주의 법이 낙태할 수 있는 본인의 기본권을 침해한다고 주장한다. 과연 메리의 주장은 받아들여질까?

앞서 살펴본 1973년 연방대법원 판결로 여성의 낙태가 기본권으로서 인정을 받았다. 하지만 임신 기간별로 나누어서 낙태의 권리를 인정해 주며, 결국 정부의 생명 보호라는 명분과 여성의 낙태 기본권 간에 무승부라고 볼 수 있었다. 1973년의 판결 이후 시간이 흘러 1992년에 다시 한번 낙태와 관련한 중요한 판결이 내려진다. 펜실베니아주의 가족계획 협회가 주지사인 케이시(Casey)를 상대로 펜실베니아주의 낙태 규제법이 위헌이라는 소송을 제기하였고, 연방대법원은 판결을 통해 지난 1973년에 사용한 기준에 일부 변화를 주었다.

당시 펜실베니아주 주지사인 케이시가 승인한 펜실베니아 낙태 규제법에서는, 낙태 수술을 하려는 여성들에게 몇 가지 제약사항들을 두었다. 먼저 여성이 낙태 수술을 다시 한번 생각할 수 있도록 수술 전 24시간 대기를 의무화했고, 안전한 수술을 위해 반드시 면허가 있는 의사에게 수술을 받도록 했으며, 남편에게 낙태 수술을 알리고 동의를 받도록 하였다. 이 법에 화가 난 여성들을 대신하여 펜실베니아주 가족계획 협회가 주지사를 상대로 소송을 제기한 것이다. 그리고 연방대법원은 1992년에 다음과 같이 판결한다.

앞서 살펴본 1973년 판결에서는 전체 임신 기간을 세 기간으로 나누어서 판결을 내렸지만, 이번에는 임신 기간을 나누지 않고 단도직입적으로 태아의 생존능력(Viability)을 기준으로 판단을 내린다. 즉 태아가 지금이라도 산모의 몸 밖으로 나와, 비록 인큐베이터의 도움을 받더라도, 생명을 유지하고 살아갈 수 있는 시점이라고 의사가 판단했다면, 여성은 낙태할 수가 없다고 한다. 하지만 태아가 지금 산모의 몸 밖으로 나와, 심지어 인큐베이터의 도움을 받더라도 생존할 수 없는 상황이라고 의사가 판단했다면, 여성이 낙태할 수 있도록 여성의 기본권을 인정해 주어야 한다고 결론을 내린다. 결국은 임신한 여성의 배 속에 있는 태아가 생명으로서 인정받을 수 있는가를 기준으로 판단을 하겠다는 것이었다. 태아가 의학적 생명력을 인정받는 시점이 통상 임신 2기 후반 또는 3기 초반이라고 한다. 그렇다면 예를 들어, 임신 2기 후반의 여성이 낙태 수술을 하려 할 경우, 과거 1973년의 판결을 기준으로 한다면, 임신 2기에는 낙태 수술로 인해 여성의 생명이 위험하지만 않으면 낙태를 허용해 주었다. 하지만 1992년의 판결에 따르면, 임신 2기에 여성의 생명이 위험하지 않더라도, 뱃속의 태아가 출산하여 생명을 유지하고 살아갈 수 있는 시점이라면 낙태를 할 수가 없게 된 것이다. 주정부가 낙태를 금지할 수 있게 되었다. 1973년의 판결에 비하면 여성의 기본권이 다소 밀리게 된 것이고, 낙태금지와 규제를 원하는 주정부 입장에서는 과거에 비하여 유리한 판결이 나온 것이다.

그리고 1992년 판결의 중요한 부분은 다음의 내용이다. 연방대법원의 새로운 기준대로라면 태아의 생명력이 의학적으로 인정되지 않는 임신 1기와 2기 초반에는 여성의 낙태 기본권이 인정되어야 하므로, 정부가 함부로 낙태를 규제할 수가 없다. 하지만 이 기간에도 정부가 여성의 낙태 기본권에 부당한 부담

(Undue Burden)을 주지 않는 선에서 규제할 수 있다고 판결한다. 따라서 펜실베니아의 낙태 규제법이 요구하는 낙태 수술 전 24시간 의무 대기조항, 면허의사로부터의 낙태 수술 조항은 여성의 낙태 기본권에 부당한 부담을 주지 않는 조항이라고 판결한다. 즉, 임신 1기의 여성이 낙태 수술을 받으려면, 주정부가 함부로 금지할 수 없다. 금지하면 여성의 낙태 기본권에 대한 침해이며, 수정헌법 14조 적법절차 조항의 위반이 된다. 하지만 여성에게 수술 전 다시 생각할 시간을 가지게 하고, 여성의 안전을 위해서 면허를 가진 의사에게 수술을 받으라고 하는 주법은 여성들에게 부당한 부담이 아니므로 정부가 할 수 있는 범위의 규제라고 판결한 것이다. 하지만 성인 여성에게 낙태하기 전에 남편의 동의를 의무적으로 받으라고 하는 조항은 여성의 낙태 기본권에 부당한 부담을 주는 조항이라고 해석하면서, 남편의 동의 조항은 위헌이라고 결론 내린다. 지금 메리의 경우처럼 이혼을 염두에 두고 있는 여성에게 남편 동의를 받으라고 하는 주법은 여성에게 엄청난 스트레스이자 부당한 부담이 되는 것이다.

결국, 1992년의 판결은 기존 1973년 판결처럼 여전히 여성의 낙태 기본권을 인정하는 흐름 속에서 중요한 변화를 준 것이다. 이는 여성의 낙태 기본권을 다소 축소하지만, 낙태를 규제하려는 정부에게 운신의 폭을 넓혀주는 방향으로 결론을 내린 것이다. 그리고 1992년의 연방대법원이 주정부에게 허용해준 낙태 수술의 의무 대기시간, 의사면허 등과 같은 수술의 절차적 규제를 넘어, 2000년 초반 공화당의 조지 W. 부시 대통령 시절에 입법한 '비인도적 낙태 수술 방식의 금지'도 허용해주면서 정부의 규제 폭이 훨씬 더 넓어지게 되었다. 현재의 미국 연방대법원은 여성의 낙태 기본권을 인정하는 범위 안에서, 정부가 낙태를 규제할 수 있는 폭을 조금씩 확대시켜 주는 방향으로 흘러가고 있다.

34. 결혼해서, 자식 낳고, 함께 살 권리

낳지 않겠다는 낙태, 낳겠다는 출산

메리는 지적장애가 있는 15세 소녀이다. 메리의 엄마는 딸이 사회에서 따돌림과 아픔을 겪는 것을 옆에서 늘 따듯하게 보살펴 주는 든든한 버팀목이다. 이들이 살고 있는 A주에는 지적 장애인의 보호자 요청과 판사의 허락이 있으면, 지적 장애인에게 불임수술을 할 수 있는 법이 있다. 메리의 엄마는 딸의 자식이 장애를 가지고 태어날 것을 걱정한 나머지 법원에 딸 메리의 불임수술을 요청하고 판사의 허락을 받았다. 메리는 그 수술이 맹장 수술인 줄로만 알고 받았다. 이후 결혼을 한 메리는 임신이 되지 않자 병원을 찾았고, 본인이 불임수술을 받았다는 사실을 그제야 알게 되었다. 그리고 A주의 법이 본인의 기본권을 침해했다고 소송을 제기한다. 본인의 동의 없이 정부가 허락하는 수술이 미국에 정말 존재했을까?

모든 사람은 본인의 신체에 관한 결정을 스스로 내릴 수 있고, 정부로부터 어떠한 간섭도 받지 않을 자유가 있다. 이것이 사생활 보호 권리(Right to Privacy)에 포함된다는 것도 살펴보았다. 피임이라는 본인의 신체에 관한 결정, 낙태라는 여성 본인의 신체에 관한 결정이 대표적 사례였다. 자식을 낳지 않겠다는 피임과 낙태를 국민의 기본권으로 인정했다면, 자식을 낳겠다는 출산 또한 당연히 국민의 기본권이 될 것이다. 하지만 메리의 경우처럼 지적장애가 있다는 이유로 정부가 불임수술을 결정하고, 메리가 가진 출산의 권리를 뺏는 것이 가능할까?

1970년대까지 미국에서는 지적 장애인의 불임수술을 본인이 아닌 보호자의 요청과 판사의 명령으로 진행할 수 있게 하는 주법이 있었다. 다만 판사는 지적 장애인 본인과의 면담을 통해 불임수술의 필요성을 검토한 뒤 결정하기로 되어 있었다. 이러한 법의 목적은 어처구니가 없게도 국가의 보호와 국민의 건강(for the Protection and Health of the State)이었다. 당시 지적 장애인에 대한 미국 사회의 시선은 따갑기만 했고, 지적장애가 있는 자식을 길거리에 데리고 나가는 것이 큰 용기가 필요한 시절이었다고 한다. 그리고 이러한 사회 분위기에 맞춰 지 장애를 가진 국민이 더 이상 출생하지 않도록 하기 위해 만든 법이었다.

하지만 본인의 신체에 관한 결정을 지적장애가 있다는 이유로 보호자인 엄마와 정부의 판사가 내리는 것은 정부가 국민의 기본권을 명백히 박탈한 것이다. 즉, A주의 법은 수정헌법 14조에 명시된 어떤 주정부도 법의 정당한 절차에 의하지 않고는 국민의 생명, 자유, 재산을 박탈하지 아니한다는 적법절차 조항을(Due Process Clause) 위반한 것이다. 그리고 A주의 법이 만에 하나라도 유효하려면, 그 법을 만든 A주 정부는 그 명분을 엄격히 입증해야 한다. 얼마나 중차대하고 엄중한 주정부의 목적이 있었길래(Compelling Government Purpose), 인간이 신으로부터 받은 누구에게도 넘길 수 없는 출산의 자유를 박탈하려 하는 것인지, 그리고 그 중차대한 정부의 목적을 달성하기 위해서는 불임수술이라는 방법밖에는 없었는지 정부가 법정에서 직접 입증해야 한다.

앞서 이야기했듯이 당시 주정부의 목적은 국가의 보호와 국민의 건강이었다. 정부의 입장에서는 당연히 정부가 수행해야 할 기능이고 정당한 명분이었다. 하지만 국민의 건강 보호라는 정부의 목적을 위해 메리에게서 출산의 자유를 박탈해야 했을까? 국민의 건강과 메리의 출산에 어떤 관련이 있을까? 메리의 지적장애가 전염병이어서 다른 주민들의 건강을 위협했을까? 메리의 2세가 지적장애를 가지고 태어나면 다른 주민들의 건강에 위협이 될까? 그렇지 않다. 결국, 주정부는 그들의 목적과 전혀 관련이 없는 조치를 해온 것이다. 과거 폭발하는 인구증가를 억제하기 위해 많은 국가들이 출산 규제를 한 적이 있었다. 하지만 인간이 자식을 낳을 권리는 인간의 기본적 권리이고, 정부가 이를 규제하며 권리를 박탈할 수는 없다. 메리가 낳을 2세의 지적장애를 걱정하며 요청하였을 메리 엄마의 심정은 이해가 가지만, 그 또한 메리 본인이 결정해야 할 몫이다.

함께 살 권리도 급이 있다.

70세의 제인은 아들 피터와 피터의 자식들과 함께 살고 있다.

그리고 옆 동네에 사는 30세의 잭은 두 딸과 함께 살고 있다. 제인과 잭은 마을 센터에서 처음 만나 사랑을 하고, 나이 차이를 극복하고는 결혼까지 하게 된다. 결혼 후 남편 잭은 두 딸과 함께 아내 제인의 집으로 이사를 왔다. 대식구가 모두 함께 살게 되었다. 그런데 어느 날 시청 공무원이 집을 방문해서는 제인의 아들 피터와 그의 자식들이 한 달 내로 이 집에서 나가야 한다고 한다. 시의 조례에는 시민들의 안락한 주거환경을 위해 한 집에 10명 이상의 가족들이 살 수 없도록 규정하고 있기 때문이다. 갈 곳 없는 아들 피터와 그의 자식들은 제인의 집을 떠나야 하는 걸까?

기본권(Fundamental Right)은 앞서 살펴본 바와 같이 인간이 가진 가장 기본적인 권리이다. 자식을 낳지 않을 피임과 낙태의 권리, 자식을 낳을 출산의 권리가 기본권 중 하나라면, 마찬가지로 결혼을 하고 가족들과 함께 사는 것도 인간의 기본적인 욕구이고 권리이어야 하지 않을까? 정부는 노인 제인과 청년 잭의 결혼할 자유를 제한할 수 없을 것이며, 가족들이 함께 살 자유를 제약할 수도 없을 것이다. 만약 정부가 국민의 이 권리를 제약하거나 박탈하려 한다면, 그 박탈의 정당성과 명분을 강도 높게 직접 입증해야 한다.

얼마나 중차대하고 엄중한 정부의 목적이 있길래, 제인과 잭 부부의 가족들이 함께 살 권리를 박탈하려고 하는지 정부의 이야기를 들어보자. 시 정부가 한 집에 10명 이상의 식구가 함께 사는 것을 금지하는 조례를 만든 목적은 지역 시민들의 쾌적한 주거환경을 만들기 위함이라고 했다. 마을의 조용하고 쾌적한 주거환경을 만들기 위해 10명 이상의 가족들이 함께 사는 것을 금지하는 방법 말고 다른 방법은 없는 것일까? 이렇게 기본권을 박탈하는 것만이 정부의 목적 달성을 위한 최선의 방법일까? 그렇지 않다. 저녁 7시 이후에는 마을에서 소음을 일으키는 행위를 금지하는 법을 만들고, 이를 어길 시에는 무거운 벌금을 통해 쾌적한 주거환경을 만들 수 있을 것이다. 가족들과 함께 살 제인의 권리를 박탈하지 않으면서도 시 정부의 목적을 충분히 달성할 수 있는 것이다. 그렇다면 시 정부의 조례는 수정헌법 14조에 명시된 어떤 주정부도 법의 정당한 절차에 의하지 않고는 국민의 생명, 자유, 재산을 박탈하지 아니한다는 적법절차 조항(Due Process Clause)을 위반한 것이다. 수정헌법 14조를 통해 국민에게 적법절차를 약속했던 주정부(State)는 시와 같은 지역정부(Local Government)도 포함한다.

이번에는 예를 들어, 대학교 인근에 학생들이 모여서 함께 사는 집들이 많은 마을이 있다고 생각해 보자. 이 마을이 속한 시의 조례는 가족이 아닌 5명 이상의 성인이 한집에 사는 것을 금지하고 있다. 그럼 이 조례도 학생들의 기본권을 침해한 법일까? 이런 경우 연방대법원은 국민의 기본권을 침해한 것이 아니라고 해석한다. 제인 부부의 경우와 지금 학생들이 함께 사는 경우를 같은 기준으로 판단해서는 안 된다는 말이다. 즉 제인 부부의 경우처럼, 가족이 함께 모여 살 수 있는 권리가 국민의 기본권이지, 가족이 아닌 친구들이 함께 모여서 살 권리는 기본권이 아니라는 것이다. 혈기 왕성한 학생들의 소음으로 힘들어하는 마을 주민들을 위해 만든 법이라면, 정부가 학생들의 기본권을 침해한 것이 아니므로 조금 더 수월하게 법의 정당성과 명분을 설명할 수 있다.

학생들이 이런 주장을 할지도 모르겠다. 우리가 공부할 뜻을 함께하며 한 집에 모여 살고 있는데, 함께하지 못하도록 한다면 정부가 수정헌법 1조에서 보장한 결사의 자유(Freedom of Association)를 침해한 것이라고 말이다. 하지만 공부할 뜻을 꼭 한 집에 모여서만 할 수 있는 것은 아니다. 도서관이나 강의실에서도 충분히 뜻을 함께할 수 있다. 모여서 뜻을 함께하지 말라는 것이 아니라, 시끄러우니 여기서는 모이지 말라는 것이고 따라서 가능한 규제이다. 가족이 아닌 친구들과 함께 살 권리보다 마을 주민들의 조용한 주거환경이 더 시급한 것이다. 국민의 모든 권리가 기본권은 아니며 국민의 권리에도 등급이 있다. 가장 높은 등급의 권리가 기본권이며, 정부가 아무리 중차대하고 엄중한 명분이 있다 하더라도 이기기 어려운 것이 국민의 기본권이다. 결혼할 권리, 자식을 낳지 않을 권리, 자식을 낳을 권리, 가족과 함께 살 권리보다 더 중요한 정부의 명분이 있을 수 있을까?

35. 백인 객실과 흑인 객실, 분리하되 동등하게

동등하게 분리했는데 무엇이 문제인가?

1890년 남부의 A주에 살던 흑인 짐은 태어나서 처음으로 기차를 탄다는 사실에 설레는 마음을 안고 기차역으로 향했다. 그런데 표를 끊고 열차에 탑승해보니 흑인 객실과 백인 객실이 있었다. 열차를 처음 이용해보는 짐은 별다른 생각 없이 텅 빈 백인 객실에 앉았다. 잠시 뒤 열차 승무원이 짐에게 다가와서 지금 당장 흑인 객실로 자리를 옮기라고 하였다. 화가 난 짐은 승무원의 요청을 거절하였고, 다음 역에서 짐은 경찰에 의해 체포되었다. 알고 보니 A주에는 백인과 흑인이 열차를 분리하여 이용할 것을 의무화한 법이 있었고, 짐은 그 법을 위반한 혐의로 체포된 것이었다. 재판을 받게 될 짐은 어떤 주장을 하는 것이 가장 효과적일까?

짐의 사례를 보는 지금의 우리는 흑인과 백인의 객실이 분리되어 있다는 사실에 당연히 화가 난다. 그리고 A주의 법이 흑인을 차별하고 있으므로 잘못된 법이라는 합리적 결론을 내린다. 하지만 불과 50여 년 전인 1964년까지도 흑인과 백인이 공공시설을 분리하여 사용하였고, 더욱 놀라운 것은 연방대법원조차 이러한 흑인 분리에 문제가 없다고 판결을 했다는 사실이다. 연방정부는 남북전쟁에서 승리한 1865년 이후 주정부에 대한 간섭을 본격적으로 시작하였다. 수정헌법 13조를 만들어 노예제도를 폐지하였고, 수정헌법 14조를 통해 인종을 이유로 어떠한 차별도 하지 않겠다는 법의 평등한 보호를 약속했으며, 수정헌법 15조를 만들며 흑인에게도 투표권을 보장하겠다고 약속하였다. 하지만 수정헌법 14조와 15조는 연방정부의 기대와 달리 남부에 위치한 많은 주에서 제대로 작동하지 못했다. 남부 백인들의 입장도 이해가 안 되는 것은 아니다. 처음 북미 대륙으로 건너왔던 1600년대 중반부터 200년 넘게 흑인들은 농장의 노동력을 제공하는 노예일 뿐이었고, 남북전쟁의 빌미가 된 것도 그 흑인 노예였으니, 패전 후 폐허가 된 고향에서 상실감에 빠진 남부 백인들에게 흑인들이 예쁘게 보일 리가 없었다. 심지어 그러한 흑인들을 백인과 같은 존재로 인정하라는 연방정부의 수정헌법 14조와 15조를 받아들이기는 더욱 어려웠다. 그리고 남부 백인들의 패배감과 상실감의 칼날은 남부의 흑인들을 향했다. 그래서 흰색 두건을 쓴 KKK단이 집단으로 흑인들에게 폭력을 사용하고, 흑인 화장실과 백인 화장실, 흑인 학교와 백인 학교, 흑인 객실과 백인 객실을 따로 만들어 운영할 것을 강제하는 남부 주들의 법이 당당히 만들어져 운영되었던 것이다. 이렇게 공공장소에서 흑인과 백인을 분리하도록 강제하는 법을 짐 크로우 법(Jim Crow Law)이라고 불렀다. 짐 크로우는 1800년대 초반 많은 인기를 끌었던 공연의 흑인 주인공 이름이었고, 천박한 흑인을 상징하는 단어가 되어버렸다. 남부가 이렇게 힘든 시절을 보내고 있었다는 사실은, 남북전쟁 이후에도 흑인을 차별해온 남부 주정부와 백인들에게 변명거리가 될지도 모르겠다. 하지만 오히려 흑인들이 용서할 수 없었던 것은 연방대법원이었다. 남북전쟁 이후 남부의 짐 크로우 법이 1964년까지도 존재할 수 있었던 가장 큰 이유는 1896년 흑인 플레시(Plessy)가 제기한 소송의 연방대법원 판결 때문이다(Plessy v. Ferguson, 1896).

1890년대 남부 루이지애나에는 차량분리법(Separate Car Act)이라는 것이 있었다. 열차를 포함한 대중교통 수단에 흑인과 백인의 분리를 강제한 법이었다. 위 사례의 짐과 같은 상황을 당했던 흑인 플레시는 루이지애나의 차량분리법이 수정헌법 14조가 약속한 법의 평등한 보호 조항(Equal Protection Clause)을 위반했다고 주장하였다. 그러자 연방대법원은 새로운 원칙을 하나 만들며 루이지애나의 차량분리법이 수정헌법 14조에 명시된 법의 평등한 보호 조항을 위반하지 않는다고 판결하였다. 당시 연방대법원이 만든 원칙이 바로 '분리하되 동등하게(Separate but Equal)'라는 원칙이다. 열차의 객실을 각각 흑인과 백인 객실로 분리하되 분리된 각 객실의 시설이나 좌석 크기 등이 동일하다면 흑인을 차별하지 않은 것이고, 흑인이 백인 객실에 들어가지 못하듯 백인 또한 흑인 객실에 들어가지 못하게 하였으므로, 루이지애나의 차량분리법은 법의 평등한 보호를 약속한 수정헌법 14조를 위반한 것이 아니라는 판결이다. 남부의 많은 주들은 연방대법원의 이 판결에 지지를 표하였다. 그리고 이 판결에 근거해서 흑인을 분리하는 주법을 더욱 강화하였다. 화장실과 학교는 물론 심지어 길거리의 식수대마저도 흑인과 백인을 분리하여 사용하도록 하였다. 남부의 흑인차별 정책에 연방대법원이 큰 역할을 해준 것이다.

이 판결은 앞서 수정헌법 13조에서 살펴보았던 흑인 노예 드레드 스콧 판결과 함께 미국 역사상 최악의 판결로 손꼽힌다. 하지만 그나마 다행스럽게도 플레시 판결 후 60년이 지난 1954년에 연방대법원은 '분리하되 동등하게'의 원칙을 깨고, 새로운 판결을 내리며 과거의 오판을 사과하였다. 위 사례의 짐이 당한 수모가 1954년 이후의 일이었다면 수정헌법 14조 위반을 주장할 수 있었겠지만, 1890년대 당시에는 이는 차별이 아닌 너무나 동등한 분리일 뿐이었다.

아니오! 분리한 순간, 이미 동등하지 않았습니다.

흑인 짐은 9살 아들과 함께 A주에 살고 있다. 아들은 흑인 학교에 다니고 있고, 백인 아이들이 다니는 학교를 늘 동경하고 있다. 아빠 짐은 이런 아들을 위해 백인 아이들이 다니는 학교에 입학 신청을 하였다. 하지만 학교는 A주의 법에 따라 흑인이라는 이유로 아들의 입학을 거절한다. 이에 화가 난 짐은 백인 아이들과 흑인 아이들을 분리해서 교육하도록 하는 A주의 법이 흑인에 대한 차별이라고 주장하며 소송을 제기한다. 과연 이번에도 법원은 A주 정부의 손을 들어줄까?

1896년의 플레시 판결 덕분에 남부의 주정부들은 흑인을 분리하는 짐 크로우 법을 적법하고 당당하게 만들어 낼 수 있었다. 이처럼 흑인의 분리는 당연한 것으로 여겨지며 시간은 1954년까지 흘러간다. 그리고 위 사례의 흑인 짐과 똑같은 상황을 겪은 남부 캔자스주의 브라운(Brown)이라는 흑인 학부모가 본인이 살고 있던 토피카(Topeka)시 교육위원회를 상대로 소송을 제기하였다. 흑인이 백인 학교에 다니지 못하게 하는 캔자스주의 법이 수정헌법 14조에서 주정부가 약속한 법의 평등한 보호 조항(Equal Protection Clause)을 위반했다고 주장하였다. 이미 60년 전 플레시 판결을 통해, 흑인을 동등하게만 분리하면 문제가 없다던 연방대법원의 판결이 유효한 상황에서, 브라운의 소송은 무모해 보이기도 한다. 연방대법원은 과연 어떤 판결을 내렸을까?

예상을 뒤엎고 연방대법원은 흑인 학부모 브라운의 손을 들어주었다. 연방대법원이 1896년 플레시 판결을 통해 만들어 내고, 지난 60년간 미국에서 적용해온 '분리하되 동등하게(Separate but Equal)'라는 원칙을 폐기하는 판결을 내린 것이었다. 백인 학교와 같은 크기의 교실, 책상, 운동장을 가진 흑인 학교에서 교육받는 흑인 아이들이 과연 법의 평등한 보호를 받고 있는 것일까? 흑인 학교에 다니며 백인 학교의 아이들에게 항상 가져왔던 흑인 아이들의 열등감, 우리 흑인은 절대 백인과 동등할 수 없는 열등한 인종이라고 생각하는 흑인 아이들의 바닥에 떨어진 자존감은 누가 만들어준 것인가? 흑인 아이들에게 똑같은 학교 시설을 제공하면 동등하게 대우하는 것이라 생각한 것은 백인들만의 착각이었다. 흑인 아이들을 백인 아이들과 분리시킨 그 순간 이미 동등하지 않았던 것이다. 연방 대법관들은 판결문을 통해 흑인 아이들에게 씻을 수 없는 상처를 준 점에 대해 엄중하게 반성하였다. 그리고 앞으로 공립학교에서는 흑인과 백인 학생이 함께 공부하도록 하였다. 1896년의 플레시 판결에 이러한 논리를 사용했다면 흑인 인권이 훨씬 더 빨리 자리를 잡았을 것이라는 아쉬움도 있지만, 주목할 만한 사실은 연방대법원이 본인들의 오판을 인정하고 바로 잡으려고 노력했다는 사실이다. 당시의 흑인들에 대한 사회적 인식을 고려한다면 참으로 용기 있는 선택이었다고 할 수 있다.

이 판결 이후, 남부의 주에서 흑인을 차별하던 수많은 짐 크로우 법들이 위헌이 된다. 물론 연방대법원의 판결 하나로 세상이 갑자기 바뀌지는 않았겠지만, 남북전쟁 이후 미국 흑인들의 인권에 전환점이 된 판결인 것은 확실하다. 브라운 판결 1년 뒤인 1955년 앨라배마주의 로자 팍스(Rosa Parks)라는 흑인 여성이 버스에서 백인에게 좌석을 양보하지 않다가 체포된 사건을 계기로 흑인인권 운동이 본격화되었다. 이 시기에 마틴 루터 킹(Martin Luther King Jr.)과 말콤 엑스(Malcolm X) 같은 흑인 리더들이 등장하며, 거대한 흑인 인권운동을 주도하였다. 미국 전역의 백인들도 남부 흑인들이 겪고 있던 믿을 수 없는 차별을 언론을 통해 알게 되면서 흑인 인권운동은 더욱 힘이 실렸다. 이후 존 F. 케네디(John F. Kennedy) 대통령이 흑인을 위한 인권법을 만들겠다고 약속하고는 암살당하지만, 이후 1964년 린든 존슨(Lyndon Johnson) 대통령이 흑인들과 약속대로 인종과 여성의 차별을 금지하는 인권법(Civil Rights Act 1964)을 만들고, 다음 해인 1965년에는 투표권법(Voting Rights Act of 1965)을 만들며 흑인들의 인권 보장을 위해 연방정부가 적극적으로 흑인차별의 현장에 개입하게 된다.

남북전쟁 이전의 흑인 노예제, 남북전쟁 이후 흑인차별을 정당화시킨 1954년까지의 '분리하되 동등하게' 원칙, 이후 마틴 루터 킹을 중심으로 한 흑인 인권운동, 그에 화답한 1964년 인권법과 1965년 투표권법. 참으로 긴 시간! 흑인차별 문제에 대한 종지부를 찍기를 원하던 미국이었다. 하지만 1965년 이후에도 생각하지 못한 새로운 문제들이 기다리고 있었다.

36. 산 넘어 산, 이번에는 백인 역차별

흑인에 대한 보상이 만든 백인 차별

미국 북부에 위치한 A주의 정부는 이번에 제설 차량 10대를 구매할 예정이다. 제설 장비의 사양과 구매 수량 등을 공지하고 입찰을 통해 구매할 예정이다. 그런데 공지 내용을 보니 10대 중 4대는 흑인이 회사의 대표인 업체만 입찰에 참가할 수 있다고 한다. 전부터 A주 정부의 제설 차량 입찰을 기다리던 백인 피터는 6대에 대해서만 응찰이 가능하자 화가 난다. 그리고 법원에 주정부를 상대로 소송을 제기하며, 주정부가 4대의 제설 차량을 흑인이 대표인 업체에게만 응찰을 허용하는 것은 수정헌법 14조의 법의 평등한 보호 조항(Equal Protection Clause) 위반이라고 주장한다. 법원은 과연 피터의 주장을 받아줄까?

1950년대부터 마틴 루터 킹 목사를 중심으로 확산된 흑인 인권운동은, 1964년에 제정된 인권법(Civil Rights Act of 1964)을 통해 인종 차별을 하지 않겠다는 정부의 약속을 받아내며 큰 성과를 이루었다. 또한 정부는 과거에 흑인들이 당한 차별적 피해를 보상하고, 그 차별로 인해 사회적 약자의 위치에 있을 수밖에 없었던 흑인들이 빠른 시간에 백인과 같은 수준의 사회 경제적 지위를 가질 수 있는 방안을 약속하였다. 이를 위해 흑인을 우대해주는 정부 주도의 정책을 펼친다. 이것을 소수인종 우대정책(Affirmative Action)이라고 한다. 실제로 정부의 구매계약뿐만 아니라 대학 입시에서 흑인 학생의 입학 비율을 배정해주며 다양한 방면으로 흑인을 배려하는 정책들을 펼친다. 정부의 취지가 과거 흑인차별에 대한 사죄와 보상 차원이다 보니, 사회 분위기상 이러한 정책에 반대를 하기가 쉽지 않았다. 하지만 시간이 지날수록 백인들의 불만이 표출되었다.

지금 피터의 경우가 대표적인 상황이다. 과거에 저질러진 흑인차별에 대한 사죄와 보상도 좋지만, 단 한 번도 흑인에게 차별적 행위를 하지 않았던 백인 피터가, 왜 흑인에 대한 보상정책 때문에 피해를 받아야 할까? 수정헌법 14조에서 주정부가 약속한 법의 평등한 보호(Equal Protection of the Laws)라는 것이 흑인에 대해서만 차별하지 않겠다는 약속이었을까? 그렇지 않다. 지금 피터의 경우처럼 백인 또한 차별을 당하고 있다면 주 정부는 법의 평등한 보호 조항을 위반한 것이다. 따라서 주정부가 10대의 제설차 중 4대를 흑인에게서만 구매하겠다는 결정은 수정헌법 14조 법의 평등한 보호 조항의 위반이다. 이러지도 저러지도 못하는 정부가 애처롭기까지 하다.

이러한 문제는 일자리와 대학 입학에서도 끊임없는 논란을 만들었다. 그러자 연방대법원은 하나의 가이드라인을 제시한다. 과거 흑인에게 혹독한 차별적 대우를 했던 주정부가 10%의 일자리를 흑인에게 별도로 배정하는 것은 법의 평등한 보호 조항의 위반이 아니라고 못 박았다. 즉 과거에 주정부가 의도적으로 흑인을 단 한 명도 채용하지 않았거나, 주정부가 공무를 수행하며 흑인 주민들에게 차별적 행위를 한 과거의 사실이 있다면, 피해를 받아온 흑인들을 위해 10%의 일자리를 배정한 것이 백인에 대한 차별이라고 볼 수 없다는 것이다. 과거 흑인차별을 통해 그들에게 씻을 수 없는 치욕과 아픔을 남겨준 주정부가 사죄하고 보상할 수 있도록, 그 차별의 혜택을 누려온 백인들은 양해해 달라는 의미이다. 하지만 과거에 단 한 번도 흑인에게 차별적 대우를 한 적이 없던 주정부가 10%의 일자리를 흑인에게 무조건 배정하는 것은 오히려 백인들에 대한 차별이 되어, 수정헌법 14조 법의 평등한 보호 조항의 위반이 된다.

마찬가지로 과거에 단 한 번도 흑인 학생들의 입학을 의도적으로 배제한 적 없는 주립 대학이, 입학 정원의 10%를 흑인으로 배정한다면 이 또한 백인에 대한 차별이다. 다만 무조건 10%를 흑인에게 배정하는 것이 아니라, 입학을 위한 다양한 심사 기준 중에서 흑인이라는 사실을 플러스 요인으로 감안할 수는 있다고 해석하고 있다. 결국, 입학 정원 100명 중 10명은 무조건 흑인을 뽑는 것은 안 되지만, 시험 점수, 에세이 내용, 인터뷰 결과, 교외 활동, 소수인종이라는 다양한 입학 심사 기준을 만들고, 그중 흑인이라는 사실을 입학의 플러스 요인으로 고려하는 것까지 문제라고 할 수는 없다. 대학은 분명 다양한 학생들을 교육시켜 사회로 배출해내야 할 명분도 있기 때문이다.

흑인들에 대한 사죄와 보상이라는 인도적 목적에서 시작한 소수인종 우대정책이 다양한 사회적 논란을 일으키게 되었고, 2000년대 초반까지도 백인들의 불만은 계속된다. 정부가 이 정도까지 사죄하고 보상했으면 이제는 충분하다는 의견도 있으나, 여전히 오늘날 흑인들이 사회적 약자인 상황은 소수인종 우대정책 지속의 필요성을 보여주고 있다. 백인의 차별이 흑인을 약자로 만들었다면, 동등해질 때까지 배려해 달라는 말이다. 하지만 헌법은 분명히 흑인에 대한 차별만이 아니라 백인에 대한 차별도 금지하고 있다는 사실을 잊지 말아야 한다.

공부하지 않은 것도 정부 책임?

흑인 짐은 A주의 경찰이다. A주의 법은 경찰이 진급할 때 반드시 필기시험을 치도록 하고 있다. 진급 대상자인 짐은 곧 있을 필기시험을 준비하지만, 퇴근 후 피곤한 몸으로 공부를 하니 책만 펼치면 잠이 온다. 필기시험 결과 짐은 아쉽게도 합격 점수에서 1점이 부족하여 진급이 불가능하게 되었다. 하지만 합격자 명단을 본 짐은 화가 났다. 100명이 필기시험을 치렀고, 그중 50명이 흑인이었는데, 필기시험 합격자 명단 20명 중 흑인은 단 한 명도 없었기 때문이다. 백인 응시자들만 모두 필기시험을 통과한 것이다. 흑인 경찰 짐은 주정부의 필기시험이 수정헌법 14조의 법의 평등한 보호 조항(Equal Protection Clause)을 위반했다고 소송을 제기한다. 과연 짐은 승소할 수 있을까?

남북전쟁이 끝난 이후 만든 수정헌법 13조의 노예제도 철폐, 14조의 법의 평등한 보호, 15조의 흑인 투표권 보장을 통해 흑인을 차별하지 않으려던 연방정부의 노력은 남부에서 외면을 당했다. 게다가 1896년의 '분리하되 동등하게(Separate but Equal)'라는 연방대법원의 원칙은 남부의 흑인 차별법들이 더욱 활개 치도록 했고, 1954년이 되어서야 브라운 판결을 기점으로 흑인 인권운동이 시작되었다. 그리고 연방정부는 1964년에 만든 인권법

(Civil Rights Act of 1964)을 통해 적극적으로 흑인차별을 금지하면서, 과거 흑인 차별에 대한 사죄와 보상의 차원으로 소수인종 보호정책(Affirmative Action)까지 펼치게 되었다. 이제는 드디어 흑인차별 문제가 해결되는 듯했으나 예상하지 못한 두 가지 문제가 발생했다. 첫 번째는 앞서 살펴본 것처럼 흑인들을 위한 소수인종 보호정책으로 인해 이번에는 백인들이 차별을 당한다는 문제였다. 두 번째는 무분별한 흑인차별 주장과 정부의 소극적 자세였다. 흑인들의 거대한 인권운동을 지켜본 경험이 있는 정부는 흑인차별의 후폭풍을 잘 알게 되었고 매사에 주의하게 되었다. 그리고 정부가 흑인차별 논란을 두려워한다는 사실을 알게 된 흑인들은 흑인차별이라는 큰 무기를 손에 쥐게 된 것이다.

세상이 이렇게 바뀌고 나니 전세가 역전이 되어버렸다. 정부는 작은 정책 하나에도 흑인을 차별하는 요소는 없는지 전전긍긍하며 살피게 되었고, 반면 흑인들은 정부의 정책이 본인들을 차별하는 것이 아닌지 눈에 불을 켜고 살피게 되었다. 문제는 사람들이 살아가는 모든 상황이 그 결과만을 보자면 의도치 않게 차별적 결과가 생길 수 있다는 사실이다. 흑인 짐이 치른 필기시험의 경우만 보아도 똑같은 책을 가지고 시험을 쳤고, 흑인들에게 불리한 어떠한 요인도 없었는데도 열심히 공부한 이유로 백인들만 합격하는 차별적 결과가 생길 수 있는 것이다. 누가 보아도 흑인차별이 아니지만, 시험 결과만을 본 흑인들이 흑인차별 소송을 제기하겠다고 으름장을 놓으면, 논란에 휩싸이기를 두려워하는 정부는 흑인들의 요구를 받아주며 시험 결과를 무효로 처리하는 비상식적 상황이 발생하였다. 그러면 이번에는 무효

처리로 피해를 입은 백인 경찰들이 정부에게 차별을 당했다고 주장하는 악순환이 계속되었다.

이런 상황이 빈번히 발생하자 연방대법원은 한 가지 기준을 제안한다. 만약 정부가 흑인을 차별할 명백한 의도가 없었다면, 정부의 그 행위가 비록 흑인을 차별하는 결과를 가져오더라도 수정헌법 14조에서 보장한 법의 평등한 보호 조항을 위반한 것이 아니라고 판결하였다. 지금 짐의 경우를 보면, 주정부는 공정한 진급을 위해 필기시험을 치르게 한다. 진급에서 흑인들을 누락시킬 목적으로 필기시험을 치르게 한 것이 아니었다. 평소 흑인 경찰 응시생들에게 힘들고 과중한 업무를 주어 공부할 시간을 뺏은 것도 아니었다. 시험문제는 응시생 모두에게 알려준 책 한 권에서 공정하게 출제되었고, 모든 응시생들이 같은 시간 동안 문제를 풀었다. 하지만 정부의 의도와는 달리 흑인들이 모두 낙방하는 차별적 결과를 가져오게 된 것이다. 흑인들이 공부하지 않아 시험에 떨어진 것을 정부의 책임이라고 주장할 수는 없다. 연방대법원의 이 기준 덕분에 의도가 없는 차별적 결과만을 가지고 차별을 주장하는 소모적인 소송은 줄어들게 되었다. 그리고 소극적인 자세로 대응하던 정부 또한 운신의 폭이 다소 넓어졌다.

흑인들의 결과론적 차별 주장과 정부의 소극적 대응, 그리고 그로 인한 백인들의 역차별이라는 악순환을 끊어낸, 당시로서는 최선의 선택이었을 것이다. 하지만 사실상 지금의 미국은 이러한 악순환을 걱정할 필요가 없다. 흑인 대통령까지 탄생하며 과거에 비하면 비교할 수 없을 정도의 목소리를 흑인들이 내고 있는 것은 맞지만, 어느 누구도 흑인차별이 없어졌다고 생각하지 않는다. 강력해지고 비대해진 정부의 공권력에 국민의 권리가, 특히 흑인의 권리가 침해당하는 사례를 너무나 자주 접하게 된다. 남북전쟁 이후 흑인들의 인권은 전체적으로 우상향의 그래프를 그리며 발전을 하고 있으나, 단기간을 놓고 본다면 부침을 반복하고 있다고 볼 수 있다.

37. 미국을 위해 허락한 차별

조국이 원망스러운 외국인

미국의 대도시에 계속적인 테러가 발생하고 있다. 수사 결과 이번 연쇄 테러는 두 명의 테러범에 의해 저질러졌고, 두 명 모두 중동에 있는 A국가의 국민인 것으로 밝혀졌다. 테러범들이 모두 체포되었음에도 여전히 국민들은 테러의 공포에 정상적 생활을 할 수가 없다. 이에 연방의회는 긴급히 새로운 연방법을 만들며 미국 내에 있는 A국가 출신의 모든 외국인은 10일 내로 미국을 자발적으로 떠날 것을 명령하고, 불응할 시에는 강제 추방하겠다고 한다. 비싼 돈을 들여 미국 대학에서 유학 중인 A국가의 국민인 유학생, 살라는 하던 공부를 그만두고 당장 떠나야 하는 상황을 받아들일 수 없다. 결국 살라는 연방정부가 수정헌법 14조 법의 평등한 보호 조항을 위반했다고 주장하며 소송을 제기한다. 과연 살라는 미국에서 유학 생활을 계속할 수 있을까?

수정헌법 14조에 있는 법의 평등한 보호 조항은(Equal Protection Clause) 어떠한 이유로도 사람을 차별하지 않겠다는 정부의 약속이다. 그 이유가 인종이 되어서도 안 되고, 여성이 되어서도 안 되며, 외국인이 되어서도 안 된다. 여기서 외국인(Alienage)이라 함은 미국에 거주할 수 있도록 미국 정부로부터 합법적 허락을 받은 사람을 의미한다. 미국에 공부하러 온 유학생, 장사하러 온 사업가 그리고 미국에서 영구히 거주할 수 있도록 허락을 받은 영주권자를 포함한다. 하지만 미국 정부의 허락 없이 불법적으로 체류 중인 외국인은 여기에 포함될 수 없다. 그렇다면 살라처럼 미국 정부로부터 적법한 허락을 받고, 본인 돈을 들여서 공부하고 있는 합법적으로 거주하는 외국인을, 테러범들과 같은 A국가의 국민이라는 이유로 연방의회가 법을 만들어 강제로 쫓아낼 수 있을까?

수정헌법 14조의 평등한 보호 조항으로 인해, 정부는 명분 없이 합법적 거주 외국인을 차별할 수 없다. 하지만 정부가 외국인에 대한 차별적 조치를 꼭 해야 한다면, 얼마나 중차대한 정부의 목적(Compelling Government Purpose)이 있는지, 그리고 그 목적을 달성하기 위해 외국인에 대한 차별적 조치가 꼭 필요한 것인지를 정부가 직접 입증해야 한다. 정부로서는 입증하기가 참 어려운 경우이다. 하지만 예외적으로 국민의 대표인 연방의회가 입법을 통해 이러한 차별적 조치를 외국인에게 했다면, 앞서 언급한 중차대한 정부의 목적까지 입증할 필요는 없다. 그보다 입증하기가 훨씬 수월한, 합법적인 정부의 목적(Legitimate Government Purpose)을 가지고 있고, 연방의회가 입법한 차별적 조치가 정부의 그 합법적인 목적과 합리적 연관성(Rationally Related)만 있다면, 외국인에 대한 차별적 조치를 할 수 있다. 대부분의 정부 행위는 살인과 같은 범죄 목적이 아닌 한 합법적 목적을 가지고, 이러한 합법적 목적과 차별적 조치 간의 합리적 연관성도 정부가 쉽게 입증할 수 있다. 살라와 같은 경우, 외국인 추방이라는 조치가 국가 안보라는 합법적인 정부의 목적과 합리적 연관성만 있다면, 수정헌법 14조 법의 평등한 보호 조항의 위반이 아니므로, 추방이 가능하다.

연방의회에게 왜 이런 예외를 인정해 주는 것일까? 국민들은 연방헌법 1장(Article 1)을 통해 외국인에 대한 입국과 출국 그리고 시민권 부여와 같은 국적 취득의 규제 권한을 연방의회에게 부여하였다. 이 권한에 따라 국민의 대표인 연방의회가 결정한 외국인에 대한 차별적 조치가 합법적인 목적과 합리적 연관성만 가지고 있다면 좀 더 수월하게 가능하도록 해 준 것이다. 지금처럼 A국가 국민인 연쇄 테러범의 범죄 행위로 인해 국민의 안전과 국가의 안보가 위험한 상황이라면, 이러한 위험을 제거하기 위해 A국가 출신의 합법적 거주 외국인 유학생 살라를 추방하더라도, 수정헌법 14조에 명시된 법의 평등한 보호 조항을 위반한 것이 아니라고 해석한다.

수정헌법 14조의 법의 평등한 보호 조항에서는 구체적으로 어떤 차별을 금지한다고 세세하게 적지 않았다. 하지만 연방대법원은 판결을 통해 해석을 계속해 나갔고, 인종에 대한 차별, 성별에 대한 차별 외에 외국인에 대한 차별도 금지하며 국가를 넘어 인간에 대한 존중을 실천하려 하였다. 하지만 연방대법원의 인간에 대한 존중도, 미국 국민의 안전 문제를 넘어설 수는 없었다. 연방의회의 외국인에 대한 차별이 미국 국익이라는 측면에서는 이해가 되면서도, 연방대법원이 이러한 차별을 인정했다는 사실은 여전히 아쉬움으로 남는다. 국가 안보라는 합법적인 정부의 목적과 살라의 추방이라는 조치에 합리적 관련성이 있다고 쉽게 이야기할 수 있을까? 살라가 국가의 안보에 위협이라는 유일한 근거는 살라가 테러범들과 같은 A국가의 국민이라는 사실이다. 반면 미국 정부의 입장에서는 미국에 거주하는 모든 A국가 국민들의 테러 위험성을 검증할 수 없어서 취한 부득이한 조치이다. 미국의 위급한 안보를 위해, 미국 국민들을 위해 외국인을 강제 추방하겠다고 쉽게 이야기했으면 좋겠다. 합법적인 정부 목적과 차별적 조치의 합리적 관련성과 같은 구차한 변명 없이 말이다.

외국인에게는 허락되지 않는 그들만의 리그

A주에 있는 대학을 졸업한 영주권자 살라는 경찰이 되는 것이 꿈이다. 학교를 다니면서 틈틈이 경찰시험을 준비한 살라는 졸업 후 경찰채용 시험에 응시하려고 원서를 작성하다가 당황한다. A주에서 경찰이 되려면 반드시 시민권을 가지고 있는 미국 국민이어야 한다고 주법에 명시되어 있었기 때문이다. 영주권자 살라는 A주의 법이 외국인을 차별하므로 수정헌법 14조의 법의 평등한 보호 조항 위반이라고 주장한다. 과연 살라는 경찰이 될 수 없는 것일까?

수정헌법 14조 법의 평등한 보호 조항에 따라 주정부는 외국인을 차별해서는 안 된다는 것을 확인했다. 그리고 외국인(Alien)이라 함은 유학생, 사업가처럼 미국 정부로부터 합법적으로 허락을 받고 허락된 목적에 맞게 체류하고 있는 다른 국가의 국민을 의미한다. 살라와 같은 영주권자(Lawful Permanent Resident) 또한 미국 국민이(Citizen) 아닌 외국인이다. 그런데 살라처럼 영구히 거주할 수 있게 허락하고, 경찰이 되는 것은 허락할 수 없다는 A주의 법은 외국인을 차별한 것이 아닐까?

엄격히 분석한다면 외국인을 차별한 것이 맞다. 미국 국민만 경찰이 될 수 있다는 주법은 분명 영주권을 가진 외국인 살라를 차별하는 것이다. 하지만 아쉽게도 살라는 미국 국민이 되기 전까지는 절대 경찰이 될 수 없을 것이다. 왜냐하면 경찰이라는 직업의 특수성 때문이다. 외국인을 차별해서는 안 되지만, 예외적으로 미국의 자치와 관련한 핵심적인 기능에 관해 외국인을 차별하는 경우에는 연방대법원도 양해해주고 있다. 즉 어떠한 이유이든 외국인을 차별할 경우, 정부는 얼마나 중차대한 목적이 있었는지 그리고 그 중차대한 목적을 달성하기 위해 외국인에 대한 차별 외에 다른 방법은 없었는지 정부가 직접 입증해야 한다.

하지만 미국의 치안을 책임지는 경찰 기능을 외국인에게 맡기지 않겠다는 주법이 그렇게 잘못되었을까? 미국이 비록 이민자의 나라이지만, 국가의 치안을 국가의 국민에게만 맡기겠다는 정책은 충분히 설득력이 있고 외국인들이 양해해줄 수 있는 수준의 차별이라고 볼 수 있다. 연방대법원은 이렇게 미국의 자치와 직접적 관련이 있는 분야에 대해서는 예외적으로 외국인에 대한 차별을 인정하고 있다. 예를 들어, 미국에서 어학연수를 받고 있는 한국인에게 미국 대통령 선거권을 줘야 할까? 선거권을 주지 않는다고 외국인에 대한 차별을 주장할 수는 없을 것이다. 이러한 형태의 차별이 몇 가지 있다. 국민의 대표를 뽑는 선거권을 외국인에게 주지 않는 차별, 판결에서 핵심적 역할을 하는 배심원단 자격을 외국인에게 주지 않는 차별, 아이들에게 미국의 역사와 정신을 가르칠 교사의 자격을 외국인에게 주지 않는 차별, 국민의 치안을 책임지는 경찰의 자격을 외국인에게 주지 않는 차별이 대표적이다. 이러한 차별은 수정헌법 14조의 법의 평등한 보호 조항을 위반한 것이 아니다.

하지만 합법적 거주 외국인의 토지 소유를 금지하거나 사업을 하지 못하도록 하는 법들은 외국인에 대한 차별이 될 수 있다. 외국인에게 이런 형태의 차별을 할 경우, 정부는 중차대한 목적이 있고 이를 위해서는 외국인에 대한 차별이 불가피하다는 것을 반드시 입증해야 한다. 정부의 입증이 결코 쉽지 않기 때문에 결국에는 이러한 규제는 외국인에 대한 차별이 되고 불가능한 정책이 될 것이다.

38. 1등 흑인, 2등 여성, 3등 노인

국민을 담보로 채용한 60세 신입 소방관

60세의 피터는 소방관이 되는 것이 평생의 꿈이다. 얼마 전 다니던 직장에서 은퇴하고 소방관의 꿈을 이루기 위해 채용공고를 기다리고 있었다. 드디어 소방관 채용공고가 발표되었지만, 공고 내용을 살펴본 피터는 크게 실망한다. 40세 미만의 성인만이 소방관 시험에 응시할 수 있다는 나이 제한 때문에 60세 피터는 원서조차 넣어볼 수 없었기 때문이다. 화가 난 피터는 주정부의 소방관 채용에서 나이를 제한하는 것이 수정헌법 14조 법의 평등한 보호 조항 위반이라고 주장한다. 과연 피터의 주장이 맞는 말일까?

정부는 수정헌법 14조에서 법의 평등한 보호 조항(Equal Protection Clause)을 명시하며 어떠한 이유로도 국민을 차별하지 않겠다고 약속했다. 그런데 이 약속이 절대적일까? 수정헌법 1조부터 시작해서 지금까지 살펴본 누구에게도 넘길 수 없는 국민의 권리라고 했던 기본권(Fundamental Right)조차도 절대적이지 않았다. 즉 정부의 중차대한 목적이 있고, 그 목적을 위해 국민의 기본권을 제한할 수밖에 없다는 것을 정부가 입증하면 국민들은 그 기본권을 정부에게 잠시 양보해야만 했다. 수정헌법 14조의 차별당하지 않을 국민의 권리도 마찬가지이다. 정부의 명분이 있고, 그 명분과 수단을 충분히 입증해내면 합법적으로 차별을 할 수 있는 것이다.

다만 정부가 무엇을 이유로 차별하느냐가 중요하다. 예를 들어, 정부가 차별을 함에 있어 흑인이라는 인종을 이유로 차별을 한다면 정말 엄격한 최고 수준의 입증을 해야 하며, 법원도 이런 형태의 차별은 꼼꼼하게 검증한다. 반면 정부가 여성이라는 이유로 차별을 한다면 어떨까? 연방대법원은 정부가 성별을 이유로 차별하는 것이, 인종을 이유로 차별하는 것보다는 한 단계 낮은 수준의 차별이라고 판단한다. 즉 여성이라고 차별을 당하는 것이, 흑인이라고 차별당하는 것보다는 그나마 조금 덜한 수준의 차별이라고 등급을 매기는 것이다. 그래서 정부가 흑인이라고 차별할 경우에는 최고 수준의 입증인, 얼마나 중차대한 정부의 목적(Compelling Government Purpose)이 있었고, 이를 위해서 흑인을 차별할 수밖에 없다는 것을 정부가 엄격히 입증해야 한다. 정부 입장에서는 입증하기가 거의 불가능하므로, 대부분의 경우 정부가 국민의 권리를 침해했다는 판결이 내려진다. 반면 여성을 차별한 경우에는 중차대한 목적보다 한 단계 낮은 수준의 중요한 목적(Important Government Purpose)을 정부가 가지고 있고, 이 목적만을 달성하기 위해 잘 정비된(Narrowly Tailored) 법이라는 것만 입증하면 된다. 정부 입장에서는 입증하기가 조금 더 수월하기에 대부분의 경우 여성과 정부 간의 치열한 다툼이 법정에서 전개된다.

여성에 대한 차별보다도 한 단계 더 낮은 수준의 차별 또한 있다. 대표적인 것이 나이를 기준으로 차별을 하는 것이다. 피터 사례의 경우, 주정부는 소방관을 채용하면서 나이 제한을 두었다. 왜 그랬을까? 불을 끄는 소방관이라는 직업의 특수성 때문이다. 혹독한 환경에서 목숨을 걸고 불을 끄며 사람을 구하는 소방관의 특성상 엄청난 체력을 필요로 할 것이고, 따라서 40세라는 나이 제한을 할 수밖에 없다. 차별을 한 정부 입장에서는 나이를 이유로 차별한 경우가, 성별을 이유로 차별(Gender Discrimination)한 경우보다 부담이 훨씬 덜하다. 정부가 합법적인 목적(Legitimate Government Purpose)을 가지고 있고, 이 목적의 달성과 나이 제한이라는 차별이 합리적 관련성(Rationally Related)만 있다면, 정부는 수정헌법 14조의 법의 평등한 보호 조항을 위반한 것이 아니다.

연방대법원은 이렇게 차별에도 등급을 두었다. 정말 해서는 안 되는 가장 높은 수준의 인종 차별, 해서는 안 되지만 인종 차별보다는 한 단계 낮은 수준의 성별 차별, 그리고 나머지 가장 낮은 수준의 차별로 구분한다. 그리고 정말 해서는 안 되는 차별에는 엄격한 최고 수준으로 검증을 하고, 그보다 낮은 수준의 차별에는 그에 맞는 낮은 수준으로 검증을 하는 것이다. 아쉽게도 피터의 꿈은 이루어지기가 쉽지 않을 것 같다. 나이에 의한 차별은 가장 낮은 수준의 차별이고, 정부의 나이 제한이 범죄를 위한 불법적 목적이 아닌, 효율적 화재 진압이라는 합법적 목적을 가진 데다가, 그 목적을 위한 40세 나이 제한의 차별이 합리적인 관련성을 가지고 있기 때문이다. 따라서 주 정부의 나이 제한이 타당하다는 결론이 내려질 것이다.

사실상 일상생활 속 대부분의 차별이 나이 제한과 같은 가장 낮은 수준의 차별에 해당된다. 이 말은 결국 정부의 합법적 목적만 있다면 그 목적을 위해 차별을 할 수도 있다는 의미가 된다. 내가 부당한 차별을 당했을 때 가장 먼저 해야 할 일은 내가 지금 당하는 차별의 등급을 살펴보는 것이다. 인종 차별 같은 높은 등급일수록 내 목소리가 커질 것이고, 나이 차별 같은 낮은 등급일수록 정부의 목소리가 커질 것이다.

여자만 살 수 있는 맥주

A주에 사는 18살 동갑 친구인 피터와 메리는 맥주를 사러 판매점에 갔다. 맥주를 고른 피터가 계산하려고 신분증을 판매점 주인에게 보여주었다. 신분증의 나이를 확인한 주인은 피터가 아직 나이가 되지 않아 맥주를 살 수 없으니, 동갑내기 여자 친구인 메리의 신분증을 보여 달라고 한다. 그리고 메리의 나이를 확인한 주인은 메리에게 맥주를 판매한다. 피터는 이 상황을 도저히 이해할 수 없다. 확인해 보니 A주의 법은 남자는 21세, 여자는 18세가 되어야 맥주를 살 수 있도록 규정하고 있었다. 피터는 A주의 주류판매법이 수정헌법 14조의 평등한 보호 조항을 위반했다고 주장한다. 과연 법원은 피터의 주장을 받아들일 수 있을까?

수정헌법 14조에 명시된 법의 평등한 보호 조항(Equal Protection Clause)은 정부가 성차별을 하지 않겠다는 의미도 포함한다. 1868년에 수정헌법 14조가 만들어졌음에도 흑인에 대한 차별이 존재했듯이, 여성에 대한 차별도 여전히 존재하고 있었다. 이후 1964년에 만들어진 인권법(Civil Rights Act of 1964)을 통해 흑인 인권이 큰 진전을 이루면서 여성 인권도 함께 신장 되었다. 직장이나 교육 현장에서 여성을 차별하지 않겠다는 약속을 모든 미국인들이 함께 한 것이다. 지금도 직장 여성들에게는 유리천장이 엄연히 존재하고 있고, 여성의 임금이 남성에 비해 적은 것이 사실이지만, 과거에 비해 여성의 지위가 진전된 것 또한 사실이다. 여성 후보가 대통령 선거에 출마하고, 흑인 여성이 사관학교의 생도 대장을 하는 모습은, 그동안 여성들과 정부가 함께 한 노력의 성과라고 볼 수 있다.

지금 피터의 경우는 조금 흥미롭다. 우리에게 익숙한 여성 차별이 아니라 남성 차별이기 때문이다. A주는 맥주를 판매하면서 나이가 같은 남성 피터와 여성 메리에게 기준을 달리 적용한다. 여성에게 불리한 차별을 하는 것이 아니라 남성에게 불리한 차별을 하고 있다. 성차별을 하지 않겠다는 의미는 남성이든 여성이든 성별을 이유로 차별하지 않겠다는 것이다. 지금처럼 A주 정부가 남성을 차별하고 있다면, A주 정부는 그 차별의 명분을 남성들에게 설명해야 한다. A주 정부의 설명을 들어보니, 최근 A주에서는 막 성인이 된 젊은 남성들의 음주 사고가 급증하여 음주 가능 나이를 18세에서 21세로 올렸다고 한다. 반면 여성들의 음주 사고는 발생하지 않아 음주 가능 나이를 여전히 18세로 그냥 두었다고 한다.

앞서 살펴보았듯이 정부가 성별을 이유로 차별한 경우, 중차대한 목적(Compelling Government Purpose)보다는 한 단계 낮은 수준인 중요한 목적(Important Government Purpose)을 정부가 가지고 있고, 이 목적만을 달성하기 위해 잘 정비된(Narrowly Tailored) 법이라는 것을 입증하면 된다. 정부 입장에서는 인종차별보다는 입증하기 수월한 편이다. A주 정부는 젊은 남성들의 음주 사고 예방이라는 중요한 목적이 분명히 있었다. 하지만 음주 가능 나이를 남성만 21세로 올린 법이 이 목적을 달성하기 위해 잘 정비된 법이라고 할 수 있을까? 그렇지 않을 것이다. 피터처럼 음주 매너가 좋은 젊은 남성들은 이유 없이 피해를 보게 된다. 남성의 음주 사고를 예방하는 목적만이 아닌 다른 불필요한 효과를 만들고 있다. 여성과 차별하지 않으면서도 젊은 남성들의 음주 사고를 줄일 수 있는 다른 방법이 있을 수 있다. 예를 들어, 음주 사고 처벌 규정과 예방 순찰을 강화한다든가, 술집에서 늦은 시간까지 음주를 하지 못하도록 법을 만들 수도 있을 것이다. 결국, A주 정부는 남성들에게 차별의 명분을 제대로 입증하지 못한 것이고, 남성을 차별하는 A주의 법은 수정헌법 14조의 법의 평등한 보호 조항을 위반한 것이 된다.

미국의 흑인차별 못지않게 심각했던 것이 여성 차별 문제였다. 여성이라서 상속 순위에서 밀리고, 여성이라서 더 많은 서류를 기관에 제출해야 했으며, 여성이라서 입학할 수 없고, 여성이라서 진급 요건이 더 많이 필요했던 시절이 있었다. 남성 중심의 사회에서 인식되지 못한 여성에 대한 차별이 수도 없이 많았고 여전히 개선되어야 할 문제들이 많다. 하지만 이러한 차별을 당연한 것으로 여기지 않고 공론화한 여성인권 운동가들이 있었기에 지금도 조금씩 개선되어 가고 있다.

Chapter 15

수정헌법 15조

The right of citizens of the United States to vote shall not be denied or abridged by the United States or by any State on account of race, color, or previous condition of servitude. The Congress shall have power to enforce this article by appropriate legislation.

미국 시민의 투표권은 인종, 피부색 또는 과거 노역 상태를 이유로 연방정부나 주정부에 의하여 거부 또는 제한되지 않는다. 연방의회는 적절한 법률의 제정에 의하여 본 조항을 강제할 권한이 있다.

39. 유명무실했던 흑인 투표권

흑인들이 다시 살려낸 수정헌법 15조

"다음의 숫자 1000000000을 백만으로 표기하기 위해 0을 더하거나 0을 지우시오" 남부의 A주에 사는 흑인 짐은 주지사를 뽑는 투표를 하기 전 위와 같은 문제 10개를 10분간 푸는 문맹 테스트를 쳤다. A주의 법은 흑인들이 투표하기 전에 반드시 문맹 테스트를 통과해야만 투표권을 부여하도록 하고 있다. 하지만 짐은 이 테스트를 통과하지 못하고 결국 투표할 수 없었다. 남부에 위치한 A주의 이 황당한 투표법이 정말 존재했을까?

남북전쟁이 끝나고 5년 뒤 1870년에 만들어진 수정헌법 15조는 흑인의 투표권을 보장해 주는 조항이다. 13조에 의한 노예제 폐지와 더불어 15조를 통해 흑인의 투표권까지 보장해 주며, 당시로는 혁명적이고 급진적인 조치를 연방정부가 취한 것이다. 4년간의 남북전쟁은 남부의 많은 주들을 폐허로 만들었고, 전쟁에 패배한 남부의 주민들은 북부에 대한 반감과 패배감으로 힘든 시간을 보내고 있었다. 한국인에게도 익숙한 영화 '바람과 함께 사라지다(Gone with the Wind)'의 배경이 바로 남북전쟁 시기이다. 남부에서 부유한 삶을 살던 백인 여성이 남북전쟁을 거치며 겪게 된 처절한 삶의 모습을 그린 이 영화는, 미국인들에게 남북전쟁의 참상을 알리기에 충분하였다. 남북전쟁을 통해 물리적으로는 하나의 미국이 지켜졌으나, 남부 국민들의 정서는 오히려 예전보다 더 분열되어 버린 상황이었다. 연방정부가 이 상황을 극복하고 다시 하나의 미국을 만들기 위해서는 남부의 물리적 재건도 필요했지만, 무엇보다 연방정부에 대한 남부 국민들의 지지가 필요했다.

당시의 이러한 상황에서 만들어진 수정헌법 15조는, 흑인에게도 투표권을 부여하며 흑인을 백인과 똑같은 권리를 가진 온전한 국민으로 대우하겠다는 인권적 측면도 있었지만, 남부에서 유일하게 연방정부를 지지하던 흑인들에게 투표권을 부여함으로써 남부에서 연방정부의 정치적 기반을 확보하려던 목적도 있었다. 하지만 오랜 기간 본인들의 노예였던 흑인들을 하루 아침에 동등한 존재로 받아들이라고 하는 것이 남부 백인들에 대한 무리한 요구였을지도 모른다. 흑인들이 자유인이 되는 것을 옆에서 지켜보던 남부 백인들은 흑인들을 집단으로 공격하며 저항감을 표시하였고, 흰색 두건을 쓰고 흑인들을 위협하던 KKK단이 만들어진 것도 바로 이 시기였다. 남부의 주정부들 또한 짐 크로우 법(Jim Crow Law)이라고 불린 흑인 차별법을 주법으로 제정해 운영해가며 수정헌법 14조를 대놓고 부정하였다. 특히 흑인들의 투표권에 관해서는 교묘한 방법으로 수정헌법 15조를 외면하였다.

남부의 대부분 주에서 흑인들은 문맹 테스트(Literacy Test)라는 것을 통과해야만 투표를 할 수 있었다. 투표를 하기 위해 최소한의 글은 알아야 한다는 논리였다. 하지만 지금까지 노예로 지내며 정상적인 교육을 받지 못했던 흑인 대부분은 글을 알지 못했다. 게다가 문맹 테스트의 내용도 단순히 글을 아는지 테스트하는 수준을 넘는 어려운 질문이었다. 위의 사례에서 짐이 풀어야 했던 문맹 테스트의 문제만 보아도 결코 쉬운 문제가 아니었다. 결국, 흑인들에게 투표권을 주지 않겠다는 주정부의 의지였다. 남부의 일부 주에서는 흑인들이 투표하기 위해서는 사전에 투표세금(Poll Tax)을 내도록 했다. 형편이 넉넉치 못한 흑인들이 돈을 내면서까지 투표할 이유는 없었을 것이다. 그리고 할아버지 조항(Grandfather Clause)이라는 것을 만들어 운영한 주도 있었다. 이것은 투표하려는 자의 할아버지가 1865년 노예제 폐지 이전에 투표했던 경우만 본인이 투표할 수 있다는 법이었다. 결국, 흑인들에게 투표권을 주지 않으려고 만든 주법이었다.

흑인에게 투표권을 인정하여 백인과 동등한 권리를 보장해 주고, 남부에서 연방정부의 정치적 기반을 다지려고 한 1870년의 수정헌법 15조는 남부 주들의 외면으로 실질적인 효과를 발휘하지 못하였다. 이렇게 흑인들의 투표권이 인정받지 못하던 상황은 1965년의 투표권법으로 새로운 전환을 맞이하게 된다. 1960년대 초, 마틴 루터 킹 목사를 중심으로 펼쳐진 흑인 인권운동에 대한 화답으로 흑인 인권법 제정을 약속한 존 F. 케네디 대통령이 암살되었지만, 이후 대통령직을 이어받은 린든 존슨 대통령이 1965년에 투표권법(Voting Rights Act of 1965)을 만들어 시행하였다. 연방정부는 이 연방법을 통해 그동안 수정헌법 15조를 비웃으며 흑인들의 투표권을 부정해온 주정부들에게 예전과는 다른 강력한 조치를 취하였다. 흑인들에게 문맹 테스트를 하거나, 투표세를 내도록 하는 주정부의 선거 절차에 연방정부가 적극 개입하며 흑인들에게 실질적 투표권을 보장해 주게 된다. 실제로 1965년 투표권법 이후 남부에서 흑인 유권자의 수가 급증하였다. 이렇게 시작된 흑인들의 정치적 참여는 2008년 대통령 선거에서 버락 오바마가 대통령에 당선되며 정점을 찍었다. 1870년 수정헌법 15조를 통해 표면상으로만 보장되었던 흑인 투표권이, 1965년 투표권법을 통해 실질적으로 보장되는데 95년의 시간이 걸린 셈이다.

■ 공저자 소개

배상조

저자는 경북대학교에서 경영학을 전공하고 미국 Florida Coastal School of Law에서 공부한 뒤 Washington D.C.변호사로 활동 중이다.

LG전자와 LG디스플레이에서 17년간 근무하며 컴플라이언스, 내부감사, 해외공급망 관리와 관련된 일을 하였다.

LG디스플레이 베트남 법인 설립 당시, 주재 팀장으로 근무하며 생산법인 설립 프로젝트에 참여하였고, 한국 협력사들의 베트남 진출과 관련된 각종 규제를 검토하며 협력사들의 법률적, 사업적 리스크를 관리하였다.

미국의 공급망관리전문가(CPSM)로서 해외업체와의 계약과 다수의 분쟁에 참여하였고, 10여 년간 내부감사 영역에서 기업의 다양한 리스크를 관리했으며, 현재 IT기업에서 내부감사 관련 일을 하고 있다.

주요 관심분야는 한국기업의 아세안 진출 지원, 컴플라이언스, 내부감사, 해외공급망관리이다.

서정목

저자는 현재 대구가톨릭대학교 프란치스코칼리지에서 교수(번역학전공)로 재직 중이다. 경북대학교에서 독어독문학을 공부하고 부산대학교 대학원 영어영문학과에서 번역학 박사 학위를 취득하였다. 그리고 미국 University of Dayton School of Law에서 법학 석사(llm) 학위를 취득하였다. 대구광역시 국제협력과, 정보화담당관실에서 전문직 공무원으로 근무하였다.

한국의 정보처리기사, 정보시스템감리원과 미국의 정보시스템감사사(CISA), 정보시스템보안전문가(CISSP), 영국의 ITIL 자격증을 보유하고 법률번역을 전공함에 따라, ICT 번역과 법률번역을 위주로 한다. 최근에는 공인번역행정사와 디지털장의사 자격증도 취득하였다.

2015년에 교육 분야의 공로로 대한민국 신지식인으로 선정되었고, 2017년에는 번역학의 이론과 실무에 대한 연구 성과를 인정받아 세계적 인명사전인 마르퀴즈 후즈 후(Marquis Who's Who)에 등재되었다.

주요 관심분야는 미국법, 법률번역, 텍스트 마이닝과 감성분석 등 번역학, 언어학, 전산의 교집합 분야이다. 나아가 온라인평판관리, e-디스커버리, 컴플라이언스, 내부감사를 연구하고 있다.

수필 같은
미국헌법강의

2022년 7월 20일 1판 1쇄 인쇄
2022년 7월 25일 1판 1쇄 발행

저 자 • 배상조 · 서정목
발행인 • 한정주
발행처 • 敎育科學社

경기도 파주시 광인사길 71
전화 • 031)955-6956~8 / 팩스 031)955-6037
Home-page • http://www.kyoyookbook.co.kr
E-mail • kyoyookbook@daum.net, kyoyook@chol.com
등록 • 1970년 5월 18일 제2-73호

정가 15,000원
ISBN 978-89-254-1706-6

낙장 · 파본은 교환해 드립니다.
Printed in Korea.